活人心 上　　　　玄洲道人涵虛子編

퇴계선생 필사본 『활인심방』 사진 1

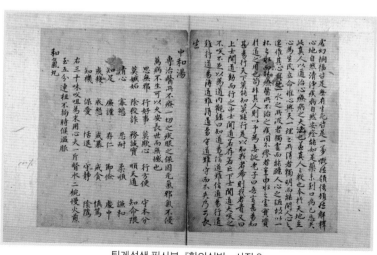

中和湯

思無邪
行好事
莫欺心
行方便
守本分
莫嫉妬
除狡詐
務誠實
順天道
知命限
清心
寡慾
忍耐
柔順
謙和
知足
廉儉
存仁
節儉
處中
戒殺
戒怒
戒暴
戒貪
慎篤
知機
保愛
恬退
守靜
陰騭

右三十味咬咀為末用心火一斤腎水二椀慢火煎……

和氣丸

퇴계선생 필사본 『활인심방』 사진 2

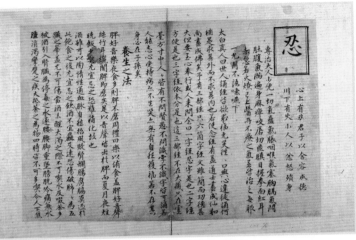

퇴계선생 필사본 『활인심방』 사진 3

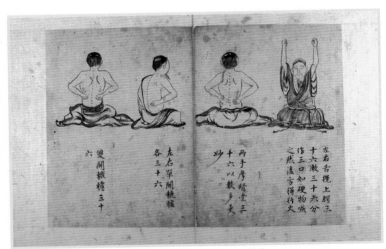

퇴계선생 필사본 『활인심방』 사진 4

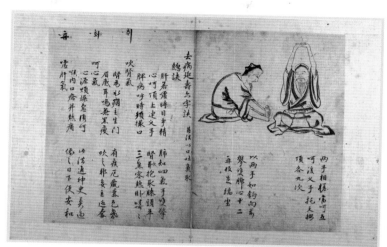

퇴계선생 필사본 『활인심방』 사진 5

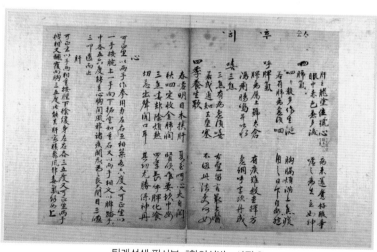

퇴계선생 필사본 『활인심방』 사진 6

퇴계선생 필사본 『활인심방』 사진 7

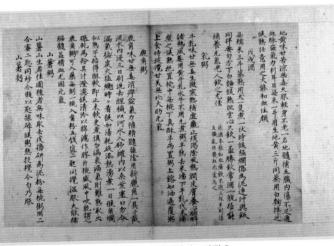
퇴계선생 필사본 『활인심방』 사진 8

활인심방

퇴계선생의 마음으로 하는 몸공부

퇴계원전총서
활인심방活人心方 ― 퇴계선생의 마음으로 하는 몸공부

편저자   退溪 李滉
역해자   이윤희
펴낸이   오정혜
펴낸곳   예문서원

편 집   송경아
인 쇄   상지사
제 책   상지사

초판 1쇄   2006년 3월 25일
초판 3쇄   2008년 8월 20일

주   소   서울시 동대문구 용두2동 764-1 송현빌딩 302호
출판등록   1993. 1. 7 제6-0130호
전화번호   925-5913~4 · 929-2284 / 팩시밀리   929-2285
Homepage   http://www.yemoon.com
E-mail   yemoonsw@empal.com

ISBN 89-7646-210-6   93150
YEMOONSEOWON 764-1 Yongdu 2-Dong, Dongdaemun-Gu Seoul KOREA 130-824
Tel) 02-925-5914, 02-929-2284 Fax) 02-929-2285

값 16,000원

퇴계원전총서

활 인 심 방

퇴계선생의 마음으로 하는 몸공부

퇴계 이황 편저 / 이윤희 역해

예문서원

안내하는 글

　이 책은 16세기에 이미 우리 민족의 정신적 지주가 된 퇴계 선생이 스스로 건강을 돌보기 위하여 중국 도가의 양생지식이 집약된 『구선활인심법』이라는 책을 필사해 둔 것을 해설한 것이다.

　『구선활인심법』은 저자 주권이 명 태조의 아들로서 한 지방에 왕으로 봉해졌던 관계로 풍요로운 삶 속에서 풍부한 자료를 접했음을 말해 주는 듯, 짧은 글 속에 매우 폭넓고 깊이 있는 내용이 수집되어 녹아 있다. 도가와 의가 양생의 거의 모든 분야에 걸친 필수적인 지식이 망라되어 있는데, 한 구절 한 구절 아깝지 않은 것이 없다. 그 모두가 마치 빙산처럼 숨은 내용이 더 많다.

　특히 마음과 육신을 유기적인 하나로 보아 질병의 근원을 마음에서 찾고 마음 다스리기를 양생의 우선 과제로 삼고 있다는 점은 현대인이 미치지 못하는 선각자적인 지혜다. 더 나아가 사람·인격·심성의 본질에 대해서도 상당히 접근하게 해 주는 내용이 있어 말 그대로 금상첨화다. 이러한 점이 필자가 이 책에 관심을 갖게 된 계기였는데, 아마도 퇴계 선생이 친히 필사한 사유도 그에 있었을 것으로 생각된다.

　이 책은 퇴계 선생처럼 몸을 돌보지 않고 학문연구에 몰두하는 사람에게는 참으로 더없는 보배다. 잔병이 많다고 스스로 탄식하던 퇴계 선생이 옛부터 드문 나이라 할 수 있는 고희古稀까지 학문에 정진할 수 있었음은 이 책 덕택이 아닐까 하는 생각이 저절로 나게 하는 내용들이다.

필자는 한문 원문에 대한 번역과 단어 풀이를 먼저 하고 이어서 원문을 싣고 난 다음에 필요한 주제를 찾아 본문을 해설했다. 해설할 때는 본문을 이해하는 데 필요한 자료를 가능한 한 널리 제공하려 했다.

이 책이 강하게 추구하고 있는 수양 분야에 관해 특히 무게를 실어 기공과 내단을 최소한 골자만은 해설하고 도인법들에 대해서는 실제 활용할 수 있도록 실천적 요령을 설명하여 붙였다.

아무쪼록 이 책이 많은 사람의 생각과 건강을 올바르게 유지하여 몸과 마음의 질병을 예방하고 치료하는 길에서 하나의 자료를 밝히는 등불이 될 수 있기를 기원하면서 발간을 기획하여 필자에게 기회를 제공해 준 예문서원 측에 깊은 감사를 드린다.

2006년 2월
이윤희 삼가 씀

차 례

제1장 해제

1. 퇴계의 생애와 사상

퇴계는 1501년 음력 11월 25일에 현재의 안동시 도산면 온혜리에서 태어났다. 이 시기는 조선이 건국하고 1백여 년이 지난 때로 세종-세조-성종을 거치면서 사회문물이 상당히 유교적으로 안정되어 가고 있었다. 그러나 한편으로는 연산군에 이르러 무오사화가 일어나면서 중종 때까지 이어지는 갑자, 기묘, 을사 이른바 4대 사화로 인하여 많은 선비가 희생된 시기기도 하고 그 희생을 밑거름으로 하여 새로운 선비사상이 정착되는 시기기도 하였다.

퇴계는 소년기부터 글 읽기를 좋아하여 17세에 이미 사람의 심성을 연구하고 실천하는 도학을 알았으며 스승 없이 독학으로 성실하게 그 학문의 깊이를 더해 갔다. 34살에 문과에 급제하여 45살까지는 주로 서울에 살면서 벼슬살이를 했고 46살에 잠시 고향에 내려와 있다가 다시 서울로 올라가 48살에 단양군수가 되어 서울을 떠났다. 그 뒤로는 임금의 부름을 받아 서울로 올라가 잠시 살다가 다시 고향으로 내려오기를 여러 차례 거듭하면서 주로 학문연구에 심혈을 기울였다.

50대부터 중국 송나라 때 정립된 성리학, 특히 정이程頤(1033~1107)부터 주희朱熹(1130~1200)로 이어지는 정주학을 이어받아 그 정수를 조선에 뿌리내릴 책임이 스스로에게 있다고 느끼기 시작하였다. 여러 가지 질병에 시달리면서도 종가와 형님들 집의 제사를 포함한 대가족 생활을 유교예법에 맞게 일을 꾸려 나가는 가운데 성리학의 이론을 깊이 연구하고 그 실천강령인 경敬 공부를 일상생활 속에서 실천함으로써 스스로의 인격수양에 힘을 다하였다.

차츰 제자들이 찾아오게 되자 60세가 지나서는 낙동강 가의 경치 좋은 곳에 도산서당을 열어 찾아오는 제자들과 숙식을 같이하면서 도덕 높은 인격자(君子)를 길러 내는 일에 몸을 바쳤다. 70세가 가까워진 말년에는 새로 임금이 된 어린 선조에게 임금이야말로 성인이 되어야 한다는 뜻을 강조하면서 임금이 공부해야 할 학문의 내용을 요약하여 10개의 그림과 해설로 편집한 『성학십도』를 바쳤다. 70세가 되는 해 겨울, 눈 오는 날에 제자들의 부축을 받아 일어나 앉아서 오랫동안 같이 학문하던 사람들과의 이별을 확인한 다음 세상을 떠났다.

퇴계의 학문사상은 지도자 특히 임금이 성인의 인격을 갖추고서 나라(사회)를 다스려야 이상국가(사회)가 성취된다는 공자 이래 유가의 핵심사상으로서 전래되던 것이다. 유가의 핵심사상은 송나라 때 이르러 우주 자연의 도와 인류사회의 도리로써 이론이 철학적으로 더욱 체계화되었는데, 그것이 우주 자연과 인류사회의 도리를 추구하는 학문이라는 의미에서 도학道學이라 부르는가 하면 그 내용이 곧 인류의 심성과 우주의 리기理氣라는 점에서 성리학性理學이라 부르기도 한다.

퇴계의 학문이 성리학 중에서도 주희에 의하여 집대성된 정주 성리학이었으므로 그 사상 또한 유가의 핵심사상인 수신修身-제가齊家-치국治國-평천하平天下를 이념으로 삼고 그것을 이루기 위해서는 격물格物·치지致知·성의誠意·정심正心 공부를 해야 한다는 신념과 실천으로 형성되었던 것은 물론이다. 퇴계의 학문은 성의·정심 공부를 하기 위해 심성을 어떻게 닦고 길러야 하는가 하는 실천적 문제들(修養論)에서 출발하여 그렇다면 마음이란 무엇인가, 어떠한 구성원리로 이루어져 있는가, 사람의 근본 바탕과는 어떠한 관계를 이루는가 하는 이른바 심성학을 중시한다.

그리고 더욱 깊이 들어가서 사람의 근본 바탕이란 무엇인가, 우주의 근본 바탕과는 어떠한 관계를 이루는가, 우주의 근본 바탕이란 또 무엇이며 자연의 운행 변화와는 어떠한 관계를 이루는가 하는 이론적인 면(理氣論＝本體論과 心性論)까지를 꿰뚫는다. 그 가운데 마음이 우주의 근본 바탕(本體 : 理/氣/道) 자체인가 아닌가, 우주의 본체와 어떠한 관계를 맺고 있는가 하는 문제에 대해서는 학설이 갈라지고 있다. 하지만, 마음이 우주 삼라만상이 존재하는 궁극 원인인 리理와 우주 삼라만상의 최초 근원인 기氣의 오묘한 융합으로 이루어져 있다는 것은 퇴계뿐만 아니라 모든 성리학자가 동일하게 말하고 있다. 하지만, 실제 생활에서 작용하는 구체적인 마음에 대해서는 학자에 따라서 그 마음을 보는 입장이 다르다.

퇴계는 우주 근본 바탕(理)이 오염되지도 않고 왜곡되지도 않은 채 그대로 반영된 마음(四端)과 각 사람마다 그 사람 나름대로의 이기적 요소가 드러나서 우주 근본 바탕을 오염시켰거나 왜곡시킨 채 드러나는 마음(七情)을 구별하여 생각할 수가 있으며 구별하여 다루는 것이 마땅하다고 생각하였다. 그래서 퇴계는 앞의 것(四端)은 확충시켜 나가고 뒤의 것(七情)은 중화시켜야 한다고 주장하였다.

사단은 측은惻隱·수오羞惡·사양辭讓·시비是非의 마음으로 인·의·예·지의 실마리가 되는 정이어서 이것을 확충시켜 나가면 개인적으로 훌륭한 덕을 갖춘 인격이 이루어질 뿐만 아니라 사회가 도덕적으로 명랑해진다. 그러나 칠정七情은 희喜·노怒·애哀·구懼(또는 樂)·애愛·오惡·욕欲의 마음으로 결국 개인의 존재(私)를 주장하여 내세우는 결과를 가져오게 되는 감정이어서 자칫하면 개인의 성품을 거칠게 할 뿐만 아니라 건강까지 해치고 윤리 도덕을 해칠 위험성이 있다. 따라서 칠정은 아예 피어나지 못하게 하거나 피어나더라도 사람의 본성과 윤리 도덕에 맞도록 절제될 필요가 있다는 것이다.

한편 우주의 근본 바탕과 현상이라는 둘의 관계에 관하여 퇴계는 이들이 현실에서는 분리시키려야 분리시킬 수 없게 융합되어 있지만, 그렇다고 해도 본래는 이론적 관계에 있어서 어디까지나 가치적으로 우열이나 귀천이 있다고 보았다. 리理는 우주의 근본 바탕이자 심성의 근본 바탕으로서 다른 무엇에도 비할 수 없이 귀하다. 그러나 기氣는 현상으로 나타나는 그때그때의 마음에 없을 수 없는 자질로서는 중요하기는 하지만, 아무래도 리에 비해서는 천하지 않다 할 수 없다는 것이다.

2. 퇴계와 『활인심』

퇴계가 살았던 16세기 조선 사회는 학문이든 직업이든 오늘과 같이 전문 분야로 세분되어 각각 전문가가 나누어 맡는 사회가 아니었다. 학문을 하는 선비들은 사회의 지도층 지식인으로서 의식주와 의료 모든 분야에 폭넓은 지식을 가지고 벼슬살이에서 주어지는 직책에 대처하고 백성을 계몽하며 부모를 봉양하고[1] 가족을 거느리며 스스로의 생계와 건강도 돌보아야 하는 환경 속에 서 있었다.

특히 퇴계는 20세부터 지나치게 주역공부에 빠져 들면서 이미 건강을 해치기 시작하였고 그 뒤로도 엄청나게 많은 책을 읽으면서 우주의 궁극적 진리를 파고들고자 하였으므로 건강이 점점 나빠졌을 것은 충분히 추측할 수 있다. 특히 독서를 많이 하고 생각을 많이 하면 소화

---

1) 금나라 때 張從正(1156~1228)이 쓴 『儒門事親』 참조.

기능이 현저하게 약해지고 병이 생기는 것은 모든 독서인이 겪어 본 일이다.

퇴계의 문집을 보면 여러 곳에서 퇴계가 수양하는 초기에 정확한 방법을 모른 채 속히 이룰 마음만 앞선 나머지 기가 들떠서 여러 가지 병적인 고통을 받고 있었다고 토로한 대목이 많이 나온다.

한편 『활인심』은 마음이 모든 병의 근원이라는 근본 원리 아래 마음을 다스려 기를 다스리고 기름으로써 건강을 지키고 생명력을 기르려는 마음 위주의 양생법을 설명하고 있는 책이다.

따라서 마음이 몸을 주재하기 때문에 몸을 닦음으로써 가정과 나라를 다스린다는 이념을 실현하기 위해서는 몸을 주재하는 마음을 수양하는 이른바 성의誠意 · 정심正心 공부가 필수라는 도학의 내용과 통하는 바가 있는 책이다. 특히 마음수양 방법으로는 마음 자체를 주재하는 공부가 주가 되어야 한다는 퇴계의 이른바 경 공부 중심의 심성학과도 배치되는 점이 없을 뿐만 아니라 상당히 보완되는 점도 있었다. 양생은 기를 기르는 데 중점을 두고 경 공부는 기를 다스리는 데 중점을 두지만, 결국 기를 바르고 순수하게 해야 한다는 점에서는 서로 다를 바가 없기 때문이다. 따라서 젊은 시기에 『활인심』을 만나자[2] 퇴계는 『활인심』의 상권 부분을 베껴 놓게 된 것이라고 생각된다.

---

2) 우리나라에서 『활인심법』을 처음 소개한 『醫方類聚』가 1445년(세종 27)에 출간되었고, 약 1백 년이 지나서 이 책의 초간본이 1541년(중종 36)에 順興에서 安玹(1501~1560)에 의하여 목판본으로 나왔으며, 1550년(명종 5)에 慶州에서 간행되었다는 연구가 있다. 孫弘烈의 「퇴계활인심방의 역사성과 문화적 의의」(『퇴계 활인심방의 연구논문집』, 서울: 퇴계활인심보존회, 2000)에 의하면 三木榮, 『朝鮮醫書誌』(大阪: 學術圖書刊行會, 1973), 222~223쪽에 그 근거 자료가 보인다 한다. 또한 『활인심』에 나타난 퇴계의 글씨체가 30~40대의 것에 가까우므로 퇴계가 이 책을 필사한 시기는 과거에 급제하여 서울로 올라간 33세 이후부터 40대 초반이었을 것으로 추측할 수 있다.(李東犖, 「退溪 李滉 書藝 研究」, 성균관대학교 유학대학원 석사학위 논문, 46쪽 각주 참조)

퇴계 40대 이전의 글씨
『退溪 李滉』(서울: 예술의 전당, 2001), 22쪽

퇴계 50대의 글씨
『退溪 李滉』(서울: 예술의 전당, 2001), 88쪽

퇴계 60대 이후의 글씨
『退溪 李滉』(서울: 예술의 전당, 2001), 22쪽

퇴계 『활인심』의 글씨
『活人心方・退溪先生遺墨』(서울: 退溪學研究院, 1973)

그런데 퇴계는 유학자였고『활인심』은 도교의 도인이 쓴 양생서였기 때문에 불교와 도교를 멀리하고자 하던 그 당시 선비사회의 환경이나 노자와 장자, 석가를 학문적으로 비판하는 퇴계의 입장에서나 퇴계가『활인심』을 필사했다는 것이 상당히 흥미로운 일인 것만은 사실이다.

아마도 이 책의 저자가 명나라 태조의 왕자였기 때문에 사상적으로 단절된 자리에 다리가 놓일 수 있었지 않았을까 추측해 본다. 퇴계가 필사했을 뿐만 아니라 16세기부터 순흥, 경주, 나주, 진주 등에서 판본으로 간행될 수 있었던 배경에는 책의 내용과 함께 저자의 신분이 작용하고 있었을 것이라는 추측은 상당히 설득력이 있다.

퇴계가 55세에 친구인 송기수宋麒壽(1506~1581)에게 준 편지에 의하면, 퇴계는 서울에 거처할 때 "잠을 자기 위하여 누우면 무릎 아랫부분에 해당하는 구들에 습기가 있어서 결국 온 몸이 붓고 아랫배에 물주머니 같은 것이 출렁거리는 증세로 고생한다"고 했다. 그러나, 그 증세를 평소에 익힌 도인기공법의 이치(導宣之理)에 힘입어서 그럭저럭 크게 발병하지는 못하도록 견뎌냈다고 한다.3) 도인기공법의 이치를 터득해서 몸이 붓고 배에 물주머니 같은 것이 생길 정도의 고질병을 다스릴 수 있으려면 상당한 기간 동안 실제로 그것을 연마해 보지 않고는 불가능하다.

따라서 이 편지로 미루어 볼 때 적어도 40대 후반 내지 50대 초반부터 50대 후반까지는 퇴계가『활인심』의 도인기공법을 스스로 건강을 위해 활용했으리라고 추측할 수 있다.

---

3)『陶山全書』續內集, 권9,「與宋台叟(乙卯)」참조.

3. 『활인심』

　퇴계가 필사해 놓은 『활인심』은 중국 명나라 주권朱權(1378~1448)[4]이 쓴 『구선활인심법臞僊活人心法』[5]을 원본으로 삼고 있다. 다만 『구선활인심법』에는 서문의 끝 꼬리에 '前南極沖虛妙道眞君臞僊書'라는 구절이 있는데, 퇴계의 필사본에는 이 구절이 없다. 퇴계가 필사한 대본에 이미 이 구절이 빠져 있었는지, 아니면 퇴계 스스로 빼 버렸는지는 알 수 없다. 또한 퇴계의 필사본에는 책의 제목도 쓰여 있지 않고 '活人心序'로 시작된다. 따라서 퇴계가 직접 필사한 대본이 어느 것이었으며 그 제목이 어떠하였는지는 알 수가 없지만, 편의상 대본은 『활인심법』, 필사본은 『활인심』이라 부르도록 하겠다.

　퇴계가 필사한 것은 『활인심법』 상·하 2권 가운데서도 상권 부분인데, 서문과 본문으로 나뉜다. 서문에서는 양생은 예방, 의학은 치료에 중심이 있다는 것, 그 근원이 각각 상고시대 성인과 황제들에게서 시작한다는 것, 마음의 중요성과 책을 쓰게 된 유래 등을 밝히고 있다.

---

4) 명나라 태조 주원장의 16(17)째 아들로서 寧王에 봉해져서 초기에는 정치에 관여하다가 뒤에 道敎 道士의 길을 걸었다. 호는 臞僊, 涵虛子, 丹丘先生, 大明奇士, 玄洲道人이라 하였고 시호는 寧獻王이다. 詩文, 經史에 관하여 많은 책을 읽었고 醫藥, 氣功과 丹學에 관한 秘本 모으기를 좋아하였으며 저술이 비교적 많다. 의학과 기공류로는 『乾坤生意』, 『乾坤生意秘蘊』, 『壽域神方』(또는 『延壽神方』), 『臞僊活人心法』 등이 있다.

5) 명나라 주권이 쓴 2권의 책인데, 상권은 양생법을 모아 놓은 것이고 하권은 도교의 비결들을 모아 놓은 것이다. 『活人心法』, 『活人心』, 『新刊京本活人心法』, 『臞僊活人心法』 등으로 불린다. 필자가 참고한 판본은 1550년에 경주부에서 간행한 목각판의 영인본으로 이하 『활인심법』이라 함은 경주부 간행 『구선활인심법』을 가리키는 것으로 한다.

본문은 먼저 병의 종류와 병의 근원이 마음에 있다는 것을 다시 한 번 강조한 다음, 마음을 다스려서 병을 예방하고 치료하는 대강을 설명하고 칠정의 중화를 이루는 방법인 중화탕, 특히 기가 치밀어 오른 병을 다스리기 위하여 '참을 인'(忍)자를 실천하는 방법을 가르치는 화기환, 일상생활에서 응용할 수 있는 여러 가지 양생법 상식, 마음자리에 대한 설명과 마음을 고요하고 평안케 하는 것의 중요성, 도인기공법, 6글자 발성법인 육자기결六字氣訣, 장부의 양생 도인기공법, 정기신론, 보양음식 소개가 차례로 편집되어 있다.

제2장 『활인심』의 내용

【번역과 주석】

옛적, 태호太昊[1]보다 먼저 헌원軒轅과 기백岐伯이 이미 있은 것은 아니었다.

태을太乙[2]씨가 왕이 되어 세상을 다스리면서, 태홍泰鴻[3]의 기氣[4]를

---

1) 사마광의 『稽古錄』 권1에서 "태호란 천하를 맡은 천자라는 뜻인데, 복희씨가 처음 천하를 맡았으므로 그의 號로 부르게 된 것이다. 복희 이전에 천자였던 사람이 있었는지 없었는지는 알 수가 없다. 天皇, 地皇, 人皇, 有巢, 燧人 같은 말이 전기 속에 많이 나오지만 확실하게 믿고 인용할 수가 없으므로 오직 『周易』의 기록에 의거하여 복희에서 시작하여 천자들을 설명한다"고 하였다. 그리고는 이어서 "태호 복희는 성이 風씨인데 木의 덕을 가지고 하늘의 뜻을 이어 왕이 되어 宛丘에 도읍하였다. 위로는 하늘에서 象을 살피고 아래로는 땅에서 法을 살펴 처음으로 팔괘를 지었다. 또한 그물을 짜서 짐승과 물고기를 잡게 하고 나아가 백성들에게 여섯 가지 짐승을 가축으로 기르도록 가르쳐서 식용과 제사용 희생으로 쓰게 하였다. 그래서 복희를 庖犧라 부르기도 한다"라고 설명하였다.

2) 일반적으로 태을은 하늘의 별 또는 천신이나 신선을 가리킨다. 성씨로서의 태을씨가 천하의 왕이 된 시기는 아직 전거를 찾지 못하였다. 다만 陳士元의 『論語類考』 권6에 '湯 임금 때 재상이던 伊尹의 성이 空桑인데, 태을은 그보다 앞선 성씨'라는 기록이 있다. 진나라 이전의 도가 사람의 저작으로 추측되는 『鶡冠子』에서 泰一이라는 천자가 태홍의 기를 조절한다고 기록하고 있는데, 태일은 태을과 뜻이 같으므로 『活人心』 서문의 태을이 곧 그 태일을 가리키는 것일 수도 있다. 한편 鄒鉉이 편찬한 『壽親養老新書』 권4에 "태을진인이 말을 적게 하여 內氣를 기르고, 색욕을 경계하여 精氣를 기르고, 영양가와 맛을

조절하고 입맛을 담박하게 하며 즐기고자 하는 욕망을 줄여서 장생구시長生久視5)의 도리를 닦았다. 그 수양하는 방법이 이미 있었던 것이다.

유소有巢6)씨는 동물로는 살아 있는 것을 잡아먹고(搏生) 식물로는 영기가 맺힌 것을 씹어 먹어서(咀華) 기혈氣血의 조화가 이루어지게 하였다. 음식물을 통하여 양생하는 이론(藥餌)이 이미 있었던 것이다.

음강陰康7)씨 때는 물이 더럽고 음기가 엉겨서 백성들이 몸이 무거

담박하게 하여 氣血를 기르고, 정갈한 진액을 삼켜서 臟氣를 기르고, 화를 내지 말아서 肝氣를 기르고, 음식을 맛있게 먹어서 胃氣를 기르고, 사려를 적게 하여 心氣를 기르라. 사람은 기로 말미암아 살고 기는 신으로 말미암아 보존되니 기를 기르고 신을 온전케 하면 참된 진리를 얻을 수 있다고 말하였다”는 기록이 있다.

3) 陸佃의『鶡冠子』권상「泰鴻」에 따르면, 태홍이란 元氣의 시초를 가리킨다. 이에 따르면 태홍의 기란 우주의 근본이 되는 기라는 뜻으로 풀이된다. 天皇을 뜻하는 태일은 우주의 원기를 품고 있음으로 그 기(泰鴻之氣)를 조절할 수가 있는 것이다.

4) 대자연의 기를 사람의 심신을 이루는 氣와 구별하고자 할 때 쓰는 글자다. 따라서 사람의 先天氣를 가리킬 때도 쓰인다.

5) 양생으로 생명을 오래 유지하면서도 정신이 흐트러지지 않는 경지를 가리킬 때 사용한다.

6) 『帝王世紀』에 의하면 복희의 뒤로 女媧, 大庭, 柏皇, 中央, 栗陸, 驪連, 赫胥, 尊盧, 渾沌, 昊英, 有巢, 朱襄, 葛天, 陰康, 無懷 15대 동안 모두 복희라는 호를 이어받았다고 한다. 따라서 『활인심』서문에서는 이들 모두를 가리켜 태호라 부른 것으로 생각된다. 한편 羅泌의『路史』권5「因提紀」나 馬驌의『繹史』권147에 의하면, “태고 적 사람들은 들판의 움혈에 살면서 살아 있는 것만을 잡아먹고(搏生) 영기가 맺힌 알짜만을 씹어 먹으면서(咀華) 자연물과 서로 벗하였으므로 사람에게는 자연물을 시새우는 마음이 없었고 자연물에는 사람을 해치려는 뜻이 없었다. 후세에 이르면서 사람들이 꾀를 부리게 되자 자연물이 적으로 변하게 되었다. 사람의 수가 짐승보다 적고 힘이나 독으로도 사람이 짐승이나 곤충 뱀들을 이기지 못하였기 때문에 성인이 나무로 둥지를 엮어서 그들의 침해를 피하도록 하였더니 사람들이 기뻐하고 그로 하여금 천하의 임금이 되게 하고서 有巢씨라 불렀다”라고 한다.

7) 秦蕙田의『五禮通考』권70에 의하면, “음강씨가 천하를 맡은 초기에 태양 빛이 부족하고 습기가 끼어 있어서 사람들의 기가 막히고 잘 통하지 못하였으므로 춤을 지어내서 그들로 하여금 기운을 펴고 운행시키도록 하였다”라고 한다.

위 자주 넘어지는 병으로 괴로워하므로 춤을 만들어서 기혈을 소통하게 하였다. 도인導引의 지혜가 이미 있었던 것이다.

그래서 사람들이 일찍 죽거나 병에 걸리는 일이 없었는데, 그렇게 순수하던 기운이 흩어지고 나자 백성들이 질병과 재액에 걸리는 일이 많아졌다. 그런 다음에 헌원 황제黃帝[8]가 원리를 짓고 기백[9]이 그것을 펴내자 의약의 처방이 시행되기에 이르렀다.

그러므로 성인聖人은 아직 병이 나기 전에 다스리고 의사는 병이 든 후에 치료한다. 아직 병이 들기 전에 다스리는 것을 마음 다스리기

---

8) 司馬遷의 『史記』에 황제라는 사람에 대한 설명이 있다. 헌원은 성이 公孫인데, 姬水에서 자랐으므로 姬로 성을 바꾸었고 軒轅이라는 언덕에 살았으므로 이름을 헌원이라 불렀다. 호는 有熊이라 하며 이름 그대로 헌원이라 부르기도 하는데, 土의 덕으로 임금이 되었으므로 黃帝라 불렀다. 상고시대 역사책에 따라서 三皇의 한자리에 넣기도 하고 五帝의 첫 자리에 넣기도 한다. 호를 유웅이라 한 것은 有熊國의 아들이었기 때문이다. 태어날 때부터 신령하여 자라면서 총명함이 뛰어나고 민첩했다. 당시 천자던 炎帝 神農씨 후손들의 세력이 쇠약해지자 지방 세력들간에 전쟁이 일어나고 백성들이 폭력과 학대에 시달리게 되었다. 헌원이 무술을 익혀서 지방 세력들을 정벌했는데, 蚩尤가 가장 강하여 정벌이 어려웠다. 제후들이 헌원에게 귀의함으로 결국 당시 천자인 염제와도 阪泉이라는 들에서 싸우게 되어 이겼고 끝으로 涿鹿이라는 들에서 치우를 이기자 모든 지방 세력을 평정하여 사람들이 천자로 받들어 황제라 불렀다. 춘하추동의 기운을 다스리고 다섯 곡식을 심어 농사를 시작했으며 가축을 기르면서 군대 조직을 갖추어 훈련하고 산을 깎아 길을 열어서 동으로는 산동성 해안, 서로는 崆峒山, 남으로는 熊耳山과 湘山, 북으로는 匈奴 지방까지 이르렀다. 탁록에 도읍을 정하고 행정 조직을 구성하였으며 산천에 귀신을 봉하여 제사지내고 寶鼎을 얻어 향 피우며 蓍策으로 미래 일을 점쳤다. 인재를 등용하여 백성을 다스리고 천지의 음양과 계절의 흐름에 따르고 장례 같은 의례를 제도화하였으며 의복과 집을 지었다.(원시 사회에서 인류 문명 사회로 확실히 전환하게 된 것이다) 자식이 스물다섯 명인데 그 가운데 열넷째가 독자적인 姓을 가졌다. 또 若水로 내려가 살던 昌意의 아들 高陽이 황제의 손자로서 천자가 되니 곧 顓頊이다. 황제가 죽자 橋山에 장례 지냈다. (전국시대에 이르러 황제의 이름으로 『黃帝內經』이 만들어졌다)

9) 황제의 의학 분야 국사(天師)다. 동양 의학에서는 동양 의학의 시조로 인정된다. 『黃帝內經』의 내용은 황제가 묻고 기백이 답하는 형식으로 구성되어 있다.

라 하거나 수양이라고 말한다. 병이 이미 든 뒤에 치료하는 것을 약물
복용이라 하거나 침과 뜸이라 말한다. 비록 다스리는 법에는 두 가지
가 있지만 병의 근원은 하나니, 마음으로 말미암지 않고 생겨나는 병
은 있을 수 없다.

　　노자는 마음이 신神10)의 주인이니 (신이) 움직이거나(動) 움직이지
아니함(靜)이 마음을 따르게 된다고 말하였다.11) 마음은 불행한 일의
근본이기도 하고 우주 근본 바탕의 으뜸12)이기도 하다. (신이) 고요하
면 심군心君13)이 넉넉하고 편안하여 모든 경맥14)의 운행이 순조롭고

---

10) 여기서는 불가사의한 능력으로 사람의 생명과 정신작용을 주관하는 어떤 힘
　　을 말하고 있다. 이는 뒤에 精·氣·神에 대한 설명에서 더 자세하게 설명한
　　다. 참고로 퇴계는 신에는 우주 자연의 신, 제사의 대상이 되는 신, 사람의 생
　　명을 구성하는 신이 있다고 했다. 일반적으로 신이란 용어는 산천의 신령, 불
　　가사의한 변화, 사람의 정신과 의식, 사람 생명활동의 총화, 마음과 같은 것,
　　신선, 뇌 기능 내지 중추신경계의 작용, 사람의 모든 것을 주관하는 주인웅으
　　로서의 원신, 내단수양으로 형성되는 신적 존재 등을 가리키는 용어로 널리
　　쓰인다.
11) 『道德經』에는 없는 말이나, 도가 내단수양법이나 양생법의 이론을 노자의 이
　　름으로 설명한 말이 아닌가 생각한다.
12) 마음은 본래면목에서 우주의 근본 바탕과 자리를 같이한다는 사상은 유불도
　　3가를 포함해서 동양 전통 철학의 핵심을 이루고 있다. 유가에서는 "본심이 곧
　　본성인데, 본성은 곧 우주 자연의 근본 바탕인 진리다"(『晦庵先生朱文公文集』,
　　권70, "心卽性,……性卽理")라는 뜻을 말하거나 곧바로 "마음이 곧 우주 자연
　　의 근본 바탕인 진리다"(『陽明先生集要理學編』, 권1, "心卽理")라고 말하고 있
　　다. 불가에서는 일반적으로 "근본 마음이 부처의 마음이다"(『景德傳燈錄』, 권
　　13, "自心爲佛心")라거나 "참된 본성을 부처의 본성이라 부르기도 하고 마음
　　자리라 부르기도 한다"(『景德傳燈錄』, 권13, "眞性亦名佛性亦名心地")고 한다. 도
　　가에서도 "근본 마음이 곧 우주의 근본 바탕이다"(『玄敎大公案』, "本心卽道")라
　　거나 "근본 마음이 곧 본성이다"(『中和集』, "本心卽性")라 말한다. 『활인심』에
　　서는 "마음이 진리의 가장 근원이다"(心爲道宗)라 하였다.
13) 마음이 사람의 심리적이고 생리적인 현상을 모두 거느리고 주재하는 이치가
　　마치 임금이 나라를 다스리는 것과 같다 하여 마음을 심군이라 부르기도 한
　　다. 張君房의 『雲笈七籤』 권12에서는, "마음(心)은 몸이라는 나라의 주인으로서
　　오장육부의 왕이다. 몸에 360의 신이 있는데 마음이 주인이라서 문을 나가지
　　않아도 천하를 알고 마루에서 내려가지 않아도 사방을 안다"라고 말한다.

건강하게 되며 (신이) 움직이면 기혈이 흐리고 어지러워져서 모든 병이 서로 쳐들어온다. 따라서 마음자리(性)15)가 고요하면 정서(情)16)가 가라앉지만 마음이 움직이면 신(神)이 피로해지는 것이고, 참된 것(眞)17)을 지키면 기를 통솔할 능력(志)18)이 속으로 가득 차 있게 되지만 (그렇지 못하고) 바깥 사물을 따르면 마음의 초점(意)19)이 제자리를 벗어

---

14) 동양 의학에서 생리현상의 기본 요소가 되는 기혈이 순환하는 기본 통로를 가리킨다. 12개의 正經脈, 經別, 經筋과 8개의 奇經脈으로 이루어져 있다. 기를 통과시켜서 각 해당 장부와 기관들에 이르게 하여 정상적인 생리기능을 유지하게 하는데, 온 몸을 하나의 통일체가 되도록 유기적으로 연결하고 있다. 경맥으로부터 가늘게 퍼져 나와서 온 몸을 그물처럼 덮고 있는 것을 經絡이라 부르고, 경맥 가운데 특히 중요한 역할을 담당하는 지점을 經穴이라 부른다.

15) 우주의 근본 바탕이 사람에게 타고난 것을 性이라 하는데, 이 성으로부터 심리적 현상을 가리키는 여러 情이 피어나게 된다. 따라서 성을 마음(심리적 현상)의 근본 자리라 말할 수 있다. 불가에서 일반적으로 사용하는 어법이다. 다만, 이때의 마음은 근본 마음을 뜻한다기보다 현상으로서의 마음이라는 뜻이 짙다.

16) 본성을 근거로 어떤 환경과 동기 또는 원인에 따라 뚜렷하게 피어나오는 심리적인 현상으로서 측은·수오·사양·시비의 심정이나 희·노·애·구(락)·애·오·욕의 감정을 가리킨다.

17) 일반적으로 이름에 해당하는 실제가 있는 것을 가리켜 참되다, 진실하다고 말한다. 하지만 우주 자연이나 사람의 심성을 말할 때는 근본 바탕 자체나 또는 그것이 보존된 경우를 참되다고 보고 근본 바탕이 가려지고 훼손되거나 분산된 경우를 거짓되다고 보는 것이 정통적인 철학관이다. 이는 모든 현상에는 그 이름에 해당하는 실제가 없고 오직 因과 緣으로 이어지는 고리의 한 순간만 있다는 假觀을 전제로 하고 있는 것이다.

18) 사람이 먼 길을 가는데 어렵고 험함을 따지지 않고 오직 그곳을 향한 마음만으로 가는 것처럼 한결된 '뜻'을 가리켜 志라 한다. 이 지가 살아 있으면 기를 통솔할 수 있기 때문에 "지는 기의 장수다"(『孟子』, 「公孫丑」; 『養性延命錄』, 「服氣療病篇」, "夫志, 氣之帥也")라고 말한다.

19) 마음의 초점이 가 있는 곳으로 神이 모이고 신이 모이면 氣가 따라가 모이는 것이 원리다. 이 경우에 意자를 '의념' 또는 '의식'이라 푸는 것이 보통이나, 필자는 '마음의 초점'이라고 푸는 것이 더 적절하다고 생각한다. 한편 외부 환경에 감응하여 마음의 싹이 돋으면 어떻게 하겠다는 생각을 일으키게 되는데, 그 어떻게 하려는 뜻을 가리켜서도 의라 한다. 이 경우에는 '마음의 싹' 또는 그대로 '뜻'이라고 푸는 것이 좋을 것이다. 이때의 의와 비슷한 개념으로 志라는 용어가 사용된다. 의와 지는 다같이 마음의 발동이라는 의미를 갖

나서 옮겨간다.[20] 마음의 초점이 제자리를 벗어나서 옮겨가면 신神도 달려 나가고 신이 달려 나가면 기가 흩어지는데, 기가 흩어지면 병이 생기고 병이 생기면 다치거나 죽는다. 비록 흔히 들을 수 있고 아무나 할 수 있는 말이지만 진리의 오묘함에 가장 합치되는 말이다.

이제 수양가와 의약가 두 분야의 이론을 설명함으로써 스스로 하나의 이론 분야를 이루고는 새로운 이야기들을 엮어서 상·하 두 권으로 편집하여 '활인심'이라고 제목을 붙인다. 사람을 구제하려는 마음을 항상 보존하고 사람의 생명을 온전하게 하여 다 함께 오래 살 수 있는 경지로 돌아가자는 바람을 말하고자 하는 것이다. 어찌 도움이 적겠는가?

세상의 각종 분야 사람들이 편찬해 놓은 의약관계 책들이 어느 겨를엔가 천 권이나 되지만 잡다한 것들을 어지럽게 모아 놓아서 쓸데없이 많기만 하고 도움 되는 바가 없다. 다만 이 책의 처방만은 비록 많지는 않지만 그 모두가 벼랑 끝에 매달린 생명을 다시 빼앗아 올 수 있는 것들이니, 비록 사명司命[21]일지라도 더 신령하지는 못할 것이다.

무릇 의약을 하는 사람으로서 그 병을 얻은 원인을 살필 줄 알고서 이 책을 사용한다면, 이 책 하나만으로도 의술의 도리가 만족할 것이다. 수양의 방법을 실천할 수 있는 사람이 이 책을 사용한다면 이 한

고 있는 '뜻'이라고 풀이된다. 의는 사물에 접촉해서 가장 먼저 생겨나는 의식, 생각, 헤아림 또는 의심해 보는 마음의 작용을 포함하는 개념이다. 지는 의가 이루어진 다음 그것이 모여서 어떤 곳을 향하는 방향성을 갖게 된 경우의 마음작용을 포함하는 개념이다. 그리고 지로부터 思(살펴 생각함)가 나오고 사로 말미암아 慮(멀리 헤아림)가 가능해지고 여로 말미암아 智(사물을 처리함)가 이루어진다고 말하기도 한다.

20) 이 구절들은 『千字文』에 나오는 말로 후에 선문답이나 양생 이론서에서 자주 인용 또는 이용하였다.

21) 북쪽 하늘에 있는 별 이름으로 생명 또는 운명을 관장하는 신을 뜻하는 용어로도 쓰인다. 때로는 軍事 또는 부엌을 관장하는 신을 가리키기도 한다.

책만으로도 신선의 길이 이루어질 것이다. 하물며 어찌 오래 살지 않겠는가?

글 읽는 사람이 세상을 살아가면서 없어서는 안 될 책이다.

活人心 序

昔, 在太昊之先, 軒·岐未曾有.

太乙氏之王天下也, 調泰鴻之炁[22], 薄滋味, 寡嗜慾, 而修長生久視之道, 其修養之法, 已有矣.

有巢氏,[23] 搏生, 咀華, 以和氣血, 藥餌之說, 已有矣.

陰康氏時, 水瀆, 陰凝, 民疾重墜, 乃制舞, 以疏氣血, 導引之術, 已有矣.

故, 人無夭傷. 太朴旣散, 民多疾厄, 厥後, 軒轅氏作, 岐伯氏出, 而有醫藥之方行焉.

故, 聖[24]人治於未病之先, 醫家治於已病之後. 治於未病之先者, 曰治心, 曰修養. 治於已病之後者, 曰藥餌, 曰砭焫. 雖治之法有二, 而病之源則一, 未必不由, 因心而生也.

老子曰, 心爲神主, 動靜從心, 心爲禍本, 心爲道宗. 靜則心君泰然, 百脈寧謐, 動則血氣[25]昏亂, 百病相攻. 是以, 性靜則情逸, 心動則神疲, 守眞則志滿, 逐物則意移. 意移則神馳, 神馳則氣散, 氣散則病生. 病生則殞矣. 雖常俗之語, 最合於道妙.

今, 述其二家之說, 自成一家新話, 編爲上下二卷, 目之曰, 活人心. 謂常存救人之心, 欲全人之生, 同歸於壽域也. 豈少[26]補哉.

---

22) 경주부 간행 판본 『臞僊活人心法』(이하 판본)에는 氣로 쓰여 있다.
23) 판본에는 巢氏라고만 쓰여 있다.
24) 판본에는 至로 쓰여 있다.
25) 판본에는 脈으로 쓰여 있다.

然, 世之醫書, 各家所編者, 何暇, 千本紛然雜具, 徒多無補. 但, 此書, 方雖不多, 皆能奪命於懸絶. 雖司命, 莫之神也.

凡爲醫者, 而能察其受病之源, 而用之, 止此書—[27], 醫道足矣. 人, 能行其修養之術, 而用之, 止此一書, 僊道成矣. 何況不壽乎.

士之於世, 不可缺焉.

[28]

---

1) 양생의 개념

활인活人이란 말을 글자 그대로 풀면 '사람을 살린다'는 뜻이다. 질병을 예방하거나 걸린 병을 치료하여 건강을 유지함으로써 오래 살 수 있게 한다는 것이다. 대체로 양생養生이라는 말과 같은 뜻으로 쓰인다. 양생이란 말은 섭생攝生이라고도 하는데, 그 의미가 매우 넓다. 『여씨춘추』「절상節喪」에서는 "생을 해치지 않는 것을 양생이라 말한다"며 소극적인 입장을 취함으로써 이에 포함되는 영역을 최대한으로 넓게 잡아 놓았다.

예로부터 생명을 보호하고 기를 줄 모르거나 그 방법이 바르지 못해서 억울하게 생명을 해친 사례가 많았으므로 춘추전국시대의 혼란한 사회생활 속에서 편찬된 『노자』와 『장자』에 이르러서는 여러 번 거듭해서 양생에 대해 언급하게 되었다.[29] 그리고 여러 책에서도 오래

---

26) 판본에는 小로 쓰여 있다.
27) 판본에는 一書로 쓰여 있다.
28) 판본에는 '前南極冲虛妙道眞君瞿僊書'라는 구절이 쓰여 있다.
29) 『노자』에는 長生, 攝生에 대한 가르침이 있고 『莊子』에는 「養生主」라는 편이

사는 도리에 별 다른 비결이 있는 것이 아니라 상하지 않게 하면 될 뿐이라는 사상을 말하고 있다. 다시 말하면, 사람은 본래 오래 살 수 있는 생명을 갖추어 태어나는데, 태어난 뒤에 생활을 잘못하여 그 생명을 단축시킨다는 것이다.[30)]

생명을 해치는 잘못된 생활로는 대체로 정서생활, 음식 섭취, 일상기거起居, 성생활, 노동, 위생 등에서 올바른 태도와 이치를 잃고 정도를 지나치는 것을 예로 들 수 있다. 책에 따라서는 근심·걱정·슬픔, 추위와 더위가 급작스럽게 변하는 것, 기쁨·즐거움이 지나치는 것, 분노를 풀지 못하는 것, 생각을 많이 하고 억지로 기억하는 것, 원하는 것을 급히 이루려고 하는 것, 성생활 과도 등 자연의 생리적 이치(陰陽)를 거스르는 것을 말하기도 하고 능력 밖의 것을 애써 생각하고, 욕심을 급히 이루려 하며, 말이나 웃음을 오래 하고, 수면과 호흡이 불규칙하며, 능력 밖의 힘을 쓰고, 토할 정도로 술에 취하며, 배불리 먹고 잠에 들고, 숨차게 달리며, 목소리 높여 소리치거나 울고 웃고, 자연의 생리적 이치에 어그러지는 것을 말하기도 한다.

『활인심』서문에서도 양생 분야에 장생구시하는 수양修養·약이藥餌·도인·의약醫藥의 방법이 포함된다고 밝히고 있다. 장생구시하는 수양이란 오래 살기 위하여 생명력을 다스리거나 기르는 일을 말한다. 주로 정精을 보존·보충하고 기氣를 깨끗이 해서 강화시키며 신神을 안정시키는 일들로 구성[31)]되는데, 그 가운데 정서생활을 잘 다스리는 일이 매우 중요한 위치를 차지하고 있다. 사람의 정서란 결국 기뻐하고

따로 설정되어 있다.

30) 오늘날 의학자들이 대체로 사람은 본래 125살까지 살 수 있는데, 생활이 잘못되어 1백 살도 잘 넘지 못한다고 주장하는 것과 맥이 통하는 사상이라 할 수 있다.
31) 精·氣·神과 長生久視 수양에 대해서는 뒤에 다시 구체적으로 설명하겠다.

화내고 슬퍼하거나 근심하고 두려워하거나 놀라고 즐거워하고 애착하고 증오하고 탐욕을 일으키는 심리상태가 이루어지는 것을 말한다. 이러한 심리상태를 칠정이라 하는데, 기가 피어나는 여러 모습을 말한다. 칠정이 생리적 병리적으로 건강과 밀접한 관계가 있다는 것[32]은 오랜 옛날부터 잘 알려져 왔다. 생활 속에서 일어나는 이러한 정서를 다스리는 일 중에는 『활인심』 서문에서 말하고 있는 기를 조절(調氣)하고 입맛을 담박하게 하며(薄滋味) 즐기고자 하는 욕망을 줄이는(寡嗜慾) 일이 포함된다.

약이란 일반 음식 중에서 특별한 것을 찾아내서 그것으로써 양생을 하는 지혜의 하나다. 일반적으로 음식을 통하여 양생을 하는 일에는 음식에서 영양을 얻어서 생명력을 유지하고 기르는 측면이 가장 크다. 하지만 음식 중에 들어 있는 특수한 성분을 찾아내어 특수한 질병의 치료나 병후 회복에 응용하거나 어떤 개인의 체질에 맞는 음식을 찾아내어 그 개인의 면역력 내지 건강을 향상시키는 분야도 포함된다. 나아가서 어떤 경우에는 어떤 음식을 피해야 한다는 지혜를 얻어서 그대로 지키는 일도 포함한다. 약이의 지혜 중에는 『활인심』 서문에서 말하고 있는 "동물로는 살아 있는 것(죽지 않은 것)을 잡아먹고 식물로는 영기가 맺힌 것을 씹어 먹는" 방책이 당연히 포함된다.

---

32) 칠정 중에는 기뻐하거나 즐거워하는 것같이 적극적인 정서도 있고 두려워하거나 슬퍼하는 것같이 소극적인 정서도 있다. 보통의 경우에는 적극적인 정서가 업무 능률을 올리고 창의력을 높이며 생리적으로 건강에 유리한 내분비를 하게 하여 사람을 돕는 역할을 한다. 소극적 정서도 또한 스스로 타고난 방어 능력을 불러일으켜서 자기의 몸이나 생명을 보호하는 역할을 한다. 그러나 문제는 정서가 피어나는 정도가 어느 수준 내지 한계를 지나치는 경우다. 갑자기 화를 너무 크게 내면 중풍이 일어날 수 있고 갑자기 너무 놀라면 심장마비가 일어날 수 있는 것처럼 정서의 피어남이 정도를 지나치면 병이 생기게 된다. 정서가 곧 마음이니, 마음과 질병의 관계는 이 책에서 다시 구체적으로 검토하겠다.

도인이란 마음으로 기를 이끌어 운행한다는 뜻인데, 몸의 동작 없이 마음만으로 하는 경우도 있지만 주로 특별하게 고안된 동작을 행한다.[33] 몸을 움직이면서 하는 도인은 기공의 원리를 주로 삼으면서 일반 운동의 원리도 함께 갖추고 있다.

기공은 이제까지 토납吐納, 행기行氣, 도인, 연단煉丹, 현공玄功, 정공靜功, 수도修道, 참선參禪, 선정禪定, 정공定功, 내공內功, 양생법, 정좌법靜坐法, 대원만大圓滿 같은 이름으로 불리던 것을 통틀어 새롭게 부르게 된 용어로, 인도의 요가까지도 포함한다. 기공을 단련하면 몸속의 원기가 크게 늘고 몸을 이루는 바탕과 조직을 고급화해서 그 기능이나 숨은 능력을 충분히 발휘할 수가 있다. 그리하여 질병을 예방, 치료하고 지혜를 더욱 맑게 하며 생명력을 늘릴 수가 있다. 기공은 마음의 초점을 만들어 지키면서 호흡을 고르게 하고 자세를 바르게 하여 안으로 정·기·신을 단련하고 밖으로 근육·뼈·피부를 단련한다. 그럼으로써 원기를 배양하여 몸이 충실해지고 피부가 윤택해지는 효과를 가져온다.

기공은 인류의 문화와 그 발생의 근원을 같이할 정도로 유구한 근원을 갖고서 끊임없이 연구되어 풍부한 경험을 쌓으면서 분명한 이론 체계를 세웠다. 기공의 종류는 그것을 계발하거나 보는 입장에 따라서 달라지므로 대단히 복잡하고 많은 이름이 붙여 있어서 아직 정통한 분류법이 정립되지 않았으나, 대체로 다음과 같이 분류할 수 있다.

밖으로 드러나서 눈에 보이는 공법 형식에 따라 분류하면, 정공靜功, 동공動功으로 크게 나눌 수 있다. 이와 중복해서, 기공을 단련하는 사회집단에 따라 유교 기공, 불교 기공, 도교 기공, 의술 기공, 민간 기공 및 무술 기공으로 분류할 수도 있다.

---

33) 근대에 이르러 氣를 수양하는 일을 넓게 통틀어 氣功이라고 부르게 되어, 마음으로 기를 이끌어 운행시키는 도인기공법 또한 기공이라 부른다.

정공은 좌坐, 와臥, 참站 같이 겉으로 보기에는 움직임이 없는 자세를 취하고 송鬆(긴장 풀기), 정靜(不動), 수守(정신통일＝마음의 초점), 식息(호흡) 등의 방법으로 정·기·신 곧 몸속의 정신, 장부, 기혈, 진액을 주로 단련하는 이른바 '내공'을 가리킨다. 동공은 겉으로 보이는 여러 모양으로 팔다리를 운동하거나 안마하거나 두드리는 동작에 마음의 초점과 기의 흐름과 호흡을 잘 결합시켜 장부, 근육, 뼈, 피부를 단련하는 이른바 '외공'을 가리킨다.

기공은 어느 정도 특수한 원리와 원칙이 있어서 누구나 널리 실천하기에는 쉽지 않은 점이 있다. 일반 운동의 경우는 일상생활에서 많은 사람이 하고 있는 일인데, 이것이 건강과 곧바로 이어져 있다는 것은 굳이 설명할 필요 없이 누구나 알고 있는 일이다.[34] 운동은 신체가 자연에 적응하는 능력을 강하게 하고 따라서 질병에 저항하는 능력도 높이는 결과를 가져온다. 좀 더 이론적으로 설명하면, 운동은 순환계의 활동을 촉진시켜서 기혈을 조화시키고 경맥의 막힘을 없애며 장부의 기능을 왕성하게 하고 근육을 발달시키며 관절을 부드럽게 움직이게 하고 정신조차 유쾌하게 하여 정서적인 장애를 없애 줌으로써 체력뿐만 아니라 정신력까지 향상시킨다. 그 결과 노화의 속도가 줄어들고 질병이 줄어들어서 양생에 큰 역할을 한다.

『활인심』서문에서 말하고 있는 도인 춤은 운동적인 요소와 기공의 요소를 모두 포함한다고 할 수 있다.

의약이란 사람이 질병에 걸린 뒤에 약이나 기타 특수한 방법으로 그 질병을 치료하는 일이다. 오늘날 모든 사람이 직접 경험하면서 살

---

34) 세상의 현상에 있어서 어떠한 현상이든 정도를 지나치면 오히려 역효과를 가져온다. 운동 또한 정도를 지나치면 역효과가 나는 것은 물론이다. 이곳에서 운동이라 함은 적당한 운동을 가리키는 것이다.

아가고 있으면서도 또한 전문 지식을 필요로 하는 분야다. 『활인심』 서문에서 황제와 기백을 의약의 시조로 말하고 있는 것은 다름 아니라 『황제내경黃帝內經』을 가리킨다.

『황제내경』은 황제의 이름을 빌려 황제가 물으면 기백이 답하는 형식으로 쓰여 있다.[35] 『내경』은 사람도 자연계의 유기적 일부분이라서 하늘과 땅의 기가 생명을 주고 계절의 법칙이 이를 완성시키므로 사람의 생존은 잠시도 대자연의 공양供養을 벗어날 수 없다고 생각하였다. 『내경』은 『소문素問』과 『영추靈樞』 두 부분으로 편집되어 있는데, 『소문』의 「금궤진언론金匱眞言論」에서는 사람의 기본적인 생리활동 곧 기혈의 순환과 음양의 흐름을 포함하는 생명현상은 하늘, 땅, 해, 달, 천체 등의 운행 변화와 순간순간 서로 관계를 가지고 같이 호흡한다고 한다. 『소문』「팔정신명론八正神明論」에서는 사람 몸의 기혈이 허실虛實과 소장消長을 거듭하는데, 이는 달이 차고 기우는 것과 보조를 같이한다고 하였다.

『내경』은 장부臟腑[36]에 대해, 장부 상호간에는 주主 되는 것과 이에 버금가는 것이 있는데 심장이 주가 된다고 말하면서 오장육부五臟六腑의 기본적 생리작용, 장부 상호간의 관계, 장부의 활동을 유지하는 기본 요소에 대해 상당히 깊은 이론을 말하고 있다. 『내경』에는 12정경맥正經脈, 기경奇經 8맥, 15별락別絡, 경별經別, 경근經筋 등에 관한 기록이 이미 나타나 있다.

약물을 먹어서 건강을 북돋우고 질병을 치료하는 일이 양생에서

---

35) 오늘날 고증에 의하면 『黃帝內經』은 전국시대에 쓰였다는 학설이 지배적이다. 주권이 『活人心法』을 쓸 때는 아직 그러한 고증 결과가 없었거나 아니면 무시하고 그 내용만을 말했을 수도 있다.

36) 몸 안의 장기를 통틀어 가리키는 말로 五臟六腑의 줄인 말이기도 하다. 오장은 心, 肝, 脾, 肺, 腎, 육부는 膽, 胃, 大腸, 小腸, 膀胱, 三焦다.

중요한 한 분야를 차지함은 물론이다. 중국 사람들이 이용하는 약물은 대부분 천연상태의 식물·동물·광물이라는 점이 특색을 이루고 있다. 약물과 음식 사이에는 본질적인 구별이 있는 것이 아니라 다만 특별히 약물로서 분류되어 있는 경우에 약물로 볼 뿐이다. 따라서 같은 풀뿌리, 예컨대 도라지를 그냥 일상생활에서 반찬으로 먹을 때는 음식으로서 약이 되는 것으로 보아야 하지만 특별히 감기약으로 쓸 때는 약물로 보아야 하는 것과 같다. 적어도 한나라 이전에 이미 약물이 되는 물질들을 분류하여 그 특징, 성분, 성질, 용도 및 조제방법 등의 지혜를 기록한 책으로 『신농본초경神農本草經』이 있었는데, 명나라에 이르러 이시진李時珍(1518~1593)[37]이 『본초강목本草綱目』이라는 이름 아래 약물의 종류와 내용 면에서 대대적으로 보완하였다.

　이 외에도 일상생활에서 잠자고 옷 입으며 집을 관리하고 성생활을 조절하는 요령들이 양생과 밀접하게 관련되어 있다.

　　2) 선진시기의 양생

　『활인심』 서문에서는 중국 상고시대의 이른바 삼황오제라고 하는 성인 황제皇帝들로부터 『황제내경』에 이르기까지를 양생의 시발로 보고 있다는 것을 짐작할 수가 있다. 『황제내경』이 만들어진 시기를 전국시대로 본다면 진시황이 진나라를 세우기 전까지로 이 시기를 비록 오랜 세월이기는 하지만 한 단위로 묶어서 선진시기先秦時期라 한다.

　『활인심』 서문에서도 말했듯이 양생의 지혜는 삼황오제 이전 완전

---

37) 명나라 의학자로서 자는 東璧, 호는 瀕湖다. 『本草綱目』, 『奇經八脈考』, 『瀕湖脈訣』 등을 썼다.

히 원시시대부터 이미 있었다고 보아야 한다. 다시 말해 인류가 지구 위에 영장류로서 자리 잡게 된 밑바탕에는 다른 어느 생물체보다 뛰어난 양생의 지혜가 근본적으로 깔려 있었기 때문에 그것이 가능했다고 볼 수 있다. 양생도 다른 모든 인류의 지혜와 마찬가지로 인류 최초의 기본적인 생산 및 생활과 함께 시작되었다. 원시적인 노동과 보건 활동 속에 이미 싹트고 있었던 것이다.

원시인 때부터 인류는 노동을 하면 몸에 열이 나고 더워지며 호흡이 빨라진다는 것을 알았고, 한편 그늘에서 가만히 쉬면 몸이 식고 호흡이 가라앉는다는 것도 알았다.[38] 또한 죽은 짐승을 먹으면 안 된다는 것과 먹어서 좋은 식물이 있고 그렇지 않은 식물이 있다는 것도 알아냈다.

그러나 제대로 갖춰진 양생이 이루어진 것은 불을 사용하면서 인류의 문화가 본격적으로 시작된 때라고 할 수 있다. 현재 우리가 알 수 있는 것은 비록 고대의 문자일지라도 어떤 형태로든 남아 있는 기록에 한정한다. 중국의 경우, 가장 오래된 기록은 은나라 갑골문자를 사용한 것이다. 갑골문자의 기록에 의하면 은나라시대에 많이 걸린 질병은 주로 관절 계통, 상부 호흡기 계통과 머리·배에 관한 것 아니면 분만에 관한 것으로 결국 음식이 불결하거나 조절되지 못하여 생긴 것이 아니면 그밖에 위생관념이 부족하여 생긴 것이다. 그런데 이 시대 사람들은 생활에서 일어나는 길흉화복을 하늘이 내리는 벌이라고 믿고서 대부분의 경우 무속적인 방법을 통하여 해결하고자 하였다.

주나라시대에 들어오면 계절의 변화와 위생·질병이 관계가 있다는 것을 인식하고 음식을 요리하는 방법을 연구 지도하였으며 전문적

---

38) 『黃帝內經』의 『素問』 「移精變氣論」에서, "상고시대 백성들은 금수 속에 살면서 동작을 하여서 추위를 피하고 그늘에 들어가서 더위를 피하였다"고 하였다.

인 환경위생 관리를 두어 독충을 제거하고 잡초를 태우며 물의 청결을 유지하고 얼음을 이용하였다.

춘추전국시대에 이르면 양생이 모든 면에서 상당히 발전된 수준을 갖추게 되어 학문적으로도 의의 있는 기록들이 나타나게 되었다. 고대 중국의 계몽사상가라고 부를 수 있는 이른바 제자백가들은, 자연에 순응하며 정신적으로 오염되지 않고 안정되며 탐욕을 절제하고 정신을 낭비하지 않으며 적절한 운동으로 신체를 기르고 음식을 알맞게 먹어야 한다는 양생사상을 주장하여 중국 양생학이라는 긴 강줄기의 첫 샘을 이루었다.

덧붙이는 글 : 선진시대 기공의 역사

원시인들은 상당한 사유 능력과 신체운동 능력을 갖게 되면서 자연계의 동물을 모방하여 기공방식을 증가시키게 되는데, 예를 들면, 웅경조신熊經鳥伸, 토고납신吐故納新 등이 있다. 나아가서 그들은 더욱 깊이 동물들의 생활을 관찰, 이해하여 기공치료 방식을 찾아내고, 춤도 그 방식으로 삼아 치료하였음을 앞에서 보았다. 이때 춤의 작용은 기를 펴고 관절을 풀어서 풍·한·습으로 인한 병을 치료하거나 예방하는 것이다.

그 후 오랜 기간 동안 기공의 지혜를 힘써 실천해 온 결과 황제黃帝시대는 기공이 의학사에 등장하게 된다. 『사기史記』「편작전扁鵲傳」에서는 "황제시대의 장군인 유부兪跗가 교인撟引, 안올案抓을 하여 병을 고쳤다" 하였고, 『황제내경』의 『소문』「이법방의론異法方宜論」에서는 "백성들에게 위궐痿厥·한열寒熱의 병이 많았는데, 그 치료에는 도인·안마가 적당했다"고 하였다.

이 시대에는 도인과 같은 동공에 이어서, 정공도 일정한 방식을 갖추게 된다. 『황제내경』『소문』「이정변기론」에서는 "옛날에 병 치료에 있어서는 정精을 옮기고 기氣를 변화시키는 방법만이 그 뿌리를 끊을 수 있었다" 하였고 『장자』「재유在宥」에서는 "황제가 광성자에게 몸 다스리는 법을 물었더니, 광성자는 다음과 같이 가르쳤다. '보지 말고 듣지 말고 신을 품어서 움직임을 여의라.(無視無聽, 抱神以靜)

몸을 과로하지 말고 정을 흔들어 놓지 말라.(無勞汝形, 無搖汝精) 많이 알면 실패한다(多知爲敗)"고 하였다.

이 외에도 이 시대에는 귀식법龜息法, 사식법蛇息法, 벽곡식기법闢穀食氣法, 종식법踵息法, 수일법守一法 같은 호흡수양법들의 원형이 갖추어졌다. 은나라에 이르기까지 이미 자연계의 동물을 모방하는 것에 그치지 않고 차차 스스로의 내면 세계를 돌아보며 몸과 마음과 호흡을 단련하는 방법이 싹트기 시작하였던 것이다.

주나라시대에 이르면, 중국 기공의 특색들이 나타나게 된다. 도가道家, 의가醫家, 신선가神仙家 등 각 기공 유파가 싹트면서 기공의 구체적인 방법뿐만 아니라 이론적 기초도 확립되었다. 『주역周易』은 8패 및 64패를 이용하여 음과 양이 늘고 줄어드는 변화의 원리를 설명함으로써 하늘·땅·자연계와 인류사회의 객관적 법칙을 보여주거나, 나아가서 인류가 자연법칙에 순응하고 이를 이용함으로써 수양할 수 있는 원리를 가르치고 있다. 특히 간패艮卦에 대한 『주역』의 글에 담긴 내용은 은나라와 주나라시대의 기공 양생을 반영하는 것으로 풀이되기도 한다.

간패가 가르치는 중요한 뜻은 '그친다' 곧 지止라는 것인데, 그것은 사람이 물질에 대해 느끼는 정情을 그치게 함으로써 움직이려는 욕심을 막으라는 것이다. 이 패 전체에 붙어 있는 패사卦辭를 수양이라는 점에서 살펴보면, 마음의 눈길을 내면 세계로 되돌려 비추는 법을 암시하고 나아가서 욕심의 움직임을 그치게 함에 그 숨은 뜻이 있음을 알 수 있다.

또한 이 패 각 효에 붙어 있는 효사爻辭를 수양을 하며 경험해 보면, 마음의 눈을 내면 세계로 되돌려 비출 때 대상이 되는 신체의 부위를 차례대로 암시하고 있음을 알 수 있다. 초효는 뒤꿈치, 2효는 허벅지, 3효는 허리, 4효는 윗몸, 5효는 얼굴, 상효는 정수리를 가리키는 것이다. 이는 기공의 한 방법인 의념意念으로 하는 도인기공법이 발생한 원천을 알 수 있는 문헌자료다. 말을 바꾸면, 『주역』의 패사와 효사가 이루어 진 때는 이미 내관內觀 기공이 싹터 있었다는 것이다.

춘추전국시대의 노자*와 장자(BC 369~BC 286)**는 선진시대 도가를 대표하는 성현들이다. 그들은 자연을 지상 가치로 삼는 철학의 각도에서 내면 세계를 기공수양하는 기본 원칙과 과정을 요약하고 있다. 『도덕경』의 제6장 '곡신불사谷神不死'에서는 "사람이 신神을 기르면 죽지 않으니, 이를 기르는 것을 현玄과 빈牝이라 이르고, 현과 빈으로 통하는 문을 하늘과 땅의 뿌리라 이른다. 가늘고 가늘게 있는 듯 없는 듯이 들고 나되 급하거나 억지로 힘들이지 않는다" 하였다.

또 제10장 '재영백포일載營魄抱一'에서는 "혼과 백을 싣고 호(一)를 품어서 능히 몸에서 떨어지지 않을 수 있는가? 정기를 오로지 지켜서 몸 전체를 부드럽게 하여 젖먹이처럼 될 수 있는가? 마음을 깨끗이 씻어서 음사淫邪를 없앨 수 있는가? 몸을 이루는 기를 사랑하여 몸 전체를 다스려서 알음알이를 일으키지 않을 수 있는가? 호흡을 하되 편안하고 고요하고 부드럽고 약하게 할 수 있는가? 밝음이 미치지 않는 곳이 없되 무위無爲할 수 있는가?" 묻고 있다. 이러한 『도덕경』의 글은 신神에서 기氣에 이르기까지 기공을 통하여 도달하는 정신세계의 경지를 상당히 자세하게 그려내고 있다. 이로 보아, 당시에 벌써 내면 세계의 수양이 상당히 높은 수준에 이르렀음을 알 수 있다.

『장자』에는 자연과 나, 옳음과 그름, 큰 것과 작은 것, 생과 사, 귀함과 천함 모든 것이 차별되지 않고 그저 "하늘과 땅과 내가 함께 살고 만물과 내가 하나다. 무심히 자연의 조화에 맡길 뿐이다"라는 인생관과 양생관이 잘 나타나 있다. 『장자』 「대종사大宗師」 '좌망坐忘'에서는 "무엇을 좌망이라 하는가? 몸을 버리고 총명을 쫓아냄으로써 몸과 지혜를 여의고 크게 통하는 곳에 하나 되는 것을 좌망이라 한다"라고 말하였다.

이어서 「제물론齊物論」에서는 "남곽자기南郭子綦라는 사람이 탁자에 기대어 앉아서 하늘을 우러러보며 길게 호흡을 하는데, 허탈하기가 마치 자기 자신이라는 것이 없는 듯했다. 앞에 서 있던 안성자유顔成子游가 '어떻게 하고 있기에, 몸은 진실로 마른 나무 같고 마음은 진실로 불 꺼진 재와 같은가? 지금 탁자에 앉은 사람은 전날 그냥 앉았던 사람과는 전혀 다르다'라고 물었다"는 말 다음에 자기子綦가 좌망의 경지를 설명한 내용을 싣고 있다. 또한 「인간세人間世」에서는 "귀로 듣지 않고 마음으로 들으며, 마음으로 듣지 않고 기로 듣는다. 들음은 귀에서 그칠 뿐이고 마음은 아는 것에 그칠 뿐이나, 기라는 것은 텅 비어서 만물을 받아들인다. 오직 도道만이 텅 빈 곳에 모이니, 텅 비는 것이 마음의 재계 곧 심재心齋다"라고 말하였다.

이를 미루어 본다면, 장자의 수양은 정공의 종류에 속한다고 할 수 있다. 그는 그 당시의 의가醫家나 양생가養生家들이 도인과 같은 동공을 중시하던 것과 달리 내면 세계의 수양을 강조하였다고 볼 수 있다. 아무튼 장자는 그러한 정공으로 자연과 일치하는 철학적 경지를 이루고자 하였을 뿐만 아니라, 「경상초庚桑楚」 등에서는 훈(一)을 품는 방법(抱一)으로 위생衛生을 이룰 수 있음도 말하고 있다.

이상에서 볼 때, 춘추전국시대에는 이미 기공이 일상생활에서 위생보건衛生保健을 얻는 수단으로 확립되었음을 알 수 있다.

전국시대의 기공은 특히 『황제내경』에서 미루어 생각할 수 있다. 『내경』에 의하면, 먼 상고시대의 '교인', '안올'을 이어받아서 '도인', '안교按蹻', '행기行氣'라는 세 가지 기공이 질병 치료법으로까지 발전되었음을 알 수 있다.

도인은 세 가지 기공요법 가운데 가장 많이 기록된 것이다. 그 치료 범위가 처음에는 관절의 병에 그쳤으나 차차 내·외과 급성과 만성의 10여 가지 병에 두루 활용되었다. 단독으로 또는 침이나 뜸과 병행해서 치료에 활용했는데, 이른바 허증虛症에는 단독으로도 활용할 수 있었고, 만성 증세에는 다른 치료법과 함께 활용하였다. 『소문』「기병론奇病論」에는 약물과 함께 활용된 예가 실려 있고, 「혈기형지血氣形志」에는 뜸과 함께 활용된 예가 실려 있다.

안교는 팔다리를 움직이는 것을 주로 하는 도인기공법이라 할 수 있다. 『소문』「이법방의론」에는 도인과 함께 치료에 활용함이 마땅하다는 기록이 있고, 「금궤진언론」에는 양기陽氣가 속으로 숨는 겨울에는 안교를 하지 않는다는 기록이 있다.

행기의 방법도 『내경』에 나타난 세 가지 중요 기공치료법 가운데 하나다. 이 책에는 복기服氣, 호흡정기呼吸精氣, 토고납신 등의 이름도 실려 있는데, 이 기록은 여러 기공법이 전국시대에 널리 의료활동으로 쓰여지고 예방의학의 중요한 자리를 차지하고 있었다는 사실을 말해 준다. 『소문』「생기통천론生氣通天論」에는 "정精과 신神을 모이게 하고 천기天氣를 토납 조식調息하면 신명神明에 통한다"는 기록이 있는데, 이는 행기법 종류의 기공으로 대뇌의 기능을 향상시켜서 지혜를 계발할 수 있다는 것도 이미 알고 있었다는 증거로 볼 수 있다.

이 외에도 『소문』「상고천진론上古天眞論」에는 "상고 성현이 가르친 대로 하면 밖으로는 병을 일으키는 기후를 피할 수 있고, 안으로는 심경이 평탄하고 잡념이 없어져 기가 잘 통하게 되며, 더 나아가 병의 침입을 미리 막을 수도 있다"는 말과 함께 이에 따르면 오래 살 수도 있다(延年益壽)는 종합적인 양생기록이 나타난다. 전국시대 양생의 수준을 말해 주는 것이다.

춘추전국시대가 되면서 기공은 의학 가운데 하나의 중요한 자리를 차지하고 점점 많은 사람에게 인정을 받아 그 지위가 높아졌다. 그 당연한 결과로 전문 기공의사가 활동하게 되었다. 『황제내경』『영추』에는 "말씨가 평온하고 손재주가 있으며 마음자리가 안정되고 자세한 사람은 침이나 뜸을 맡아 시술하기에 적합하고 관절이 활발하고 근골이 유연하고 강인하면서 마음의 기가 화평한 사람은 도인·행기를 담당하기에 적합하다"는 기록이 있다.

전국시대에는 양생과 의학이 고도로 발달하면서 『황제내경』이라는 경이롭고 심오한 지혜의 꽃을 피우게 되었던 것이다.

또한 오로지 양생에 전력하는 이른바 '신선가神仙家'도 출현한다. 반고班固(32~92)의 『한서』「예문지藝文志」에 따르면, "신선이라는 것은 본성과 생명의 참된 것을 보존하고서 세상의 굴레 바깥에서 노니는 사람이다." 신선가들은 사상으로는 도가를 이어받고 방법으로는 의가를 전해 받았다. 그들이 즐겨 행한 기공방법은 도인·행기와 왕교王喬(BC 571~BC 545)의 육기법六氣法이었다. 굴원屈原(BC 340~BC 278)의 『초사楚辭』「원유遠遊」에는 "황제黃帝를 따라잡기가 쉽지 않으니, 나는 왕교를 따라서 여섯 기운(六氣)***을 먹고자 한다. 북방의 밤이슬을 마시고 한낮의 햇살로 목을 축이며 새벽놀을 머금는 것이다. 신명의 맑고 깨끗함을 보존하니, 정精과 기氣가 들어오고 거칠고 더러운 것이 씻겨 나간다"는 기록이 있다.

* 춘추시대 초나라 苦縣 사람이다. 약 5천 글자로 된 『道德經』을 썼다.
** 전국시대 송나라 蒙 사람이다. 『莊子』를 썼다고 전해진다.
*** 주희의 『楚辭集註』에 의하면, 여섯 기운이란 봄에는 새벽놀의 붉누른 기, 가을에는 황혼의 붉누른 기, 겨울에는 한밤의 이슬 맺히는 기, 여름에는 한낮 햇살의 기, 그리고 하늘의 玄氣, 땅의 누른 기라고 한다.

3) 기혈론

『활인심』서문에는 '기혈의 조화를 얻었다'든가 '기혈이 막힘 없이 통하게 하였다'는 말이 나온다. 기혈이란 기氣와 혈血을 함께 부르는 말이다. 기란 철학적으로는 우주에서 일어나는 모든 존재 현상의 근원을 이루는 어떤 것을 가리키는데, 한마디로 정의하기는 좀 어렵지만,

쉽게 말하여 생명현상을 가능하게 하는 에너지라고 이해하면 크게 틀리지 않다.[39) 아무튼 양생뿐만 아니라 중국 의학 전반에 걸쳐서 생리기능이나 그 현상은 기의 추동推動 · 온양溫養 · 방어防禦 · 고섭固攝 · 전화轉化하는 작용 또는 승升 · 강降 · 출出 · 입入하는 움직임으로써 설명한다. 혈이란 혈관을 타고 흐르는 혈액을 가리킨다. 혈이 인체 각 조직에 영양을 공급하고 정신작용을 가능하게 하는 힘을 공급한다는 사실은 『황제내경』에 의하여 이미 알려져 있다.

기와 혈의 관계를 볼 때 기는 양陽이고 혈은 음陰이라 할 수 있다. 기와 혈은 인체 생리에 있어서 상호 밀접한 관계를 맺고 있어서 서로가 서로의 근원이 되면서 또한 서로가 서로의 작용이 되기도 한다. 일반적으로 기는 혈을 거느리는 장수라 하고 혈은 기를 낳는 모체라 한다. 따라서 기와 혈이 서로 잘 조화되어야 하고 인체 속을 막힘 없이 잘 흘러 다녀야 생리작용이 정상적으로 일어나 건강을 유지하게 된다. 만약 기와 혈이 서로 조화를 이루지 못하거나 그 흐름이 막히게 되면 곧바로 생리기능에 혼란이 일어나서 질병을 일으키게 되는 것이다.

4) 수양과 의약

『활인심』 서문에서는 질병을 사전에 예방하는 일을 가리켜 수양이나 치심治心이라 하고 사후에 치료하는 일을 가리켜 의약이라 한다. 모두가 생명력을 유지하고 강화하는 일로 양생의 범주에 포함된다는 점에서는 같다. 그리고 수양의 경우에도 생명력을 기르고 강화시키는(養)

· 39) 기의 개념 정의는 뒤에 精 · 氣 · 神을 설명할 때 좀 더 구체적으로 살피고자 한다.

것뿐 아니라 쇠약 훼손된 생명력을 잘 다스리는(修) 일이기도 하다는 점에서는 의약과 다름이 없다고 보아야 한다. 다만, 다 같이 쇠약 훼손된 생명력을 극복해서 치료하는 일이기는 하지만 그 쇠약하여 훼손된 정도가 두드러져서 질병이라고 부를 수 있는 지경에 이르렀느냐 그렇지는 않으냐 하는 정도의 차이에 의하여 의약과 수양의 수(修)와의 구별이 가능할 것이다.[40]

5) 마음과 신과 성의 관계

『활인심』 서문에서는 "노자는 마음이 신의 주인이니 (신의) 움직이거나 움직이지 아니함이 마음을 따르게 된다고 말하였다. 마음은 불행한 일의 근본이기도 하고 우주 근본 바탕의 으뜸이기도 하다"라고 마음과 신의 관계에 대해 언급한 다음, 이어서 성(性)이란 용어도 함께 사용하고 있다. 이 대목의 이론은 현주도인 주권 자신의 깨달음이 표현

---

40) 이와 관련하여 『鶡冠子』「世賢」에 재미있는 이야기가 하나 엮어져 있으므로 여기서 소개한다. 전국시대에 魏나라의 임금인 文侯가 扁鵲에게 "당신네 형제가 세 사람인데, 그 가운데 누가 가장 병을 잘 고치는가?"라고 물었다. 편작이 "큰 형이 가장 잘하고, 둘째 형이 그 다음이고, 저는 가장 뒤떨어집니다"라고 말했다. 위문후가 "어디 한번 이유를 들어보자"라고 말했다. 편작이 "사람에게는 생명력이 밖으로 나타나는 색깔이 있는데, 큰 형은 질병을 보는 데 있어서 그 색깔을 주로 봅니다. 그래서 아직 질병이 어떠한 모습으로 나타나기도 전에 미리 그 싹을 제거합니다. 그렇기 때문에 그의 실력과 이름은 저희 집안에서만 칭찬받고 있을 뿐 다른 사람들은 모릅니다. 둘째 형은 질병이 겉으로 나타나는 아주 알아보기 힘들고 미세한 조짐만 있으면, 그것을 잡아서 치료할 수 있습니다. 그렇기 때문에 그의 실력과 이름은 우리 마을 안에서만 칭찬받을 뿐 마을 밖으로 퍼지지 아니한 채로 있습니다. 저와 같은 사람은 병을 고친답시고 핏줄이나 경맥을 침으로 찌르고 약을 먹이고 피부와 살을 잡아 째고 합니다. 그렇게 야단법석을 떨다 보니, 사람들 사이에 널리 칭찬하는 소리가 퍼져 나가서 임금님에게까지 알려지게 된 것입니다"라고 말했다.

된 것이라 볼 수가 있는데, 관련된 지식을 좀 더 얻기 위해서는 마음
(心)과 신神과 성의 관계에 관하여 양생가나 도가들이 지니고 있던 관점
을 살펴볼 필요가 있다.

　우선 용어를 사용한 예를 보면, 심은 마음과 심장 두 가지 뜻으로
쓰이는데, 마음의 뜻일 때는 일상생활에서 작용하는 구체적 마음을 가
리킬 경우도 있고 본심을 가리키는 경우도 있으며, 심장의 뜻일 때는
해부학적인 심장을 가리킬 경우와 심장과는 다른 어떤 곳을 가리킬 경
우가 있다. 신자도 또한 마찬가지로 구체적인 정신작용이나 장부의 작
용을 가리킬 때가 있는가 하면 원신元神의 의미로 쓰일 때가 있음은 앞
에서 보았다.[41] 성자도 또한 구체적인 성질 또는 성품을 가리킬 때와
본성을 가리킬 때가 있다.

　아무튼 유불도 3교의 상호간 교류와 융합을 통하여 본심·자심自心
과 원신과 본성·자성自性은 결국 그 가리키는 바에 서로 다름이 없는
용어로 사용하게 되었다. 그러나 구체적인 경우를 가리키기 위하여 사
용하는 경우에는 그 용어를 사용하는 사람에 따라서 조금씩 차이를 보
여 각양각색의 의미를 가져오게 되어 일정한 용어법을 합의해 내지 못
한 것 또한 사실이다. 대체로 합의가 이루어진 바에 따르면, 생리적으
로 "심은 여러 장부의 어른으로서 신이 사는 집이다"[42]라든가 "신은 심
에서 통제하고 기는 신장腎臟에서 통제하며 신체는 머리에서 통제한다.
신체와 기가 서로 어우러지는데, 신이 그 속에서 주장 역할을 하는 것
이 삼재三才의 도리다"[43]라는 것이다.

　한편, 원나라 이후 심성의 수양 특히 내단수양을 중시하는 전진도

---

41) 『활인심』 서문' 주 10) 참조.
42) 程林, 『聖濟總錄纂要』, 권12, 「心痛門」, "心爲諸臟之長, 神之所舍也."
43) 胡渭, 『易圖明辨』, 권3, 「周易參同契」, "神統於心, 氣統於腎, 形統於首, 形氣交, 而
神主乎其中. 三才之道也."

全眞道가 도교의 주류를 이루면서 심·성·신 삼자의 관계에 대해 특별한 관심을 기울이게 된다. 『중화집中和集』44)에서는 "성과 신은 함께 심에 매여 있다"라고 말하면서 심이 수양의 주체고 성과 신은 수양을 통하여 밝혀지는 바라고 주장한다. 만약 심이 없으면 성이니 신이니 하는 모두가 앉을 자리가 없어지므로 심으로써 근본 터전을 삼아 심을 제어하는 과정을 통하여 신을 연마하는 것이 옳다. 심이 안정되면 신이 온전해지고 신이 일단 완전무결하게 되면 성이 저절로 찬란히 빛나게 되니, 신을 온전하게 하여 성을 원만하게 이루는 공부가 알고 보면 같은 단계의 공부라는 것이 『중화집』의 취지다.

『현종직지만법동귀玄宗直指萬法同歸』45)에서는 "성이란 죽은 듯 쓸쓸하고 움직임이 없는 진공이다. 신이란 그러한 진공 속에서 묘하게 존재하면서 신령하게 통하는 것이다. 성과 신이 있기 때문에 아무것도 없는 속에서 감응하여 통하게 되는 것이다. 심이란 성이 작용함에 있어서 중심 축(樞)이자 신의 작용이 실현되는 틀(機)이다. 축과 틀이 움직이지 않고 고요하면 성과 신이 안정되고 그것이 움직이면 성과 신이 흔들리게 된다. 비록 두 가지 작용을 말하고 있을지라도 하나의 바탕을 떠난 것이 아니다. 성은 스스로 신령할 수 없어서 신이 신령하게 하고, 성은 스스로 통하지 못하여서 신이 통하게 하는데, 그 성을 안정시키거나 그 신을 통하게 하는 것은 심이다. 모든 사물은 심으로 말미암지 않음이 없는 것이다"라고 말하였다.

---

44) 원나라 때 도사 李道純이 찬하고 그 문인 蔡志頤가 편집한 이도순의 시문집으로서 성명론과 내단에 관한 내용을 6권으로 엮어 놓았다. 특히 유불도 3교의 일치를 강조하고 있다.
45) 원나라 때 도사 牧常晁의 시문집으로서 내단 성명과 우주론을 주로 하여 선종의 공안, 도교의 계율 등에 관한 내용을 7권으로 엮은 책이다. 유불도 3교의 일치를 강조하고 있다.

심과 성의 관계에 대해 『중화집』에서는 "성이 심보다 먼저 있고 심이 성으로부터 생긴다"라고 말하였는데, 이는 구체적인 현상으로서의 마음(心)이 본성으로부터 생긴다는 의미로 풀이된다. 이와 관련된 유가의 말로는 『맹자』에 나오는 "그 마음을 다한 사람은 그 성을 안다"(盡其心者, 知其性也)는 대목이 있다.

한편 내단수양을 실천하는 사람의 입장에서는 전통적인 철학이론을 떠나서 내단수양을 해 보면 마음이 근본 바탕이고 성은 마음이 신령한 경지에 이르러서 드러내는 마음의 기능으로서 깨달아지는 경향이 있으므로 마음이 성보다 먼저라고 주장한다. 그리고 뒤에는 전통 이론과 내단수양의 경험을 종합하는 입장도 나타난다.[46]

6) 심신의 이치와 질병

『활인심』 서문의 구절들을 나누어 해설하면 다음과 같다.

"(신이) 고요하면 심군心君이 넉넉하고 편안하여 모든 경맥의 운행이 순조롭고 건강하게 된다."

이 구절과 관련해서는 심·성·신과 생리의 문제로 위에서 살펴보았다.

---

46) 주권보다 후대 사람인 청나라 薛陽桂가 쓴 『梅花問答編』에서는 "마음과 성의 관계는 원래 나눌 수가 없다. 그 주재하는 편으로 말하면 마음이라 하고 그 만물을 생육하는 이치를 갖춘 편으로 말하면 성이라 하는 것이다. 마음은 밝힐 수 있은 뒤에야 볼 수 있고 성은 깨달은 뒤에야 회복할 수 있을 뿐이다. 마음을 말하면 성이 그 속에 이미 있으니, 마음을 밝힌 뒤에 성을 보게 되고 성을 깨달은 뒤에 그 마음을 알게 되고 그 마음을 다한 뒤에 그 성을 알게 된다"라고 말하였다.

"마음자리(性)가 고요하면 정서(情)가 가라앉는다."

일반적으로 성이 피어난 것을 정이라고 한다. 따라서 성이 움직이지 않고 고요하면 정이 피어날 여지가 없는 것이다. 그리하여 정서가 마치 물결이 가라앉은 수면처럼 조용해져서 생리적으로 교란이 일어날 요인이 없어진다.

"마음이 움직이면 신(神)이 피로해진다."

원나라 때 추현鄒鉉[47]이 쓴 『수친양로신서壽親養老新書』[48) 권2에는 "당중준唐仲俊이라는 사람이 나이가 85~86세가 되었지만 매우 건강했다. 스스로 말하기를 '어릴 때 천자문을 읽으면서 마음이 움직이면 신神이 피로해진다(心動神疲)는 대목에서 깨달은 바가 있어서 평생토록 일처리를 할 때 마음을 움직여 본 적이 없다. 그랬더니 늙도록 쇠약해지지 않았다'고 하였다"는 이야기를 싣고 있다.

앞에서 살핀 바와 같이 마음과 신은 대체로 같은 것을 가리키는 말인데, 특히 마음이 움직여 신이 피로해진다고 말할 경우에 마음은 밖으로 드러나는 구체적이고 심리적인 현상으로서 희노애락이나 사려분별 등을 뜻한다. 신은 밖으로 드러나지 않고 무의식적으로 작용하는 생리현상 내지 마음의 신령한 능력, 곧 호르몬의 분비나 면역력의 작동을 조절하는 자율신경계의 기능을 가리킨다고 보아도 좋을 것이다. 따라서 이 구절은 심리적 동요가 일어나면 자율신경계의 기능이 그에 따라

---

47) 원나라 때 의학가로 자는 應博, 호는 氷壑・敬直老人이다. 『壽親養老新書』를 썼는데, 그 첫머리에 『太上玉軸六字氣訣』을 증보한 것이 실려 있다.

48) 추현이 송나라 陳直이 지은 『養老奉親書』를 제1권으로 하고 이어서 세 권을 추가하여 편집해 놓은 책으로, 노인의 생리적 특징을 분석하여 음식, 정서,계절 등에 따라 양생할 수 있는 방법을 제시하고 있다.

피곤해진다는 뜻으로 풀이된다.

"참된 것(眞)을 지키면 기를 통솔할 능력(志)이 속으로 가득 차 있게 된다."

『운급칠첨雲笈七籤』의 『상청황정내경경上淸黃庭內景經』'현원玄元'장 해설에, "흔(一)이라는 것은 존재가 없는 그 무엇을 가리키는 말인데, 마음이 맑고 담박하면 터득할 수는 있으나 눈으로 볼 수는 없다. 참된 것을 지키는 공부를 하여 기를 통솔할 능력이 속으로 가득 차면 저절로 돌아오는 것이다"라는 말이 있다. 『운급칠첨』에서는 이어서 "위생가衛生家들은 시체 같은 더러운 것 보기를 꺼리는데, 이론적으로 지극한 진리에 무슨 깨끗하다 더럽다는 구별이 있을 수 없지만, 아직 참되고(眞) 바른 것(正)을 얻지 못한 상태라면 깨끗함과 더러움의 차이가 있게 마련이다. 그 차이를 인정하는 단계에서 보면, 맑고 깨끗한 것은 삶의 종류고 탁하고 더러움은 죽음의 종류기 때문에 꺼리는 것"이라는 취지의 말을 하고 있다. 이로부터 생각하건데, 참되다는 말은 결국 수양을 통하여 얻는 근본 바탕의 본심·본성·원신 상태를 가리킨다고 보아야 할 것이다. 따라서 이 구절은 심성의 근본 바탕을 수양하면 기를 통솔할 수 있는 능력이 충족된다는 뜻으로 풀이된다.

"바깥 사물을 따르면 마음의 초점(意)이 제자리를 벗어나서 옮겨간다."

사람은 눈, 귀, 코, 혀, 피부와 같은 감각기관에 와 닿는 현상이 있으면 그에 감응하도록 되어 있다. 이러한 현상에 감응을 하면 어쩔 수 없이 마음의 초점이 순간이나마 그 현상으로 옮겨가지 않을 수 없다. 정상적인 심성 위에 굳은 의지력이 이루어져 있지 않는 한, 쉽사리 욕심을 일으켜서 현상에게 마음을 빼앗기게 되고 그렇게 된 나머지 마음의 초점이 온통 그 현상에만 매여 있게 되는 것이다.

"마음의 초점이 제자리를 벗어나서 옮겨가면 신神도 달려 나간다."

이 구절은 앞에서 마음이 동요하면 자율신경계의 기능이 피곤해진다고 한 것과 같은 맥락에서 그 이유를 말한 대목이다. 마음의 초점이 나의 신체 안에서 진행되고 있는 생리현상의 조화에 맞추어 있지 않고 밖으로 나가면 자연히 마음의 동요가 일어날 것이고, 그렇게 마음이 사물의 유혹에 빠져 있으면 무의식적으로 생리작용을 원만하게 조화시키고 있는 마음의 신령한 능력조차 나도 모르는 사이에 그리로 달려가느라49) 피곤해지고 만다는 것이다.

『운급칠첨』「연주連珠」에서 "눈과 귀는 색깔과 소리에 이끌리고 코와 입은 향기와 맛에 젖어 있으며 육신이 편안함에 빠져 있으면 정신이 치달려 나가서 나를 지키지 않고 마음의 통솔력이 없어져서 오장의 조화가 깨진다. 그러면 밖에서 즐기고자 하는 욕심이 몸을 감아 오고 안으로는 마음과 장부의 기능이 뭉치고 막혀서 거칠고 방탕한 마음의 물결이 넘실거리고 이해타산과 시시비비로 날을 보내게 된다"라고 말한 것과 맥락을 같이하는 대목이다.

"신이 달려 나가면 기가 흩어진다."

양생가는 생명현상을 정精·기氣·신神이라는 개념으로 설명한다. 정·기·신에 대해서는 뒤에 본론에서 구체적으로 살펴보겠다. 아무튼 기는 위에서 살핀 바와 같이 생명 에너지라고 보아도 크게 틀리지 않는 것이고, 정은 기의 결정체 또는 기의 근원 물질이며, 신은 생명현

---

49) 예컨대, 눈으로 어떤 물건을 보고 있을 때, 마음으로 그것을 보려고 해야 보이지 마음이 그 물건으로 향하지 않으면 보아도 보이지 않는데, 그 이유는 눈을 통하여 신(마음의 신령한 능력)이 그 물건으로 가서 작용하느냐 하지 않느냐에 달려 있기 때문이라고 생각하는 것과 같다.

상을 유지하는 신령한 기능을 가리킨다. 정과 기와 신은 이른바 삼위일체의 관계를 이루고 있어서 어느 하나가 왕성해지면 다른 것도 왕성해지지만 반대로 어느 하나가 쇠약해지면 다른 것도 쇠약해진다. 따라서 신이 유혹에 이끌려서 밖으로 달려 나가면 안에서 기가 흩어질 것은 당연한 이치다.

"기가 흩어지면 병이 생기고 병이 생기면 다치거나 죽는다."

기가 흩어진다는 것은 곧 정상적 생리현상에 교란이 일어난다는 뜻이니, 그것이 바로 질병이다. 심신心神과 병리에 관하여 『활인심』에서도 말하고 있듯이 신이 편안하고 고요하면 질병의 원인이 작용할 수 없게 되지만 만약 기가 정상적으로 운행하지 않거나 부족하게 되면 정과 신도 교란되거나 쇠약해져서 사악한 기운이 침범하여 건강을 흔들어 놓는다. 따라서 양생의 문제는 정상적인 생명현상의 유지 곧 정·기·신을 부족함이 없게 하는 방법에서 해답을 찾아야 한다.

7) 명대까지의 양생학

한나라에서 당나라까지의 중국 사회는 전쟁, 반란, 정권교체 등으로 상당히 어지러웠다. 따라서 사회의 혼란을 피하여 일신을 보존하려는 사회 풍조가 형성되면서 양생에 대한 관심이 높아졌다. 특히 속세를 떠나 자연 속에서 청정무위한 생활을 하며 수양을 하려는 도가의 사상에 많은 영향을 받았다. 대표적인 도가 수양서로는 『주역참동계周易參同契』, 『포박자抱朴子』 등이 있다. 이 시기에는 또한 체질의 강약이나 오래 살고 못 살고가 유전적인 요소와 관계가 있다는 것과 그럼에도 불구하고 후천적으로 양생을 잘하면 극복할 수 있다는 것을 알아냈다. 그 외에도 자식을 많이 낳으면 양생에 해롭다는 것과 정도가 지나친 성생활은 수명에 지장을 가져온다는 것 등을 알아내기도 하였다.

송나라에서 원나라까지의 기간에는 양생에 관한 대가들이 많이 나와서 양생의 지혜를 크게 발전시켰다. 『운급칠첨』, 『양노봉친서養老奉親書』, 『보생요록保生要錄』, 『섭생소식론攝生消息論』 등 양생을 전문적으로 다룬 책들이 많이 나와서 『황제내경』의 가르침을 한층 발전시켰던 것이다. 이 시기, 양생에 관한 연구는 먼저 병의 원인을 밝혀야 한다는 것을 주장하였다. 또한 사람이 잉태로부터 늙어 죽을 때까지 생리적 병리적으로 변화를 겪는다는 것과 음식과 양생과의 관계가 밀접하다는 것을 알아냈다. 특히 원나라 때는 도교가 국교처럼 융성하면서 도교 중심의 유불선 삼교일치의 사상이 많이 나타났다.

유불선 삼교일치의 사상은 명나라 때까지 이어졌으며 이 시기에는 수양론의 영향을 받은 정·기·신 이론이 강조되었고 차츰 민중에게 양생의 지혜가 보급되어 나갔다.

『활인심』 상¹⁾

현주도인 함허자 편

【번역과 주석】

구선臞仙²⁾이 말한다. 옛날 신인神人³⁾과 성인聖人⁴⁾ 시대의 의술⁵⁾은

---

1) 이 부분은 주권의 『활인심법』 전체를 통괄하는 총론 성격을 지닌다.
2) 『활인심법』의 저자인 朱權 자신을 가리킨다. 臞과 仙은 同字다.
3) 신선이나 신인이라는 말은 전국시대에 이르러 사용되기 시작한 것으로 보이는데, 경전에 나타난 것으로는 『莊子』가 처음인 것 같다. 신인이란 "長生不死하는 사람"(『禮記』, 「樂記」) 또는 "精과 분리되어 있지 않은 사람"(『莊子』) 등과 같이 그 모습이나 행동, 능력이 보통사람을 뛰어넘는 신기한 사람이라는 뜻인데, 대체로 신선이라는 말과 같이 쓰인다. 『활인심』에서는 서문에서 본 바와 같이 상고시대에 자연의 기운을 조절하는 천자를 가리킨다.
4) 일반적으로는 갖추고 있는 덕이 가장 고상하고 지혜가 가장 뛰어나서 자연의 운행 변화에 일치하는 경지에 있는 사람을 가리키는 뜻으로 쓰인다. 『활인심』에서는 서문에서 본 바와 같이 상고시대에 뛰어난 능력과 지혜로써 원시 상태의 인류를 계몽시킨 太昊 이하 천자를 가리킨다.
5) 옛날 신인과 성인 시대의 의술과 관련해서 『黃帝內經』『素問』「上古天眞論」첫머리에 다음과 같은 문답이 있다. 황제가 天師인 기백에게 물었다. "내가 들으니, 상고시대의 사람들은 나이가 모두 1백 살을 넘어도 동작이 쇠약해지지 않았다 한다. 그런데 오늘날 사람들이 50살도 안 되어 동작이 모두 쇠약해지는 것은 시절과 세대가 다르기 때문인가? 사람이 무엇인가 잃어버렸기 때문인가?" 기백이 대답하였다. "상고시대의 사람들로 말하자면, 그 양생의 원리를 아는 사람이 있어서 자연의 운행 변화를 본받고 양생의 방법과 규칙을 잘 지켰습니다. 음식에 절도가 있고 기거에 일정한 규율이 있으며 함부로 심신을 피로하게 하지 않았으므로 그 타고난 나이를 다 마칠 수 있어서 1백 살을 넘겼던 것입니다."

사람의 마음을 치료할 수 있어서 미리 질병에까지는 이르지 않게 예방할 수 있었다. 오늘 의술6)을 하는 사람들은 오직 사람의 질병만 치료할 줄 알 뿐, 사람의 마음을 치료할 줄 모른다. 이는 근본을 버리고 말단을 쫓아다니며7) 그 근원을 캐어 들어가지 않기 때문이니, 그 말단으로 흘러나오는 현상이나 공격해서 질병이 낫기를 바란다면 이 또한 어리석지 않겠는가? 비록 한때의 요행으로 편안케 한다 할지라도 그것은 세상에 흔히 있는 사람 잡는 의술(庸醫8))일 뿐, 내 것으로 만들기에는 부족하다. 참으로 병이 마음으로 말미암아 생기고 세상일이 마음으로 말미암아 만들어짐9)을 모르는 것이다.

대체로 음陰10)에는 귀신鬼神11)이 있고 양陽12)에는 하늘의 이치(天理)13)

---

6) 『黃帝內經』 『素問』 「上古天眞論」에서 기백은 바로 앞의 주에 이어서 다시 다음과 같이 말하고 있다. "오늘날 사람들은 그렇지 않습니다. 술을 물 마시듯 하고 헛된 것을 떳떳하게 여기며 취한 상태로 성행위를 함으로써 기를 쓰고 그 精을 말리며 그 타고난 근본 바탕의 것을 흩어 없애 버리려고 합니다. 원만한 상태를 유지할 줄 몰라 시도 때도 없이 정신을 쏟아 버리고 순간순간의 유쾌함에만 힘써서 생명의 참된 즐거움을 거스르며 기거에 절도가 없으니, 50에 이미 쇠약해지는 것입니다."

7) 『大學』에 "물건에는 근본과 말단이 있고 일에는 처음과 끝이 있으니, 먼저 할 것과 뒤에 할 것을 알면 도에 가깝다"는 말이 있다.

8) 실력이 없는 의사라는 뜻으로 돌팔이 의사라는 의미가 짙은 말이다. 馮班(1602~1671)의 『鈍吟雜錄』에서 "신농·황제의 글을 읽고서 사람을 죽이는 자를 庸醫라 부르고 주공·공자·요·순의 글을 읽고서 천하를 어지럽게 하는 자를 庸儒라 부른다"고 하였다.

9) 마음이 없으면 세상의 모든 존재를 인식하지 못하므로 그 존재가 나에게 등록되지 않는다는 의미에서 마음이 세상 모든 존재를 만든다(心造萬有)는 견해가 있다(불교 唯識論 참조). 한편 사람의 마음이 우주의 근본 바탕과 자리를 같이한다는 입장에서 보면 마음이 병이나 業은 물론, 물건과 사건을 포함하여 세상 모든 현상의 근본 바탕도 되는 것이다.

10) 본래 양은 태양을 향한 쪽을 가리키고 음은 태양과 등진 쪽을 가리키는 말인데, 뒤에 사상가들에 의하여 자연현상의 상대성을 그려내는 용어로 쓰이게 되면서 철학적인 음양론이 형성되었다. 다시 우주 생성의 원소를 설명하는 오행론과 결합하여 음양오행론으로 발전하고 역학과 결합하였다. 『활인심』의 이

가 있어서 인과응보因果應報[14]로 보답하고 작용-반작용으로 회답하는 (報復) 원리와 구조[15]가 우리 몸에 병으로 드러나 현실에서 체험하게 된다. 그렇기 때문에 하늘이 벌을 주는 질병이 있고 스스로 해치는 질병이 있는 것이다.

그 하늘이 벌을 주는 질병으로는 다섯 신체기관(五體)[16]이 갖추어지지 못하거나 태어나면서부터 생식기관이 숨어 있거나 벙어리거나

대목에서는 보통사람이 어떤 현상으로 감지할 수 있는 세계와 상대적 관계를 이루면서 보통사람에게 어떤 현상으로도 감지되지 않는 세계 곧 幽界와 陰界를 가리키고 있다.

11) 귀신의 넓은 의미에 대해서는 『활인심』 서문' 주 11)을 참고하면 된다. 여기서 鬼는 사람이 죽은 뒤에도 남아 있는 기운으로 유지되는 영혼을 말하며, 神은 음양의 원리에 따라 불가사의하게 움직이는 자연계의 어떤 기운의 작용을 가리킨다. 이러한 의미의 귀신은 陰界에 살고 있으면서 陽界의 배경이 되어 양계의 길흉화복을 결정하는 환경이 된다고 한다.(「太極圖說」 참조)

12) 음양에 대해서는 앞의 주 10)에서 설명하였다. 여기서는 보통사람이 감지할 수 있는 현상계를 가리킨다.

13) 우주 자연이 운행 변화하는 이치·도리·조리 등의 뜻(『莊子』, 「天運」)을 갖고 있는 용어인데, 여기서는 특히 현상계를 지배하는 도리라는 뜻으로 쓰이고 있다. 유가에서는 선천적이며 지선한 본성 또는 그 본성에 갖추어져 있는 지선한 도리를 가리키는 개념으로 쓰인다.

14) 삼라만상 모든 현상은 원인과 결과의 관계를 맺고 이어져 있어서 어떤 원인이 있으면 반드시 그에 상응하는 보답으로서의 결과가 나타나고 역으로 어떤 결과가 되는 현상이 있으면 그에 상응하는 원인이 반드시 있다는 사상이다. 불가에서는 기본 교리로 삼고 있다. 도교 저술로서 당나라 때 편찬된 『道敎義樞』에서는 因은 因·緣·行·業·根 5가지 이름이 있고 果는 果·報·對 3가지 이름이 있으며, 인과에는 선악과 그 보응으로 이어지는 世間因果와 空과 大智로 이어지는 出世因果 2가지가 있다고 하였다. 한편, 어떤 사람의 행위가 지니는 선악이 그 사람뿐만 아니라 그 뒤의 다른 사람에게까지 내려가게 된다는 사상을 勝負思想이라 하는데, 한나라 때 도교가 처음 성립되면서부터 도교의 중요 사상 가운데 하나가 되었다.

15) 자연계에서는 작용이 있으면 그와 같은 크기로 역방향으로 작용하는 반작용이 일어나는 법칙이 있다. 여기서는 이러한 작용-반작용의 법칙이 인간생활에서도 적용된다고 믿는 사상을 드러내어 말하고 있다.

16) 머리와 두 팔과 두 다리를 합쳐 일컫는데, 나아가 온 몸을 의미하기도 한다.

소경이거나 귀머거리인 사람도 있고 넘어지거나 부딪혀서 손발이 부러지는 사람도 있으며 태어나면서 얼굴에 부스럼이나 혹이나 사마귀 같은 흠집이 있는 사람도 있다. 또한 전염되는 모든 병증을 앓는 것도 모두 이에 속한다. 대체로 옛 생애나 이 생애에서 악을 쌓은 것이 지나치게 많아서 하늘과 땅의 꾸짖음[17]을 당하였기 때문에 이러한 질병에 이르는 것이다. 이 모두가 스스로 지은 업業[18]인데, 근원은 어디까지나 마음에 있다.

스스로 해쳐서 질병이 생기는 것으로는 조섭調攝[19]과 양생이 적당함을 잃어서 바람(風), 추위(寒), 더위(暑), 습함(濕)[20]에 감염되거나 술(酒),

---

17) 앞에서 말한 인과응보와 작용–반작용 사상의 표현이다. 하늘의 꾸짖음(天譴)이라는 말은 주로 임금이 정치를 잘못하여 나라 살림이 어려워질 때 사용했는데, 여기서는 개인생활에서 나타나는 인과응보의 원인으로 사용하고 있다.

18) 조작·행위·소작의 뜻을 갖는 용어로 의지에 의한 몸과 마음의 활동을 의미한다. 어떠한 일을 하고자 하는 마음의 작용을 意業, 그 의욕하는 바를 신체적 행동으로 나타내는 것을 身業, 언어적 표현으로 나타내는 것을 口業이라 한다. 선악의 업을 지으면 이것이 원인이 되어 그에 상응하는 업과가 생기는데, 과보를 받는 시기에 따라 살아 있는 동안에 과보를 받는 것과 죽은 뒤에 과보를 받는 것으로 나누기도 한다.

19) 調理·攝理·攝生의 뜻으로 신체의 건강이 정상적인 상태를 유지하도록 균형을 맞추어 굳게 지키는 일을 가리킨다.

20) 병을 일으키는 원인에 해당하는 여섯 邪氣 중에서 넷을 예로 들어 놓은 것이다. 여섯 사기란 바람(風), 추위(寒), 더위(暑), 습함(濕), 메마름(燥), 불(火)을 말한다. 바람이 병을 일으키는 원인이 되면, 다른 사기들보다 몸에 쉽게 침범하고 다른 사기와 쉽게 결합하며 변화가 많고 몸에서 체액을 배설시키는 성질이 있다. 추위가 병을 일으키는 원인이 되면, 양기를 쉽게 손상시키고 기혈의 순환을 장애하여 오싹오싹 추우면서 열이 나고 뼈마디와 배가 아프고 설사가 나온다. 더위가 병을 일으키는 원인이 되면, 주로 진액과 기가 손상되어 열이 심하고 땀이 몹시 나며 갈증이 심해지는 경향이 있다. 기혈은 약해지지만 그 순환은 왕성해져서 허맥이 크게 뛰기도 하고 心神이 영향을 받아 머리가 어지럽고 정신이 흐려지면서 쓰러지는 경우도 있다. 습함이 병을 일으키는 원인이 되면, 양기를 소모시키고 기의 순환을 장애하여 몸이 무겁고 팔다리가 노곤하며 얼굴에 기름때가 끼고 묽은 설사를 하며 오줌이 뿌옇게 된다. 병증은 한곳에 머물러 있고 잘 낫지 않는 경향이 있다. 바람은 주로 추위와

이성관계(色), 재물(財), 기운(氣)[21]에 의하여 다치는 것이 있다. 일곱 감정(七情)[22]과 여섯 욕심(六欲)[23]은 안에서 일어나고 음과 양 두 기운은 밖에서 쳐들어오게 되는데, 이것을 가리켜 병은 마음에서 생겨나고 해침은 신체에 대해 공격해 온다고 말한다.

이제 사람들이 쉽게 알고 쉽게 볼 수 있는 예를 들어 그러한 현상

잘 결합하여 겨울철에 흔히 병을 일으키고, 더위는 주로 습함과 잘 결합하여 여름철에 흔히 병을 일으킨다.

21) 술(酒)은 동양 의학에서 볼 때 그 성질이 덥고 맛은 쓰며 독성이 있으나, 약기운을 잘 퍼지게 하고 여러 가지 사기와 독기를 없애며 혈맥을 잘 통하게 하기도 한다. 그러나 오랜 기간 마시거나 지나치게 많이 마시면 정신이 상하고 병을 일으키게 되는데, 술 때문에 생기는 병으로는 피곤증, 궐증, 황달, 인후의 각종 질병, 간경변증, 딸기코, 해소 등과 소화기 계통의 손상이 있다. 이성관계(色) 때문에 사람이 다치는 경우는 심리적인 경우와 생리적인 경우를 생각할 수 있다. 심리적으로는 연민의 정이 심해져서 상사병에 이를 수가 있고 생리적으로는 과도한 성관계로 인하여 오는 정·기·신의 소모와 질병을 생각할 수 있다. 재물(財) 때문에 사람이 다치는 경우는 우선 재물을 얻는 과정에서 싸움이 일어나 마음과 몸이 다치는 것을 생각할 수 있지만, 나아가 재물이 지나치게 부족하거나 넘쳐서 겪는 인격의 비뚤어짐이나 노이로제 또는 특수한 불행 같은 것도 포함시킬 수 있다. 기운(氣) 때문에 사람이 다치는 경우도 또한 심리적인 경우와 생리적인 경우, 신체적인 경우를 생각할 수 있다. 심리적으로는 기의 발산이 정상적이지 못하여 지나치게 감정을 표현하면 마음의 상처를 입을 수가 있고, 생리적으로는 이렇게 입은 마음의 상처로 인해 다치는 경우뿐만 아니라 몸속 기운의 운행을 정상적으로 조섭하지 못하여 겪게 되는 여러 가지 생리적 손상이 있을 수 있다. 신체적으로는 다른 사람과의 기운 다툼뿐만 아니라 자기 스스로 힘을 잘못 써서 얻는 상처를 포함시킬 수 있다.

22) 사람의 자기 보존 본능을 밑바탕으로 하고 바깥 사물과 접촉해서 피어나오는 감정을 가리키는 용어다. 喜·怒·哀·懼(또는 樂)·愛·惡·欲 또는 喜·怒·憂·思·悲·驚·恐으로 예를 들기도 한다. 기뻐하거나 화내거나 슬퍼하거나 두려워하거나 연연해하거나 증오하거나 탐하거나 하는 감정들은 정서 생활의 원동력이 되는 것으로 개인의 자기 보존기능을 담당하고 나아가 예술의 세계를 이루기도 하지만 적정한 정도를 넘으면 심리적으로도 생리적으로도 다치게 되어서 질병에까지 이르게 하기도 한다.

23) 무엇인가 희망하고 갖고 싶어하는 마음의 작용을 欲이라 말하는데, 보통 눈, 귀, 코, 혀, 피부와 대뇌 여섯 감각기관이 바깥의 사물과 접촉하면서 생기는 여섯 가지 욕을 가리켜 육욕이라 한다.

을 설명하면 다음과 같다. 사람이 마음으로 불을 생각하기를 오래 하면 몸이 더워진다. 사람이 마음으로 얼음을 생각하기를 오래 하면 몸이 추워진다. 무서우면 머리카락이 쭈뼛하게 서고 놀라면 식은땀이 흐르며 두려우면 살이 떨리고 부끄러우면 얼굴이 붉어지며 슬프면 눈물이 나오고 당황하면 심장이 뛰고 기운이 막히면 저리거나 마비24)가 온다. 신 것을 말하면 침이 흘러나오고 구린내를 말하면 구역질이 올라오며 기쁜 일을 말하면 웃음이 나오고 슬픈 일을 말하면 울음이 나온다. 웃으면 얼굴이 예쁘고 울면 얼굴이 보기 흉하게 된다. 또한 만약 낮에 본 것이 있으면 밤에 혼魂이 꿈을 꾸고25) 생각한 것이 있으면 밤에 잠꼬대를 한다. 꿈에 남녀가 서로 합쳐지면 정精을 흘려보내게 된다. 만약 놀라서 가슴이 뛰거나 기운이 화를 내어 질병이 생긴 경우에는, 심하면 미치게 되어 벌거벗고 담을 뛰어넘거나 지붕에 올라가며, 신을 부르고 귀신을 보는데다가 노래 부르고 춤 추기도 하며 웃다가 울기도 한다. 이 모든 것이 마음으로 말미암아 생겨나는 것이다.

태백진인26)이 말하기를 "그 질병을 다스리고 싶으면 먼저 그 마음을 다스려라. 반드시 그 마음을 바르게 한 다음에야 도道27)에 터전을

---

24) 몸의 어느 한 부위나 장기의 기능이 장애를 일으켜 감각이 둔해지거나 없어지는 증세를 가리켜 마비라 하는데, 마비는 기혈이 허해서 경맥에 영양 공급을 못하거나 기혈이 한곳으로 몰리면 생겨난다. 결국 기의 운행이 막히는 경우에 일어나는 현상 가운데 하나다.

25) 동양 의학에서는 사람의 정신활동을 神·魂·魄·意·志 5가지로 분석하여 5신이라 이름 붙였는데, 때로는 精과 智를 합하여 7신을 말하기도 한다. 이들 정신활동은 5장의 기능과 일정한 관계를 맺고 있다고 여겨, 신은 心, 혼은 肝, 백은 肺, 의와 지는 脾, 정과 지는 腎의 기운과 관계 있다고 한다. 나아가 내단 수양가들은 사람이 꿈을 꾸는 현상을 수면중에 간의 기운이 움직여서 사람에게 들어와 자고 있던 혼이 떠돌아다니면서 활동을 하기 때문에 일어나는 것이라고 설명한다.(『呂祖全書』, 「元神識神」)

26) 당나라 太白山人 王元正을 가리키는 듯하다. 왕원정은 호를 淸虛子라 하고 『太白還丹篇』과 『神仙養生秘訣』을 썼다.

잡을 수 있다"고 하였다. 병자로 하여금 마음속에서 일어나는 의심, 긴 생각, 짧은 생각, 상상에 속하는 모든 것, 곧 모든 망녕된 생각(妄念)과 모든 불평불만과 인간관계에서 일어나는 모든 후횟거리나 깨우침과 평생 동안 지은 과실이나 죄악을 모조리 쓸어버리게 하면 쉽게 몸과 마음을 풀어놓을(放下心身) 수 있게 된다. 나의 하늘(我之天)²⁸⁾로써 저 떠받드는 하늘²⁹⁾과 합쳐지게 하기³⁰⁾를 오래 하면 마침내 신神으로 응집될³¹⁾ 것이다. 그렇게 되면 자연스럽게 나의 모든 마음과 몸을 통치하

---

27) 동양 철학에서 사용하는 근본 개념 가운데 하나로, 道 개념에는 체와 용 두 측면이 있다. 체의 측면에서 본다면, 도는 우주의 근본 원인으로서 '無'지만 근본 바탕이 있고 절대적이면서도 허공인 내용을 갖는다. 용의 측면에서 본다면, 도는 항상성을 지닌 원리·원칙으로서 삼라만상의 혼란 없는 운행을 유지하고 그 많은 대립을 통일시키며 자연이라는 근본 원칙 아래 無不爲하는 질서 규율이다.

28) 도가에서 내단을 수양하는 사람들은 대뇌의 중심부에 있는 上丹田을 天宮 또는 天谷이라 부르며 이곳에 神이 자리 잡고 있다고 한다. 나 개인을 소우주로 보는 입장에서 나의 인격을 통솔 제어하는 정신적 주체가 있는 곳 또는 그 정신적 주체를 가리키는 말이다.

29) 天을 의미한다. 중국 전통 사상에서 천이란 용어는 ① 자연계의 하늘, ② 최고의 인격신, ③ 필연성을 갖는 어떤 현상을 가리키기 위하여 사용한다. 떠받드는 하늘이란 ② 최고의 인격신에 해당한다고 보아도 크게 틀리지 않지만 여기서는 天人合一 상태를 실현해 내는 수양 경지를 말하고 있으므로 ①과 ② 두 경우의 의미를 모두 포함한다고 보아야 한다.

30) 수양을 통한 천인합일 상태를 가리킨다. 수양가들은 수양의 정도가 어느 정도 깊어지면 자연계와 자기 개인 사이에 서로 통하는 길이 열리고 결국 나 개인이나 자연계가 모두 같은 근본 바탕 위에서 같은 기로 이루어졌다는 것을 체험하게 된다고 한다. 여기서는 일반인들도 마음과 몸의 긴장을 풀면 질병에서 풀려날 수 있다는 이치를 말하고 있으므로, 천인합일의 수준이 반드시 체험할 수 있는 실현된 경지가 아니어도 그 이치만 깨달은 경지까지도 포함한 모든 수양 과정을 가리킨다고 보아야 한다.

31) 수양 과정에서 잡념을 배제하고 마음의 초점을 맞춘 곳에 모든 정신을 기울여 붓는 일을 凝神이라 하는데, 여기서는 이 응신공부를 가리킨다. 문장 글귀는 비록 '凝於神'이라 하여 신으로 변화되는 상태를 의미하는 듯하지만, 수양 과정 중에서 한 몸의 정과 기가 응집되어 신으로 변화하는 경지는 일반인이 실현 불가능한 고급 경지다. 따라서 여기서는 수양의 초보 단계에서 호흡과

는 심군心君이 넉넉하고 편안해질 것이며 성품의 터전이 평화롭게 될 것이다. 세상 사이에서 일어나는 만 가지 일이 모두 공허하고 종일토록 애써 지어 놓은 것이 모두 헛된 환상이었음을 알 것이다. 나의 몸뚱이 모두가 참다운 알맹이가 없는 허깨비 같은 것이고 화와 복이 모두 존재하지 않으며 생과 사가 모두 하나의 꿈임을 알 것이다. 뒤늦은 듯 진리의 핵심을 깨달아 한 순간에 확 풀어져서 마음의 터전(心地)[32]이 저절로 맑고 깨끗해지며 질병이 저절로 시원스럽게 나을 것이다. 이렇게만 할 수 있으면, 약이 입에 들어가지 않았음에도 병이 벌써 사라지게 되는 것이다. 이것이 진인眞人[33]이 도道로써 마음을 다스리고 병을 치료하는 큰 방법이다.

무릇 진인의 가르침은 하늘과 땅에 근본을 두고 마음을 세움으로써 백성을 살리기 위한 생명의 근본을 세우는 것(立命)[34]이다. 오직 마

마음이 서로 응결되어 정신통일이 되는 상태를 가리킨다고 보는 것이 좋을 듯하다.

32) 글자 그대로 풀면 마음이 터전으로 삼아서 자리 잡고 있는 땅이라는 말이 된다. 마음의 터전이 된 땅이란 바로 심성의 바탕이 되는 곳 이외의 곳이 될 수 없다. 심성의 바탕을 마음자리라고도 부르는데, 철학적으로는 우주의 근본 바탕이기도 한 본성을 가리키지만 양생의 측면에서 본다면 결국 마음과 몸 전체에서 이루어지는 인격을 가리키는 말이라 할 수 있다.

33) 수양을 통하여 도를 터득한 경지에 오른 사람을 존경하여 부르는 도가의 용어다. 진인이란 말을 처음 사용했을 책으로 생각되는 『莊子』에서는 "옛 진인은…… 높은 곳에 올라서도 떨지 않고 물에 들어가서도 젖지 않고 불에 들어가서도 뜨거워하지 않는다.……… 옛 진인은 잠을 자면 꿈을 꾸지 않고 깨어나면 걱정이 없으며 음식은 맛을 즐기지 않고 호흡은 깊디 깊다. 진인은 발꿈치로 숨을 쉬고 보통사람은 목구멍으로 숨을 쉰다"라고 말하고 있다.

34) 命의 기반을 확실하게 하고 그 위에 명을 안정하게 세운다는 의미다. 명의 개념은 상당히 다양하다. 유가에서는 주로 본성이 우주 자연으로 이어지는 관계를 포착하여 사용하는 말로 天命을 사용한다. 도가에서는 성과 명을 많이 사용하나 그 역시 사람에 따라서 의미가 다양하다. 노자나 장자 때는 아직 성과 명이 대립되는 개념을 갖지 않았는데, 노자는 명을 도의 본성에 해당하는 그 무엇으로 파악하였고(『道德經』, 16장, '歸根復命'조 참조) 장자는 죽고 사는 것

음과 하늘이 하나의 이치35)를 통하여 얻어지는 것36)만이 홀로 밝아서 길 잃고 헤매는 사람 마음에게 길을 열어줄 수 있다.

오직 그 마음과 땅을 하나의 물37)로써 적시는 것만이 홀로 신령하여 사람 마음에 덮여 있는 더러운 것을 씻어낼 수 있다. 그러므로 한 잔의 물로써 의사가 다스리지 못하는 질병을 치료할 수도 있는데, 치료하지 못함이 없는 것이 어찌 물의 신령함 때문이겠는가. 알고 보면 도道에 터전을 둔 마음 다스리기의 효과인 것이다.

참으로 이런 이치를 터득한 사람이 아니라면 내가 헛된 말로 사람을 속인다 할 것이다.

노자도 말하기를 "나의 말은 매우 알기 쉽고 매우 실행하기 쉬운데도 온 세상이 알아내지 못하고 실행해 내지 못한다. 그래서 나를 아는 사람은 드물고 나를 본받는 사람은 귀하다"38)고 하였다. 또한 "수준이 높은 선비가 도를 들으면 부지런히 그를 실행하고 중간쯤 되는 선비가 도를 들으면 보존하는 듯도 하고 잊어버리는 듯도 하며 수준이 낮은 선비가 도를 들으면 크게 비웃어 버린다. 비웃음 당하지 않으면 도라고 생각하기에 부족하다"39)라고도 말하였다. 『내관경內觀經』40)에

(死生) 또는 죽고 삶을 주재하는 그 무엇을 명이라 하였으나, 뒤에 내단수양이 체계화되면서 성은 신, 명은 정과 기를 가리키는 용어로 쓰이게 되었다. 여기서는 '생명의 근본'이라고 풀이하였다.

35) 마음이나 하늘이라는 개념이 다 같이 우주 근본 바탕을 가리키는 경우도 있다는 것은 앞에 心과 天의 주석에서 설명하였다. 湛若水(1466~1560)의 『格物通』에서는 "하늘과 사람은 하나의 氣다. 마치 부모와 자식의 관계와 같아서 들고 나는 숨이 서로 통하지 않음이 없다"라고 말하였다.

36) 실제로 수양해서 터득한 철학적인 깨달음으로서 도, 진리, 근본 바탕, 본성, 性光 등을 가리킨다.

37) 실제로 수양해서 체득한 생리적인 물질로서 청정한 氣를 가리킨다.

38) 『道德經』, 70장, '知難'조 참조.

39) 『道德經』, 41장, '同異'조 참조.

40) 쓴 사람은 알 수 없으나 수에서 당으로 바뀌는 시대에 나온 것으로 추측되

서 말하기를 "도를 알기는 쉬우나 도를 믿기가 어렵다. 도를 믿기는
쉬우나 도를 행하기가 어렵다. 도를 행하기는 쉬우나 도를 얻기가 어
렵다. 도를 얻기는 쉬우나 도를 지키기가 어렵다. 지켜서 잃지 않으면
오래 살 수 있게 되는 것이다"라고 하였다.

活人心 上

玄洲道人 涵虛子 編

臞仙曰, 古之神聖之醫, 而能療[41]人之心, 預使不致於有疾. 今之醫者, 惟
知療人之疾, 而不知療人之心. 是, 由捨本逐末, 不窮其源[42], 而攻其流. 欲求
疾愈, 不亦愚乎. 雖一時僥倖而安之, 此則世俗之庸醫, 不足取也. 殊不知, 病
由心生, 業由心作.

蓋陰有鬼神, 陽有天理, 報復之機, 鮮無不驗. 故, 有天刑之疾, 有自戕之疾.

其天刑之疾也, 五體不具, 生而隱宮者, 生而瘖瘂盲聵者, 因跌撲而手足折
者, 有生人(人恐當作而[43])面瘡贅疣疾者. 凡傳染一切瘵疫之證, 是也. 蓋因夙世
今生積惡過多, 天地譴之, 故致斯疾. 此亦業原於心也.

其自戕之疾者, 調養失宜, 風寒暑濕之所感, 酒色財氣之所傷, 七情六慾生
於內, 陰陽二氣攻於外, 是謂病生於心, 害攻於體也.

今, 只以人之易知易見者論之, 且曰人心思火久, 而體熱, 人心思氷[44]久, 而

　　　 는 책으로 도교에서 심성수양을 하는 원리와 방법에 관한 내용이 실려 있다.
　　　 『道藏』에 실린 본제목은 『太上老君內觀經』이다.
41) 판본에는 察로 쓰여 있다.
42) 판본에는 根源으로 쓰여 있다.
43) 판본에는 人으로 쓰여 있는데, 퇴계 『활인심』에는 人으로 쓰고 而가 맞지 않
　　겠는가 하는 의견이 작은 글씨로 쓰여 있다. 퇴계의 의견인지, 그 뒷사람의
　　의견인지는 알 수 없다.

體寒, 悚則髮竪, 驚則汗瀝, 懼則肉戰, 愧則面赤, 悲則淚出, 荒則心跳, 氣則
麻痺, 言酸則垂涎, 言臭則吐唾, 言喜則笑, 言哀則哭, 笑則貌姸, 哭則貌醜.
又若日間有所見, 夜則魂夢, 有所思, 夜則誑語, 夢交合則精泄致. 若驚悸氣
怒, 而成疾者, 則發狂裸體, 踰垣上屋, 呼神見鬼, 歌舞笑哭. 此皆因心而生也.

太白眞人曰, 欲治其疾, 先治其心, 必正其心, 然後資於道. 使病者盡去心
中疑慮思想, 一切妄念, 一切不平, 一切人我悔悟, 平生所爲過惡, 便當放下
身心, 以我之天, 而合所事之天. 久之, 遂凝於神, 則自然心君泰寧, 性地平
和, 知世間萬事皆是空虛, 終日營爲皆是妄想, 知我身皆是虛幻, 禍福皆是無
有, 生死皆是一夢. 慨然領悟, 頓然解釋, 心地自然淸淨, 疾病自然安痊, 能如
是, 藥未到口, 病已忘矣. 此眞人以道治心療病之大法也.

蓋眞人之敎也, 本於天地, 立心, 爲生民, 立命. 惟心與天, 一理之所得者
獨明, 而能開人心之迷, 惟其心與地, 一水之所汲者獨靈, 而能滌人心之陋.
故, 以一杯之水, 而能療醫所不治之疾, 罔不瘳者, 豈由水之靈, 實資於道之
用也.

苟非其人, 則以予爲妄誕.

老子曰, 吾言, 甚易知, 甚易行, 天下莫能知, 莫能行. 是以, 知我者希, 則
我者貴. 又曰, 上士聞道, 勤而行之, 中士聞道, 若存若亡, 下士聞道, 大笑之,
不笑, 不足以爲道. 內觀經曰, 知道易, 信道難, 信道易, 行道難, 行道易, 得
道難, 得道易, 守道難. 守而不失, 乃可長生.

___

1) 중국 의학의 특색

중국의 의학은 고대 철학의 우주 생성에 관한 이론이나 심성에 관

___

44) 판본에는 水로 쓰여 있다.

한 이론의 영향을 많이 받아서 그 체계에도 음양오행의 원리를 중요하게 채택한다. 사람을 자연과 분리시키지 않고 우주의 한 구성원으로 취급하면서 사람의 생명을 유기적으로 통합하여 총체적으로 파악한다. 인체를 해부학에서처럼 분해하기보다는 구조적인 유기체로 판단하여 경락經絡이라는 특색 있는 생리구조를 발견함으로써 서양 의학과는 상당히 다른 방향으로 발전하였다.

서양 의학은 외과 치료가 우수한 데 비하여 중국 의학은 내과 치료에 많은 장점을 갖고 경험을 중요시하며 개인위생과 양생에도 큰 비중을 두고 있다. 서양 의학이 세균을 주요 대상으로 연구하는 데 비하여 중국 의학은 체질을 중요시하고, 전자가 질병을 하나의 객관적인 사건으로 보는 데 비하여 후자는 질병을 하나의 주관적인 증세로 보면서 병자의 인격이나 심성과 연관지워서 관찰한다.

2) 주심론

『활인심』 상에서는 "병이 마음으로 말미암아 생기고 세상일이 마음으로 말미암아 만들어진다"라고 말하고 있다. 이러한 관점을 가장 뚜렷하게 주장하는 것은 불가의 유식론唯識論이지만, 유가든 도가든 일반 동양 철학이든 심성론에 들어가서는 결국 마음이 세상 모든 현상의 근원이라는 점에 동의하는 것이 가장 큰 흐름이다.

중국 의학에서는 질병을 그 원인이 무엇이든 결국 경락이 작용함에 있어서 이상이 생긴 주관적 증세라고 판단하는데, 경락은 또다시 장부에 귀착된다. 다시 말하면 질병은 장부가 작용함에 있어서 이상이 생겨 나타난 현상이다. 장부는 인체의 각 순환계·호흡계 같은 생리학적 구조와 기혈·진액·골육·피부 같은 해부학적 조직을 담당할 뿐만 아니라 희노애락 같은 감정과 혼·백·정·신 같은 심성 요소에도 영향을 미쳐서, 오장육부 전체가 하나의 생명을 이루며 유기적으로 움직이고 있다. 따라서 질병은 생리적 이상으로만 나타나지 않고 언제나 심성의 이상과 함께 나타난다.

모든 장부의 주장이 되는 장기가 심心이어서 심군心君이라고 부른다는 것과 심心에는 정·신·혼·백을 말할 때의 신神이 깃들여 있다는 것은 앞에서 이미 살펴보았다. 일반적으로 예전에는 마음이 심장에 있다고 생각되다가 요즘에는 대뇌에 있는 것으로 여겨진다. 하지만 마음이 있는 장소가 어디든, 또는 그러한 장소가 정해져 있든 없든 마음이 병들면 정신에 질병이 생기는 것은 물론 생리와 신체에도 병이 나는 예를 우리는 일상생활에서 흔히 보고 있다. 한편 암과 같이 불치에 가까운 병일지라도 마음상태에 따라서는 기적같이 치유되는 예 또한 드물지 않게 보았다. 물론 그 이면에는 대뇌로부터 질병을 이겨낼 수 있는 내분비 작용이 이루어진다든가 또는 병원체를 퇴치하는 세포가 생성되도록 유전자 어디에선가 명령이 하달된다든가 하는 보다 전문 의학적인 과정이 깔려 있다. 아무튼 질병이 궁극적으로는 마음에서 유래한다는 『활인심』의 이론은 오늘날에도 타당할 뿐만 아니라 더욱 과학적으로 증명되고 있다.

3) 질병과 하늘·땅의 꾸짖음

『활인심』에서는 "하늘과 땅의 꾸짖음을 당하였기 때문에 이러한 질병에 이르는 것이다"라고 말하였다.

이는 하늘이 사람의 일에 들어와 작용하고 사람의 행위 또한 하늘에 감응한다는 천인감응론天人感應論의 한 내용으로서, 사람이 하늘과 하나天人合一라는 중국 고대 철학의 기본 사상에 뿌리를 두고 있는 말이다. 자연계의 이상 변화나 재난과 질병 또는 복스럽거나 길한 징후들이 결국은 하늘이 사람에 대한 감응의 결과를 표시하는 벌이거나 상이라는 말이다.

이 사상은 한나라 때 유교의 종교적 기초를 다진 동중서董仲舒(BC 179~BC 104)에 의하여 강조되었는데, 뒤에 도교의 성립과 발전에도 깊은 영향을 주었다. 천인감응론의 한 예로, 도종의陶宗儀의 『설부說郛』[45) 「사칙士則」에서는 "하늘의 형벌이란 무엇인가? 사람이 주는 형벌이나 상은 그 몸을 벌하거나 상 주지만 하늘의 형벌이나 상은 그 신神을 벌하거나 상 준다. 그러므로 하늘의 상을 받은 사람은 그 신이 한가롭고 고요하여 편안히 즐겁게 그 타고난 명을 다 마칠 수 있고 하늘의 형벌을 받은 사람은 그 신이 힘들고 괴로워서 시름과 고난 속에 그 생을 일찍 끝마친다"라고 말하고 있다.

4) 동양 의학의 병리론

중국 의학을 포함한 동양 의학은 사람의 생리를 음양오행이라는 철학적 원리를 근거로 하여 몸 전체가 유기적으로 작용한다는 틀 안에서 파악하고 있다. 다시 말하면, 사람의 생리를 음양오행이라는 큰 틀 안

---

45) 원나라 때 도종의가 편찬한 총서 형태의 책이다. 한나라 때부터 원나라 때까지의 여러 책을 가려서 모아 놓았다.

에서 경락이라는 참으로 신비한 조직의 기능으로 한데 묶어서 파악하고 있다는 것이다. 오장육부에 근거를 두는 경락은 장부, 뇌수腦髓, 포태胞胎의 기능에서 생겨나는 영營·위衛·기氣·혈血과 정精·신神·진액津液의 생성 및 운행 같은 생리현상을 가능하게 하는 신비한 조직으로서 단순한 통로 이상이다. 경락의 기능으로 나타나는 생리가 유기적으로 균형을 유지하는 상태를 건강하다 하고, 그 상태가 깨져 건강이 회복되지 못하고 있는 상태를 질병이라 한다. 질병의 원인에는 몸 바깥의 것과 몸 안의 것, 그리고 이도 저도 아닌 것이 있다.

몸 바깥의 것 첫째로는 자연계에서 사람의 몸을 둘러싸고 있는 온도와 습도의 변화에 따라 형성되는 여섯 가지 기운이 있다. 이를 육음六淫 또는 육사六邪라 부르는데, 본래는 계절을 따라서 다르게 나타나는 자연계의 기후상태지만 그것이 사람의 건강이나 생활조건에 따라서는 계절과 관계없이 질병을 일으키는 원인이 된다는 의미에서 음사淫邪라 부르기도 한다. 육음은 온도 차이에 따른 추위(寒)와 더위(暑), 습도 차이에 따른 습함(濕)과 건조함(燥), 그리고 맹렬한 더위(火)와 바람(風) 여섯을 가리킨다. 여섯 음사는 단독으로 병의 원인이 되기도 하지만 때로는 두 가지 또는 세 가지가 서로 복합해서 병의 원인이 되기도 한다.

몸 바깥의 것 둘째로는 여기癘氣라는 것이 있다. 여기는 유행성 전염병의 원인을 가리키는데, 주로 입과 코를 통하여 몸 안으로 들어와서 질병을 일으킨다고 한다.

몸 안의 것으로는 일상생활중에 일어나는 감정이 있다. 감정은 보통 희喜·노怒·애哀·구懼(또는 樂)·애愛·오惡·욕欲 일곱 가지 또는 희喜·노怒·우憂·사思·비悲·경驚·공恐 일곱 가지로 분류한다. 앞에서도 살핀 바와 같이 칠정은 정상적인 생활 속에서는 생리적으로 자신을 보존 보호하는 역할을 담당하면서 해로움이 없다. 하지만 어떠한 계기로 어느 하나의 감정이라도 정도가 지나치거나 심해진 상태로 오래 지속되면 생리적으로 조절되는 범위를 넘게 되어 생리의 음양오행 관계 곧 장부 기혈의 균형과 조화를 깨뜨리고 내상內傷을 일으키게 된다. 질병상태로 넘어가는 것이다. 사람이 화를 내면(怒) 기氣가 위로 올라가고, 두려우면(恐) 기가 내려가며, 기뻐하면(喜) 기가 느슨해지고 놀라면(驚) 기가 위축된다. 슬프면(悲) 기가 흐트러지고, 생각하면(思) 기가 소모되며 근심하면(憂) 기가 뭉친다.『황제내경』에 의하면 이러한 감정은 각각 심·신·간·폐·비 오장에 생리적으로 밀접하게 귀속되어 있어서 기뻐함은 심장, 화냄은 간장, 생각함은 비장, 근심함은 폐장, 두려워함은 신장과 맺어져 있다고 한다.

몸 밖의 것도 아니고 몸 안의 것도 아닌 것으로는 음식의 부적절함, 피로, 성행위의 부적절함, 기생충, 독성물질의 흡수, 자연이나 인간으로부터의 침해 및 유전적 피해 등을 들 수가 있다.

이상에서 살펴본 바를 뒤집어 생각해 보면, 어떤 개인이 여러 가지 병의 원인을 가지고 있는데도 생명력이 강하여 생리가 유기적으로 균형을 유지한다면 질병이 되지 않는다는 이론이 성립한다. 그런데『활인심』과 같이 주심론主心論의 입장에 서 있는 경우라면, 생명력은 곧 마음의 힘이라 말할 수 있기 때문에 그러한 맥락에서 "병은 마음에서 생겨나고 해침은 신체에 대해 공격해 온다"라고 말할 수 있는 것이다.

5) 윤리 도덕와 질병

『활인심』은 음사와 칠정을 말하면서 동시에 술(酒), 이성관계(色), 재물(財), 기운(氣)과 육욕六欲도 질병을 불러오는 요소로 들고 있다.

술은 음식의 부적절함으로서, 이성관계는 성행위의 과도함으로서 곧바로 생리에 대한 침해가 된다고 할 수 있지만, 여기서는 재물이나 기운과 함께 각양각색의 욕심까지 포함하여 윤리 도덕적으로 다루려 한 것 같다. 개인적인 욕심 때문에 윤리 도덕적으로 정상적이지도 정당하지도 못한 원인을 만들면 결국 그것이 스스로의 마음을 병들게 하거나 신체를 다치게 하고 심하면 죽음조차 불러오게 된다는 교훈적인 이치를 황제의 아들이면서도 선인仙人이라 불렸던 현주도인 주권이 말하고 싶었던 것이다. 이는 인과응보나 천인감응 사상의 실제적인 표현이다.

6) 꿈의 이치

『활인심』에서는 꿈을 내단수양가들의 말을 따라서 간에 들어와 잠을 자고 있던 혼魂이 깨어나서 사람은 잠에 들어 있는데도 혼 홀로 활동함에 따라 일어나는 현상이라고 말하고 있다.

꿈은 중국 고대에 이미 꿈풀이 문제와 관련해서 상당히 중요하게 다루어진 듯하다. 주나라 때의 『주례周禮』46)에서는 꿈을 6가지로 분류하였고, 후한시대의 『잠부론潛夫論』47) 「몽열夢列」에서는 10가지로 분류하였으며, 명나라 초기의 『몽점일지夢占日誌』48)에서는 9가지로 종합 분

---

46) 주나라 때의 예법을 정리해 놓은 책으로서 『儀禮』, 『禮記』와 함께 3대 禮經의 하나로서 국가의 체제로부터 정치, 경제, 백성의 혼인 등에 이르기까지 이념적인 규범을 기록하고 있다. 편찬년대나 작자에 대해서는 논의가 많다.
47) 후한시대에 王符(85~162)가 당시 정치의 폐단에 대한 비판을 10권 36편으로 엮어 쓴 책이다.

류하였다.

『황제내경』『영추』「음사발몽淫邪發夢」에서 기백이 황제에게 답하여 말하기를 "정당하든 정당하지 않든 어떤 기운이 방비가 없는 틈을 타서 밖에서 안으로 쳐들어올 때 아직 일정한 집이 없으면 그 반작용으로 장부를 소란스럽게 합니다. 일정하게 있을 곳을 얻지 못한 관계로 영위營衛49)와 합쳐져서 돌아다니기도 하고 혼백魂魄과 함께 날아다니기도 하면서 사람으로 하여금 잠자리에서도 편안치 못하고 꿈을 잘 꾸게 합니다"라고 하였다. 그리고『소문』「방성쇠론方盛衰論」에서는 외부 계절에 따른 음양 기운의 성쇠와 내부 장부 기운의 성쇠관계에 따라 꿈이 여러 가지 모습으로 나타난다고 설명하고 있다.

『활인심』이 편찬된 뒤, 명나라 중기 이후 이시진이라는 걸출한 의학자가 나오면서 중국 의학은 대뇌의 기능에 대해 중요성을 인식하기 시작하여 청나라 때 이르러서는 정신작용이 장부가 아니라 대뇌에서 일어난다는 주장이 제기되기에 이른다. 따라서 꿈 또한 장부가 아닌 대뇌의 작용과 관계해서 고찰된다.

꿈의 원인이 생리적이며 심리적으로 모두 관련되어 있다는 사실은 고대부터 알려져 왔으나 오늘날까지도 꿈을 꾸게 되는 정확한 과정은 아직 밝혀지지 않았다.

현재까지 알려진 바에 의하면, 보다 원천적인 원인이 어떠하든, 호흡중추나 체온조절중추들이 있는 교뇌-연수 부근에서 수면중 깊은 잠 상태에서 얕은 잠 상태로 변환시키는 전기적 흥분이 일어나서 그것이

---

48) 명나라 때의 陳士元이 역대 여러 학자의 꿈에 대한 해설을 종합하여 엮은 책이다.

49) 營은 영양분이라는 뜻으로 혈맥을 따라 순환하며 온 몸에 공급된다. 음식물의 精(essence)이 비·위에서 흡수된 뒤 생기는데 피와 함께 작용한다. 榮衛라고도 쓴다.

대뇌피질에 전달되고 그 과정에서 기억의 저장창고인 해마를 자극하게 되어 꿈이라는 현상이 만들어지는 것으로 추측되고 있다.

7) 수양공부

『활인심』은 태백진인의 말을 이끌어 도가의 마음 다스리기 곧 심성수양의 방법과 경과를 소개하면서 그것이 질병을 치료하는 효과에 대해서도 언급하였다. 나아가서 수양을 통하여 도달하는 깨달음이야말로 질병 치료를 위한 가장 완전한 방법이라고 말하고 있다.

도道는 삼라만상이 모두 저절로 그러하다는 의미를 지닌 자연自然을 본래의 성질로 삼고서 아무런 행위도 하지 않으면서 하지 않음이 없는(無爲而無不爲) 작용을 한다는 것이 도가의 주된 생각이다. 그리고 이런 도를 하늘이 본받고 하늘은 땅이 본받고 땅은 사람이 본받는다고 한다.[50] 따라서 사람도 모든 것을 자연에 맡긴 무위상태가 되어야 비로소 도에 근거를 둔 상태가 되고 어떠한 인위적인 조작보다도 선량한 상태가 된다는 것이 도가의 근본 교리인 것이다.

무위자연이 지선至善이라는 사상은 도가의 모든 생활 속에 녹아들어, 특히 그들이 심성수양하는 실제에 있어서는 가장 중요한 지도원리가 되었다. 도가의 심성수양은 개인의 건강과 수명 연장이라는 낮은 단계에서부터 인간의 한계를 초월하여 도를 깨닫고 터득할 뿐만 아니라 스스로 도에 합쳐지는 높은 경지로까지 이어진다.

---

50) 『道德經』, "人法地, 地法天, 天法道, 道法自然."

도가의 심성수양은 내단內丹수련 공부에 집약된다고 할 수 있다. 이 공부는 도가의 인간관에 따라서 보통사람(凡夫)과 같은 생리상태에서의 수련을 가리키는 후천공부後天工夫와 보통사람의 경지를 넘어서서 세상에 나오기 전과 같은 생리상태를 이룬 경지에서의 수련을 가리키는 선천공부先天工夫로 나누어 살필 수 있다.

가) 후천공부의 점진적 단계

① 마음을 거두어들임(收心)

마음의 초점을 만들어 지키는 공부다. 일상생활중에 어지럽게 흩어진 칠정과 육욕은 물론이고 도덕 높은 본성이 드러난 심정과 갖가지 의식, 사려조차 모두 하나의 초점으로 거두어 모은다. 모든 마음의 작용을 잡념으로 보고 가능한 한 아무런 생각 없이 마음의 초점을 잡는 일인데, 아무런 생각도 하지 않기 어려우면 주문을 외우든가 어떤 주제 하나만을 생각하여 오직 하나의 생각만이 흐르도록 유지하는 일이다.

보통 마음의 초점은 하단전下丹田**에 맞추어 지키는 공부부터 시작한다. 마음의 초점을 잡으면 '나의 마음이 여기에 있구나' 하는 의식이 느껴진다.

② 기氣를 찾아 냄(尋氣)

①의 상태를 오래도록 유지하면, 하단전에 그 무엇인가 느낌이 생긴다. 뜨뜻하거나 가렵거나 시원하거나 벌레가 기어가는 듯하거나 아프거나 하는데, 구체적 느낌은 사람마다 다르다. 확실히 어떤 덩어리가 생겼다고 느낄 정도로 계속 보존하고 길러 나간다.

③ 신을 엉겨 모이게 함(凝神)

기를 느끼게 되면 그곳에 정신을 집중하여 잠시도 떨어지지 않으면서, 마음의 초점을 더욱 확실하게 맞추어 마음속으로 그것을 부드럽게 감싸고 깊이 감추어 두면서 호흡을 가늘고 길게 천천히 쉬어서 그곳에까지 이르게 하기를 오래 하면 자기도 모르는 사이에 마음과 호흡과 기가 한 덩어리로 녹아 엉긴 것 같은 느낌을 얻을 수 있다. 그러한 상태가 무의식중에 저절로 계속 이루어지도록 한다.

④ 터널을 찾아 냄(展竅)

갑자기 어떤 하나의 물건이 힘차게 솟아 나와서 가슴이 답답하도록 치밀어 올라오는 일이 생기는데, 놀라지 말고 조용히 무의식이라 할 정도로 은밀하게 마음속으로 그것을 이끌고 아래로 내려가서 꼬리뼈를 향하여 가게 한다.

나의 인격 곧 심성이 하늘로 올라갈 수 있는 길을 찾는 일이다.

⑤ 관문을 엶(開關)

마음과 호흡과 기가 한 덩어리로 녹아 엉겨서 이루어진 그 어떤 하나의 물건은 다름 아니라 자기의 정·기·신이 엉긴 것으로서 비록 초보 단계기는 하지만 어느 정도 신령한 성질이 있다. 그래서 다만 그것을 꼬리뼈 있는 곳으로 가도록만 하면, 시간이 지남에 따라 꼬리뼈 첫 입구에 있는 관문을 그것 스스로 통과하게 된다. 그곳을 미려관尾閭關이라 하는데, 하늘로 올라가는 첫 관문이다. 미려가 뚫리면, 계속 독맥督脈을 따라서 올라가면서 협척夾脊·옥침玉沈이라는 관문을 뚫고 상단전의 니환泥丸이라는 곳으로 올라간다.

인격이 하늘나라에 오르는 것이다.

⑥ 정신을 기름(養己)

위와 같은 공부를 오래도록 끊임없이 지키다 보면 하단전에서 생성되는 생명력의 응결체가 대뇌로 올라가서 성性을 보강하고 정신력을 기르게 된다. 그리하여 위에서는 신神이 왕성하고, 아래에서는 정精이 왕성해진다. 이 단계에 이르면 이미 뛰어난 정신력과 지혜를 얻게 되어 수양하는 본인 스스로 자기와 자연계가 둘이 아니라는 깨달음을 갖는 경우가 많다. 참으로 하늘과 사람이 하나라는 이치를 사실로 체험하는 사건들이 자주 일어난다.

⑦ 약을 얻음(得藥)

정과 신이 왕성하게 길러지면 상단전 니환에서 또다시 어떤 변화가 일어나면서 새로운 기운이 생긴다. 새로 생성된 이 기운의 힘을 얻어 진흙덩이처럼 뻑뻑하던 니환이 풀어지면서 상단전에서 하단전으로 임맥任脈을 따라 무엇인가 흘러 내려오는 길이 생긴다. 그 무엇이 내려와 하단전으로 들어가면 하단전에 있던 것과 합쳐지게 된다. 하늘의 기운과 땅의 기운이 합쳐지는 단계. 이때는 마치 하늘과 땅이 합쳐지듯 우주의 소용돌이처럼 어지럽게 소용돌이치다가, 다시 새로운 무엇인가가 서리서리 서리게 된다. 이렇게 서리게 된 그 무엇을 내단가는 임연壬鉛이라 부르는데, 이는 이미 물질적인 요소를 벗어나 순수한 기로만 느낄 정도로 승화된 어떤 것이다. 이것을 소약小藥이라 부르기도 한다. 소약만 얻어도 이미 육신에서 발생한 질병은 모두 자취를 감추고 맑고 깨끗한 생명력이 충만하게 된다.

보통사람으로서의 한계를 벗어나고 있는 것이다.

⑧ 단을 맺음(結丹)

소약은 너무나 청정하여 마치 허무虛無 그 자체인 듯한 어떤 기운이므로 이미 쉽게 닦아 놓은 길을 따라서 대뇌 속의 하늘로 올라간다. 그것이 상단전에 올라갔을 때는 마음의 눈길을 하늘로 보내어 마음의 초점을 그에다 맞추고 다시금 모든 생명과 인격 요소가 하나로 응결되도록 숨을 고르면서 지키고 기다린다. 때가 되면 또다시 질적인 변화가 일어나면서 어떤 물질이 생겨나는데, 역시 신령한 성질이 있어서 스스로 임맥이라는 길을 따라 아래로 내려온다. 혀를 입천장에 붙이고 호흡을 고르는 등 공부하는 요령을 잘 지키면 참으로 하늘나라에서 내려주는 감로수임을 느낄 수 있는 시원한 액체가 몇 방울 목구멍으로 넘어가게 된다. 마음의 동요를 일으키지 않고 잘 받아들인다. 이것이 무사히 다 내려와서 황정黃庭이라는 곳으로 들어가면 꼭꼭 봉하여 두어야 한다. 내려온 감로수를 확실히 내 것으로 만들고 나면 몸도 마음도 생명력도 인격도 모두 새롭게 변하면서 이른바 소단小丹이라는 것이 맺힌다.

이미 보통사람의 굴레를 벗어난 경지다.

⑨ 본래의 심성을 단련함(煉己)

소단이 맺히면, 저절로 마음에 흔들림이 없어지고, 칠정·육욕의 모든 인간적 감정과 어리석음이 끊어지며, 모든 질병의 뿌리가 없어져서 인정人情의 세계에서 본성本性의 세계로 인간세계에서 성·선·불의 세계로 들어서게 된다. 세상에 태어나기 이전의 상태로 되돌아간 것이다. 그러나 아직 완전한 단계가 아니라서 보통사람들이 질병에 걸리는 것과 같은 이치로 언제든지 그 상태가 깨질 위험이 있다. 끊임없이 스스로 마음을 청정하게 제어하고 선행을 하면서 덕을 쌓는 도덕적인 단련을 거듭해야 비로소 소단의 효력을 확실하게 얻을 수 있다.

내단공부의 참다운 기초가 쌓여지는 것이다. 이에 이르러서야 후천공부를 모두 마치고 선천공부로 들어간다.

나) 마음을 불리는 선천공부(煉心工夫)

도가 내단가들이 추구하는 내단공부를 정·기·신을 중심으로 정리해 보면 공부로 이룰 수 있는 경지는 여러 단계로 순서와 등급이 매겨진다.

한편 사람에게는 마음이라는 것이 있어서 각각의 단계와 경지에 따라 공부를 주재하기도 하고 공부의 성과로서 드러나기도 하면서 승화되어 간다. 보통사람의 마음이 성·선·불의 마음으로 승화되는 모습이 마치 대장장이가 쇠붙이를 불리고 두드리며 보검을 벼리는 모습과도 같으므로 내단공부의 과정을 마음을 불린다(煅煉)고 표현할 수 있다. 그 과정은 다음과 같이 단계를 나누어 각각의 특징을 설명할 수 있다.

① 기를 기르는(養氣) 단계

보통사람이 처음 공부를 시작할 때는 우선 순수하지 못한 마음을 용광로에 넣어서 순수하게 될 때까지 불리고 두드려야 한다. 깨달음을 얻지 못하여 끊임없이 시도 때도 없이 일으키는 망상이니 공상이니 번뇌니 탐욕이니 하는 갖가지 잡념들을 태워 없애 가면서 순수하고 청정한 기를 길러 내는 단계다.

후천공부의 ①, ②에 해당한다.

② 기와 합쳐지는(合氣) 단계

마음이 순수해지고 기가 참되게 되면 공부에 들기만 해도 곧 마음과 숨이 서로 의지하고, 바깥 세계의 사물을 알음알이하는 지각력이 없어지며, 무의식 상태 속으로 들어가서 기는 마음을 완전히 감싸고 마음은 기 속에서 흩어짐 없이 신령하게 살아 있는 경지에 이른다.

후천공부의 ③에 해당한다.

③ 기를 몰아가는(追氣) 단계

이때는 보지 않으려 해도 보이고 듣지 않으려 해도 들리는 것이 있는데, 곁눈질하지 않고 갈 길을 바삐 재촉해야 일을 그르치지 않고 하늘로 향하는 관문을 통과할 수 있다. 마음이 한 번 흔들려 움직이면, 곧 아래로 굴러 떨어진다. 아직 근본으로 돌아왔다고 하기에는 마음의 상태가 상당히 부족하기 때문에 각 종교에서 말하는 이른바 마구니와의 싸움이라든가 하늘의 시험이라고 하는 시련을 가장 많이 겪는 과정이다. 사람의 생명은 하늘에 달려 있다는 굳은 신념을 가지고 힘써 마음을 불려야 하는 단계다.

후천공부의 ④, ⑤에 해당한다.

④ 기를 얻는(得氣) 단계

기를 몰아서 니환까지 올라갔으면, 잡념과 식신識神의 영향을 받지 않도록 오직 조용해야(靜) 한다. 잎을 돋아 꽃을 피우고 열매를 맺었으면 이제 거두어들여서 갈무리를 잘해야 하듯이 하늘에 올라가서 새로운 변화를 일으킨 기를 다시 땅으로 내려서 갈무리하고 마음을 불려야 하는 단계로서 변화와 움직임을 완전히 여의어야 한다. 그러면 마음과 기가 완전히 어울려 녹아서 질적인 변화를 일으키고 감미로운 액체가 되어 내려온다.

이때도 마음은 이 감미로운 액체와 한 덩어리로 합쳐져서 목구멍을 통과하고 가슴에 있는 강궁絳宮으로 흘러 들었다가 다시 황정을 거쳐 하단전으로 흘러 들어가야 한다.

후천공부의 ⑥, ⑦, ⑧에 해당한다.

⑤ 기를 거듭 쌓는(累氣) 단계

이제 임독맥이 통하여 태어나기 전과 같은 생리상태의 길이 열렸으니, 부지런하고 끊임없이 이 길을 닦아서 탄탄대로를 만들어야 한다. 그리하여 어떠한 시련이라도 내가 가는 길을 막을 수 없고 나의 마음을 다시금 흩어 놓지 못할 정도로 튼튼한 기초를 다져야 하는 단계로서, 이렇게 마음을 불리며 게으름피거나 새로운 욕심을 만드는 일 없이 하단전의 것을 상단전에 쌓아 나아가야 한다.

후천공부의 ⑨에 해당한다.

⑥ 성을 밝히는(明性)는 단계

이제 신선세계에 첫발을 들여놓았으니, 마음도 몸도 사람의 굴레를 벗어나서 우주 자연의 근본 자리에 들어가 있는 것이다. 도가 높아질수록 마魔 또한 높아진다는 말이 있듯이 마음을 더욱 경건하고 성실하게 하여 스스로 불리는 것을 끊임없이 하여야 한다. 보람이 쌓이고 쌓이노라면 어느 때인가 마음의 근본 자리인 본성이 원만하고 밝게 내 앞에 나타나서 몸으로 얻을 수 있게 된다.

⑦ 신을 이루는(成神) 단계

앞 단계에서 이루어진 오직 비고 밝은 마음과 볼 수도 만질 수도 없으나 있는 것만은 확실한 내면 세계의 어떤 이치만을 가지고, 텅 빈 가운데다 진리의 씨앗을 심어 놓고, 마음을 죽여서 움직임 없이 지키고 있으면, 정신의 세계(性)와 육신 생명의 세계(命)가 합쳐지는 대단한 경험을 하게 된다고 단경丹經들에서는 말한다. 성과 명이 합쳐지면 완전하고 순수하게 양陽으로만 이루어진 이른바 선천진일지기先天眞一之氣라는 것이 다시 이루어진다. 우주 자연 하늘과 땅의 운행 변화에 곧바로 참여하는 신성한 인격의 태아(聖胎)가 나의 내면 세계에 새롭게 형성되고 있는 단계인 것이다.

⑧ 신이 되는(化神) 단계

우주 자연 하늘과 땅의 운행 변화에 곧바로 참여하는 신성한 인격의 태아가 새롭게 형성된 다음부터는 오직 대정大定이 있을 뿐이다. 대정이란 몸도 마음도 태산준령처럼 완전히 움직임을 여의고 흐트러짐 없이 한곳에 머물러 있는 상태다. 모든 것이 저절로 운행 변화하고, 저절로 자란다. 경건하고 성실하게 그 상태를 끊임없이 따뜻하게 길러 나가면 마침내 신성한 태아가 상단전으로 올라가고, 마음은 날로 신령해진다.

신성한 태아를 상단전에서 따뜻이 기르면, 이른바 양신陽神이니 법신法身이니 하는 오직 진리만을 담은 기로만 뭉쳐진 새로운 몸이 몸 안에 이루어져서 몸 밖으로 나갈 수 있게 된다. 그러고는 보통사람이 태어나서 성장하는 이치나 과정과 마찬가지의 이치와 과정을 겪으면서 진리세계에서 성장해 가는 것이다. 그 사람을 가리켜 신선이라 부르는데, 바로 신 그 자체다. 비록 신이 되었다고 할지라도 마음을 불리는 일은 계속해야 한다.

⑨ 텅 빔을 불리는(煉虛) 단계

신선은 몸이 곧 마음이고 마음이 곧 몸이며 그 능력이 신령하기가 비유할 데 없지만, 아직 완전히 비어 있지 못하여 만유를 감싸 안을 수는 없다. 그래서 마음을 한없이 드넓게 하면, 모습이 있는 것은 모두 없어지고, 아무것도 빌붙을 바 없는 공간으로서 한결같이 조용히 텅 비어 있는 공부를 더 하게 된다고 단경들에서는 마지막 단계로 말하고 있다.

이제 우주 자연의 진리세계 자체로 돌아가는 것이며 마음을 불리는 공부를 마친 것이다.

* 『활인심』이 제목에서부터 내용에 이르기까지 심성의 수양을 가장 중요시하고 있으므로, 같은 맥락에 있는 도가 심성수양의 골자를 여기에 좀 구체적으로 소개하여 본문을 이해하는 데 도움이 되고자 한다.
** 백맥의 핵심이 되며 생명의 근원이 되고 본성과 생명의 출발점이 되며 배꼽 아랫부분에 위치하는데, 직경 4촌 둘레에 이른다고 한다(『金丹大要』 참조). 현대 기과학자들도 그 위치와 크기에 대해 많은 발표를 하고 있는데, 그 가운데는 앉는 자세와 지구 중력선과의 관계에서 찾으려고 하는 학설도 있다. 단전이라는 용어는 위진남북조시대의 『鍼灸甲乙經』에 이미 나오고 있고 『黃庭經』, 『抱朴子』 등에도 보인다. 특히 『抱朴子』는 단전을 상·중·하로 나누고 있다. 지금까지의 여러 丹經道書에서 단전

을 상징하는 말로 쓰인 용어는 무려 770여 가지가 넘는다. 예컨대, 氣海, 天根, 神爐, 太海, 太中極 등이다.

8) 긴장과 이완

『활인심』은 수양의 과정을 말하는 가운데 마음과 몸을 풀어놓는 방법과 그 결과를 몇 가지씩 예로 들면서 그것(放下心身)이 깨달음에 이르기 위한 조건이라 말한다. 이어서 깨달으면 질병도 없어진다고 말한다.

사람의 생리는 긴장과 이완이 교묘하게 잘 조화되어 있을 때 건강하다. 중추신경계에는 자율신경이 있어서 자연의 이치에 따라 생리상태를 일정하게 유지하면서 건강을 지키는데, 자율신경에는 이른바 교감신경과 부교감신경이 있어서 다시 장부를 비롯한 모든 생리기관의 긴장과 이완을 조절한다. 교감신경은 흥분상태로 만드는 역할을 맡아서 생리기관들을 긴장시키고 부교감신경은 진정상태로 만드는 역할을 맡아서 생리기관들을 이완시킨다. 둘의 기능이 잘 조화되고 균형을 유지하면 건강하다.

그런데 사람의 일상생활에서는 칠정·육욕이나 사려분별같이 마음의 세계에서 일어나는 것뿐만 아니라 춥고 덥고 마르고 습하거나 각종 병균들과 같이 생리적 세계에서 겪는 외부의 자극도 끊임없이 사람에게 작용한다. 외부에서 자극을 받으면 교감신경이 작동하여 긴장상태로 들어가는데, 외부 자극에 대한 대처가 끝나면 다시 원래 상태로 돌아가기 위해서 부교감신경이 작동하여 긴장되었던 것을 이완시킨다.

교감신경으로 인한 흥분·긴장 상태가 이완되지 않고 그대로 지속되면 이른바 스트레스라는 것이 되어 마침내 질병에까지도 이르게 된다. 따라서 실제 일상생활에서는 항상 긴장되어 있는 심리 또는 생리상태를 어떻게 이완시키느냐가 중요 문제가 되는 것이다.

이러한 현대 심리학과 생리학에서의 지혜를, 수양해서 얻은 깨달음에 힘입은 듯이 14~15세기에 주권은 이미 말하였다. 청나라 때 황종희黃宗羲(1610~1695)도 같은 맥락에서 명나라 유학자였던 구양덕歐陽德(1496~1554)의 학문을 소개하는 곳에서 "사람의 마음은 스스로 고요하고 스스로 밝으며 스스로 변화할 줄 알고 스스로 조리를 갖추고 있어서 원래부터 이리저리 따지고 계산할 것이 아니다. 인위적인 힘은 터럭만큼도 필요로 하지 않는다.…… 오늘날 학자들은 그 참다운 핵심을 몸으로 얻지 못한 나머지 어쩔 수 없이 어린 모를 억지로 뽑아 올리는 것과 같은 짓을 하게 된다. 모든 인연을 놓아 버리고 인연을 따라 순응하는 것만 못하다"51)는 말을 하고 있다.

덧붙이는 글 : 기공과 방송

오늘날 중국 기공氣功에서는 방송放鬆이라는 말을 많이 쓰는데, 몸이든 마음이든 긴장된 상태를 풀어놓는 일을 가리킨다. 이완이라는 말과 같은 뜻이다. 질병 때문이든 정서적 충격 때문이든 운동이나 부상 같은 육체적 자극 때문이든, 육신에 긴장이 생기면 경맥의 소통에 지장이 생겨서 기가 잘 흐르지 못한다. 따라서 심리적으로든 생리적으로든 육체적으로든 방송을 하여 막힌 기가 잘 흐르도록 하는 일이 기공에서는 가장 우선이고 가장 기초인 것이다.

방송이 이루어지면 우선 마치 단단하게 맺혔던 실매듭이 풀어진 것과 같고 버터(醍醐)가 녹아내리는 것 같은 느낌을 몸으로 느끼게 되어 때로는 손발이 따뜻해지거나 특정 부위의 근육이 꿈틀 움직이거나 목욕탕에 들어간 듯 가벼움을 느낀다. 마음은 마치 드넓은 바다를 바라보듯 시원해지거나 바라던 바를 얻은 듯 푸근해진다. 실제로 방송만으로도 고혈압이나 위궤양이나 신경쇠약 같은 질병을 바로 치유할 수가 있다.

---

51) 黃宗羲, 『明儒學案』, 「餘姚江右相傳學案·歐陽德」 참조.

1. 중화탕中和湯[1]

【번역과 주석】

오로지 의사가 치료하지 못하는 일체의 질병[2]만을 치료한다. 이것을 복용하면 원기元氣[3]를 확실하게 보존하여 질병을 일으키는 기운(邪氣)이 침범해 들어오지 못하게 하므로 만 가지 병이 생기지 않고 오랫동안 평안할 수가 있으며 긴 세월을 근심 없이 지낼 수 있다.

(1) 생각에 삿됨이 없다.   사무사思無邪[4]

---

1) 본래의 『활인심법』에는 '保和湯'이라는 제목으로 되어 있다. 음양, 장부, 기혈로 이루어진 생리의 조화를 보존하는 탕약이라는 뜻이다. 퇴계가 『활인심』에서 '保和'라는 용어를 '中和'로 고쳐 쓴 것은 우연이 아니라 그의 특별한 배려가 담겨진 결과라고 생각된다. 퇴계는 이 처방으로 단순한 생리적인 '보화'가 아닌 유가 수양론에서 말하는 희노애락의 절제(和)는 물론, 희노애락이 아직 피어나지 않은 심성의 근본 바탕에까지도 이를 수 있다(中)고 생각했기 때문에 그 가치를 강조하려는 뜻에서 '중화'라고 쓴 것이 아닌가 추측된다.

2) 의사가 치료하지 못하는 질병이란 다름 아니라 마음의 병을 가리키는 것이지만 나아가 이로 말미암아 유발되는 생리로 나타나는 병까지도 포함시켜야 한다.

3) 유가와 도가는 물론 동양 철학 가운데 주기론의 입장에서 우주의 근본 바탕을 가리킬 때 사용하는 용어다. 양생가는 그 개념을 이어받아서 주로 태어나기 전부터 있던 생명의 근본 에너지를 가리키는 경우에 사용한다. 사람이 태어날 때 받은 원기를 신장 사이에 갈무리함으로써 비로소 모든 생명현상을 유지할 수 있다고 보는 것이다.

(2) 좋은 일을 행한다.   행호사行好事5)

(3) 마음을 속이지 않는다.   막기심莫欺心6)

(4) 적절한 방법으로 처리한다.   행방편行方便7)

(5) 본분을 지킨다.   수본분守本分8)

---

4) 생각에 사특함(요사함·간사함·허무맹랑함같이 정당하지 못한 것)이 없다는
뜻이다.『詩經』에서는 말을 기르는 사람의 마음속에는 오로지 말이 잘 달릴
수 있게 할 생각뿐, 딴 마음이 없음을 찬양하는 말로 쓰였다.『論語』에서는
『詩經』에 비록 세속의 노랫가사가 포함되어 있긴 하나 그 시들을 추려 낸 생
각이나 그 가사에 담긴 생각에 사특함이 없어서 결국 바름(正)으로 돌아가게
된다는 것을 확인하는 말로 쓰였다. 후에 생각에 사특함이 없게 함으로써 심
성의 근본 바탕인 진실성을 보존하는 수양법으로 활용되면서 閑邪存誠의 閑
邪와 같은 내용을 갖게 되었다.

5) 좋은 일을 행한다는 뜻으로 좋은 일이란 덕 있는 일, 남에게 유익한 일, 남을
돕는 일, 착한 일 등을 가리킨다. 참고로『宋史紀事本末』권3에 "지금 조정이
무사하고 변경이 평안 조용하니 그야말로 '좋은 일'(好事)을 행할 때입니다"
라는 말이 있고,『尙書疑義』권1에 "사람이 한때 '좋은 일'을 행하여 낸다 하
여도 속에서 우러나오는 것이 아니면 결국 이로움이 없고 오래가지 못한다.
그러나 아홉 덕(九德) 같은 것은 모두 천성의 자연으로서 마음에 뿌리를 두고
있는 것이니, 그러한 덕이 있은 뒤에 '좋은 일'을 하면 그것은 바로 알맹이
있는 일이 될 것이고 사람들에게도 도움이 있을 것이다. 성인의 시대에는 다
스리는 일을 논할 때 반드시 이와 같이 하였다"라는 말이 있다.

6) 스스로 타고난 본심과 양심을 속이지 말라는 뜻으로서 勿欺心이라고도 쓴다.
송나라 때 四勿居士 蔣峴이 스스로 맹세한 네 가지 '하지 말라'(四勿) 가운데
하나다. 네 가지 '하지 말라'는 勿欺心, 勿負主(주인, 주군, 천주, 민주를 배신
하지 말라), 勿求田(논밭을 찾아다니지 말라), 勿問舍(집값을 타진하지 말라)다.

7) 상대방의 눈높이에 맞추어 지혜롭게 가르치고 이끌어 준다는 뜻이다. 불교나
도교에서 자질이 얕거나 어리석은 대중 신도들을 가르쳐 깨닫게 하기 위하
여 각각 듣는 사람의 수준에 맞춰 여러 수단 방법을 변경해 가며 이끌어 주
는 지혜를 방편법문이라 하고 그 방편법문을 실행하는 일을 행방편이라 한
다. 대비되는 말은 究竟法文이다.

8) 딴 마음 먹지 않고 맡겨진 사명, 임무, 역할을 충직하게 수행한다는 뜻이다. 특
히 존비귀천이 나누어진 상황에서 낮은 처지를 마다하고 높은 처지를 범하
는 일이 없도록 한다는 뜻이 강조된 말이다.『周易』은 64괘로 이루어져 있는
데, 그 64괘가 삼라만상을 표상하고 있다. 64괘는 다시 각 괘마다 6효가 있어
서 전체 384효로 분석된다. 384개의 효는 각각 하나의 괘 속에서나 전체 64괘
체계 속에서 나누어 맡은 위치가 저마다 다르고 독특한 의미를 담고 있다. 그

(6) 질투하지 않는다.   막질투莫嫉妒[9]

(7) 교활한 속임수를 없앤다.   제교사除狡詐[10]

(8) 성실하고자 힘쓴다.   무성실務誠實[11]

(9) 자연의 원리를 따른다.   순천도順天道[12]

러면서도 384개의 효가 나누어 맡은 각양각색의 상황이 비천한 것은 비천함
으로써 존귀한 것은 존귀함으로써 유기적 조화를 이루어 결국 전체 질서를
변함없이 오래도록 유지하게 한다. 이렇게 384효 각각이 하나의 효로 나누어
맡은 위치가 바로 本分이다.

9) 남의 좋은 점을 보고 샘이 나서 그가 잘못되기를 바라는 마음을 일으키는 것
을 질투라 한다. 속담에 사촌이 논을 사면 배가 아프다는 말이 있다. 朱橚(?~
1425)이 쓴 『普濟方』 권215 「小便淋秘門」에 보면, "소변이 잦고 갑자기 하혈이
그치지 않으면서 아픔을 느끼지 않는 증세가 있는데, 이는 마음속으로 악을
쌓거나 어렵고 험한 일을 꾀하거나 오래도록 질투심을 품고 있거나 분노를
많이 쌓아서 간과 심장의 기를 손상시켰기 때문에 생긴 것이다"라는 대목이
있다.

10) 교활한 꾀를 써서 남을 속임으로써 한때 이익을 얻을 수도 있지만, 결국은 자
기 무덤을 파게 되는 일이 세상 이치다. 특히 인과응보 사상에서 볼 때는 더
욱 그러하다.

11) 성실이란 그저 알맹이가 있을 뿐만 아니라 그 알맹이가 한결같이 믿음이 있
고 참되며 거짓이 없다는 말이다. 해와 달이 운행하는 것과 같은 모습으로서
사람 심성의 근본 바탕이 되는 우주의 근본 원리이므로 이에 힘쓰는 것이 원
만한 인격과 건전한 생명력에 근본이 됨은 물론이다. 張介賓(1562~1639)이
쓴 『景岳全書』 권3 「醫非小道記」에 보면, "성명과 의학이 관계가 있다.…… 지
극하게 성실함으로써 몸과 마음을 닦는 일이 유가가 스스로를 다스림이고,
계를 지킴으로써 업장을 씻는 일이 불가와 도가가 스스로의 몸과 마음을 치
유함이다. 사람의 이치가 우주의 근본과 하나로 통하고 있으므로 하나에 밝
으면 다른 하나에도 밝게 되고 하나에 통달하면 다른 하나에도 통달하게 된
다. 그러므로 眞人이 있은 다음에 眞知가 있고 진지가 있은 다음에 眞醫가 있
다고 말한다"는 구절이 있다.

12) 해가 뜨고 지면 날이 가고 달이 차고 기울면 절기가 순환하여 봄·여름·가
을·겨울이 끝없이 갈마들고, 그렇게 쌓이고 쌓여 다시 元會運世를 궤적으로
남기면서 끝없는 궤도를 엄격한 법칙에 따라 돌아 나가는 길이 바로 天道다.
그래서 철학적으로 자연의 지배법칙 또는 근본 원리라는 개념을 갖는다. 세
상살이에서는 이 천도에 순응하고 이를 본받아야 일을 성취할 수 있음은 물
론이고 내면 세계의 심성이나 생리에 있어서도 천도에 따라야만 심성의 건
전함과 생리의 건강함을 유지하고 기를 수 있다. 의가에서 천도의 한 부분을

(10) 운명의 한계를 이해한다.   지명한知命限13)

(11) 마음을 맑게 한다.   청심淸心.14)

(12) 욕심을 적게 한다.   과욕寡慾15)

(13) 참고 견딘다.   인내忍耐16)

(14) 부드럽고 순하게 한다.   유순柔順17)

(15) 겸손하고 온화하게 한다.   겸화謙和18)

다른 이론이 五運六氣論인데, 침을 놓거나 약물을 복용할 때는 모두 이 오운 육기의 운행에 순응해야 함을 참고해야 한다.

13) 命限이란 주로 명리학에서 사용하는 용어로, 대체로 세월에 따라 달라지는 이른바 流年 운세의 한계를 의미한다. 자신의 운명을 짐작하고 그 운명을 사랑한다면 많은 희노애락과 정서적인 교란을 줄일 수 있다.

14) 마음을 맑게 한다는 말은 욕심을 없앤다거나 사특한 생각을 없앤다는 말과 비슷한 의미인데, 정서적으로 안정해서 생리적인 건강을 유지하는 일의 기본이 된다. 의가에서는 心火가 거세게 타오르면 미친 증세와 거의 같아지는데 이 거세게 타오르는 심화를 잠재워서 안정시키는 처방을 가리켜 청심이라 한다.

15) 청심과 마찬가지로 욕심을 적게 하면 사회생활에서 윤리 도덕적으로 건전해 질 뿐만 아니라 양생을 위한 필수 과제를 해결할 수 있다는 것은 『활인심』 상'에서 이미 설명하였다. 의가에서는 마음이 담박하고 생각을 적게 하며 욕심을 줄이고 말을 줄이는 일을, 氣를 기르는 중요한 처방으로 본다.

16) 어려운 상황이 닥쳤을 때 그것을 참고 견뎌 내는 일은 사람의 중요 덕목 가운데 하나다. 심성과 생명의 근본 바탕은 지극히 선하고 원만하기 때문에 현재 아무리 어려운 시련이 나의 몸과 마음을 덮쳐 누르고 있을지라도 참고 견뎌내면 햇살에 안개 스러지듯 그 고비를 넘기고 오히려 더욱 건강한 몸과 마음을 이룰 수가 있다. 그래서 『활인심』에서는 '참을 인'(忍)자를 利氣丸이라 하였다. 산모가 아기를 낳기 위하여 비유할 수 없는 진통을 겪지만 참고 견디면 백 년도 못 지나서 가문을 일으키고 나라와 인류를 구할 위대한 인물을 출산할 수 있다는 것이 좋은 예다. 사람이 느끼는 아픔은 생명력이 스스로 발동하여 질병을 치료한다는 신호인 것이다.

17) 『道德經』에서는 우주의 본질을 柔라고 보아서 유함이 강함을 이긴다 하고 그러한 이치를 터득하는 일을 사람의 덕목으로 삼고 있다. 『周易』에서는 곤괘의 덕을 柔順함이라고 보는데 땅이 만물을 그 품속에서 자라게 할 수 있는 것은 그 덕을 받았기 때문이라 한다. 힘차게 자라는 봄풀은 부드럽고 낭창낭창 하지만 일생을 마치려는 가을풀은 굳고 뻣뻣하듯이, 몸이나 마음도 유순한 것이 생명의 징표며 굳고 뻣뻣한 것이 사망의 징표다.

18) 『周易』에서 건괘를 설명하기를 마치 한 마리 용이 물 밑에서부터 차츰차츰 하

(16) 만족할 줄 안다.　　　　　　　　　　　　　지족知足19)

(17) 깨끗한 마음으로 삼간다.　　　　　　　　염근廉謹20)

(18) 어진 덕을 잃지 않는다.　　　　　　　　　존인存仁21)

(19) 절약하고 검소히 한다.　　　　　　　　　절검節儉22)

(20) 중심 자리를 잡는다.　　　　　　　　　　처중處中23)

늘 높이 오르는 모습과 같아서 위로 올라갈수록 덕이 높아지고 위대해진다
고 하였다. 그러나 다만 마지막 맨 꼭대기 효에서만은 하늘 끝까지 오른 용이
후회할 수 있다고 주의를 주고 있다. 왜냐하면 하늘 끝까지 오른 용이 거칠
것이 없어 보여 교만하게 굴면 결국 좋지 않은 결과를 초래할 수밖에 없기
때문이다. 바꾸어 말하면 무슨 일이든, 특히 좋은 일일수록, 끝까지 뻗치며
교만하지 말고 겸손하고 온화할 줄 알아서 스스로 굽히고 환경과 조화해 나
가는 일이 심성에 있어서나 생리에 있어서나 건강을 얻는 길이라는 것이다.

19) 『道德經』에서는 만족할 줄 모르는 것보다 더 큰 불행(禍)은 없다고 말한다. 만
족함을 아는 것과 욕심을 줄이거나 마음을 맑게 하는 것은 서로 표리를 이룬
다고 할 수 있는데, 모두가 행복을 느끼는 방법이다. 행복을 느끼면 몸도 마
음도 건강해진다.

20) 깨끗한 마음을 가지고 행동을 삼가는 것이 큰 덕목임은 물론이다. 깨끗한 마
음을 가지고 행동을 삼가면 밖으로 행동에 나타나는 경우든 속으로 심성과
생리 체계에 머무르는 경우든 큰 잘못을 저지르지 않고 지낼 수가 있다.

21) 어진 덕(仁)이란 결국 남을 사랑하는 것으로 大公無私한 심성이다. 이러한 심
성을 보존하고 실천에 옮기면 자신의 생리에도 매우 유익한 내분비가 이루
어진다고 현대 생리학은 밝히고 있다. 모든 덕목의 대표가 되는 덕목이며 정
신위생과 양생에 주는 효과에 있어서도 대표라 할 수 있는 처방이다.

22) 보통사람은 생활이 조금 윤택해지면 곧 사치를 부리며 정신을 병들게 하니
육신조차 나약해져 때로는 나쁜 질병을 불러들인다. 절약과 검소는 사치를
예방하는 처방이다.

23) 중심 자리를 잡는다는 것은 원의 중심, 원운동의 구심점을 지킴으로써 그 원
이 찌그러지지 않게 한다는 뜻이다. 『中庸』에서는 "한쪽으로 치우치지 않고
기대지 않으며 지나치지 않고 모자라지 않는" 상태를 지켜내는 것을 中이라
하고 덕을 갖춘 군자라야 그렇게 할 수 있다고 한다. 각각의 원에는 중심이
있고 구심점 또한 원운동마다 있듯이 생활하는 동안에 생기는 일에도 각각
그 일의 중이 있다. 같은 일이라도 때에 따라 다른 중이 존재한다. 따라서 같
은 일이라도 어제 처리할 때의 중과 오늘 처리할 때의 중이 다를 수 있다. 시
간과 공간에 걸림이 없이 상황에 따라서 중을 실현하는 모습을 '중심 자리를
잡는다'(處中)고 말한다. 그 결과 심성의 중을 얻고 정서의 조절이 이루어져
생리적으로 건전 원만한 상태를 얻게 되는 것 또한 이치다.

(21) 살생을 가려서 한다.   계살戒殺[24]

(22) 성내지 않는다.   계노戒怒[25]

(23) 사나운 언행을 하지 않는다.   계포戒暴[26]

(24) 탐내지 않는다.   계탐戒貪[27]

(25) 조심하고 두텁게 한다.   신독愼篤[28]

(26) 일의 얼개를 알아본다.   지기知機[29]

---

[24] 불교와 도교에서 지키는 계율의 첫째가 살생하지 말라는 것이다. 인과응보 사상에서 보면 생물 특히 사람을 살해하는 것은 바로 스스로를 살해하는 것과 같다.

[25] 성을 내면 생리적으로 해로운 결과를 불러온다는 것은 『활인심』 상에서 칠정을 설명하면서 알았다. 『黃帝內經』 『靈樞』에서 "성내는 기운(怒氣)이 위로 올라가서 내려오지 않고 옆구리 밑에 쌓이면 간을 손상시킨다"라고 말 한 뒤로 모든 한의서에서 이를 따르고 있다. 이 중화탕 처방에서 성내지 말라고 한 것은 성내는 그 자체뿐만 아니라 칠정을 모두 경계하라는 말로 새겨야 한다.

[26] 사나운 언행이 그 사람의 기운을 사납게 할 것은 당연하다. 보통은 기가 사람의 의지를 따르지만 기의 운행이 거세면 오히려 의지가 기운에 끌려갈 수도 있다. 따라서 기운을 사납게 쓰면 의지도 사나워져서 결국 생리체제가 어지러워지거나 급격한 충격을 받을 수 있다. 또한 대인관계에서 내가 사납게 행동하면 남도 나에게 사납게 대한다는 것은 말할 필요도 없다. 巢元方이 쓴 『巢氏諸病源候總論』 권27에서는 "놀라거나 분함이 정도를 지나쳐 급작스럽게 기가 거꾸로 넘치게 되면…… 피의 흐름이 흐트러진다"고 하였다.

[27] 貪・瞋・癡를 업을 짓는 3대 요소로 정하고 이를 경계하라는 불교의 가르침이 아니더라도 탐욕이 모든 재앙의 씨앗이 된다는 이치는 일반적으로 알고 있는 바이다. 유가에서 이득이 눈앞에 놓이거든 의로움을 먼저 생각하라고 가르치는 것도 같은 맥락이다. 음식이나 남녀관계에 탐을 내면 곧바로 질병으로 이어지는 예는 일상적으로 누구나 경험하는 사실이다.

[28] 행동을 조심하면 과실이 적어지고 행실이 두터우면 성실한 결과를 낳아서 결국 사회생활에서 탈이 없을 뿐만 아니라 스스로의 심성과 생명을 지키게 될 것이다. 치 맨손으로 호랑이에게 덤비고 걸어서 강을 건너려는 것처럼 무모한 행동을 '조심이 없다' 한다. 열심히 배우고 노력하며 어진 사람을 보면 그와 같이 되고 싶어하는 모습을 '두텁다' 한다.

[29] 지기를 사전에서 찾아보면 낌새를 알아차린다는 뜻으로 풀이한다. 機자는 기계 또는 용수철을 가리키는 말로 복잡하게 얽힌 구조나 탁 튀어 오르기 직전에 있는 상황의 얼개를 가리킨다. 복잡한 기계의 운전방법을 안다든가 숨겨진 부비트랩의 용수철을 안다든가 일이 터지기 전 낌새를 안다면 많은 재앙을

(27) 보호하고 사랑한다.　　　　　　　　　　　보애(保愛30)

(28) 편안하게 물러난다.　　　　　　　　　　　염퇴(恬退31)

(29) 고요함을 지킨다.　　　　　　　　　　　　수정(守靜32)

막아낼 수 있음은 물론이다. 양생에 있어서도 복잡한 생리와 병리의 얼개를 알아볼 수 있다면 질병의 예방과 조기 치료가 가능하다. 병은 조기에 발견할수록 치료하기 쉽기 때문이다.

30) 임금이 피난을 가는데, 뒤따르는 백성이 있어서 그들을 버리지 못하여 걸음이 늦어지면서도 함께 거느리고 움직이는 모습을 가리켜 보호하고 사랑한다(保愛)고 말할 수 있다. 훗날 임금이 자리를 잡으면 그 백성이 결국 임금을 보호하고 방위하게 되는 것이다. 보통사람들의 인간관계에서도 마찬가지다. 내가 남을 보호하고 사랑하면 남도 나를 보호하고 사랑해 준다. 한편 한 개인만을 보더라도, 태어날 때 원기를 받은 뒤로 차츰 자라면서 온 몸에 기가 충만해져 마치 한 나라의 백성과 같은 모습을 갖추어 모든 심성과 생리현상을 가능케 한다. 그렇지만 그것을 너무 당연히 여겨 때로는 하찮게 낭비하고 소모해 버려 기를 잃고 나서야 쇠약해진 기운이나 병든 몸을 보면서 후회한다. 임금은 백성을, 나는 남을, 사람은 스스로의 기 특히 원기를 보호하고 사랑해야 하는 것이다.

31) 비록 스스로 큰 힘을 갖고 있을지라도 어지러운 다툼 속에 뛰어들어 함께 뒹굴면 다툼이 진정되기보다는 오히려 그 힘만큼 더 크게 어지러워지는 것이 일반적인 예다. 더군다나 스스로도 많은 상처를 받기 때문에, 차라리 편안한 마음으로 한발 물러나서 자기만이라도 어지러움을 면하는 것이 잘하는 일이다. 다행히 그렇게 물러난 곳이 中에 처할 수 있는 곳이라면 나아가서 남들의 어지러움도 진정시켜 줄 수 있다. 세상의 명예와 이익에 걸려 뜨고 가라앉으면서 수많은 스트레스를 받고서는 양생을 할 수 없는 것이다.

32) 우주의 모든 사물은 생겼다 사라졌다 하면서 그 사이에 많은 변화를 일으킨다. 그 변화하는 모습을 움직임(動)이라 하고 그 변화가 잠자는 상태를 고요함(靜)이라 하여 움직임과 고요함의 연속으로 우주의 존재를 관찰하는 것이 역학이고 그 대표적인 것이 「太極圖說」이다. 다시 말하여 움직임과 고요함은 우주 안에서 서로 대립하면서도 서로가 서로에게 없어서는 안 되는 관계를 갖는 기본 원리인 것이다. 기본 원리로서의 큰 틀 안에서 또다시 고요함은 사물의 변화가 바탕으로 삼고 있는 근본 상태에 합쳐지거나 합쳐지는 방향으로 들어가는 경우를 가리키고, 움직임은 그 근본 상태가 변화를 일으키며 발현되어 나오는 경우를 가리키는 개념으로 쓰일 때가 있다. 때로는 고요함 가운데 움직임이 있고 움직임 가운데 고요함이 있다고 말하는 경우와 같이 어떤 현상의 상대적이면서도 통합된 관계 속에서 움직임에 상대하여 쓰일 때가 있으며, 또 때로는 물건이 움직이지 않는다거나 움직이고 있다는 경우와 같이 고요함이 단독으로 움직임에 대립되는 개념으로도 쓰인다. 사람의 심성

(30) 남모르는 덕을 쌓는다.　　　　　　　　　　음즐陰騭33)

위의 30가지 약제34)를 잘 썹어서 가루로 만들고 심화心火35) 1근과
신수腎水36) 2주발을 사용하여 약한 불로 반 정도에 이를 때까지 달여

　　　이나 생리의 세계에서는 어떠한 경우에도 고요함은 변화를 잠재우는 일로
　　　수련의 가장 기본적인 요령이 된다. 호수의 넘실대는 물결이 잠자고 고요하
　　　게 되면 수면에는 밝은 달이 온전히 살아나듯이 사람의 심성과 생리의 세계
　　　에서 마음의 파동이 가라앉아 고요해지면 본래의 덕성과 생명력이 자연스럽
　　　게 온전히 살아나서 심성은 도덕성을, 생리는 건강을 보존하거나 되살리게 되
　　　는 것이다. 고요함을 지키는 일을 집중적으로 실천하는 방법이 정좌수련법이
　　　다. 양생에서는 마음의 고요함을 지키면 神이 길러진다고 본다. 신이 길러지
　　　면 精・血・氣 모두가 정상적인 운행을 하여 건강한 생리가 유지된다.

33) 陰騭을 글자대로 풀이하면 '그림자 속에서(남모르게 : 陰) (운명을) 결정한다
　　(騭)'는 뜻이 된다. 이 용어가 나타나는 고전으로는 『書經』이 있는데, 그「洪範」
　　에서 "하늘이 보이지 않게 (말없이) 아래로 백성들의 운명을 정하여(惟天陰騭
　　下民) 서로 협조하며 살도록 한다"라고 말하고 있다. 이러한 사상이 도교의
　　천인감응 사상과 결합하여 하늘이 사람으로서는 알 수 없는 세계에서 사람
　　의 선악과 공덕, 허물을 감찰하여 그에 마땅한 상이나 벌을 내린다는 일종의
　　교리로 정착되면서 『文昌帝君陰騭文』이라는 책이 편찬되었다. 『문창제군음즐
　　문』은 도교의 대표적인 勸善書인데, 그 내용은 대체로 "악을 짓지 말고 선을
　　행하면 나쁜 운명이 덮칠 틈이 없고 항상 길한 신이 옹호하여, 가깝게는 자신
　　에게 보답이 있고 멀리는 그 자손에게 보답이 이른다"는 것이다. 선행에 대
　　한 하늘의 보답에 병 없이 건강하게 장수하는 것이 포함됨은 물론이다. 이 책
　　이 민간에 널리 보급되면서 '음즐'은 주로 '사람이 남모르게 선행과 공덕을
　　행한다'는 의미로 쓰이게 되었다.
34) 모두가 심성의 덕목으로서 심리적 약제를 사용하여 생리적 건강까지 얻을 수
　　있다는 처방이다. 이 외에도 高濂의 『遵生八牋』 권2 「淸修妙論牋」에서는 喜怒
　　偏執, 亡義取利, 好色壞德 등 1백 가지 마음의 병을 뽑아 놓고 이어서 思無邪
　　僻, 行寬心和, 動靜有禮 등 1백 가지 마음의 약을 가르쳐 주고 있다.
35) 기 가운데 위로 타오르는 것을 火라 하고 아래로 흘러내리는 것을 水라 하는
　　데, 동양 의학에서는 심, 간, 담, 신 및 삼초의 陽氣를 화로 본다. 그 중에서
　　간, 담, 신, 삼초의 화는 신하와 같다고 하여 相火라 하고 심의 화는 임금과
　　같다고 하여 君火라 한다. 심화란 심의 양기인 군화를 가리키며, 때로는 심의
　　기 자체를 가리키기도 한다. 장부를 오행으로 분류할 때 심이 오행의 화에 속
　　하기 때문이다.
36) 심화의 경우와 마찬가지로 신수란 신의 음기를 가리키기도 하고 때로는 신의

놓고 끊임없이 살피면서 시간이나 계절에 걸림 없이 언제든지 따뜻하게 하여 마신다.

中³⁷⁾和湯

中³⁷⁾和湯

專治醫所不療一切之疾, 服之, 保固元氣, 邪氣不侵, 萬病不生, 可以久安, 長世而無憾也.

思無邪, 行好事, 莫欺心, 行方便, 守本分, 莫嫉妬, 除狡詐, 務誠實, 順天道, 知命限, 淸心, 寡慾, 忍耐, 柔順, 謙和, 知足, 廉謹, 存仁, 節儉, 處中, 戒殺, 戒怒, 戒暴, 戒貪, 愼篤, 知機, 保愛, 恬退, 守靜, 陰騭.

右三十味, 咬咀爲末, 用心火一斤, 腎水二椀, 慢火煎, 至五分, 連抯³⁸⁾, 不拘時候³⁹⁾, 溫服.

1) 중화론

이 처방에 대해 『활인심법』에는 보화탕保和湯이라 이름하였는데 퇴계가 『활인심』에서 중화탕中和湯으로 고쳐 썼다는 사실은 앞에서 언급하였다. 중화라는 용어는 각 분야마다 독특한 의미를 갖고 사용된다.

기 자체를 가리키기도 한다. 신이 장부 오행의 수에 속하기 때문이다.
37) 판본에는 保로 쓰여 있다.
38) 판본에는 査로 쓰여 있다.
39) 판본에는 侯로 쓰여 있다.

동양 의학 약제 처방 중에는 '중화탕'과 '중화환'이 있는데, 중화탕은 습열로 인하여 설사가 나는 증세를 다스리는 것이고, 중화환은 습담으로 인하여 역시 소화기 계통에 이상이 생긴 증세를 다스리는 것이다. 『활인심』의 중화탕과는 명백하게 다르다. 도가 내단서 중에 『중화집』이 있는데, 책의 저자인 이도순李道純40)은 이 책을 통해 유불선 3교의 이론적 근원이 결국 우주의 근본 바탕으로서 서로 같다는 사상 아래 본성과 생명력을 융합하여 내단을 이루는 길만이 바른 길이라고 말하고 있다. 퇴계가 사용한 중화의 뜻과 궁극적으로 상통하는 면이 있으나 바로 그것은 아니다. 퇴계 『활인심』의 중화는 역시 유가적 의미를 지닌 용어로 이해하는 태도가 가장 상황에 맞다.

유가사상을 대표하는 『중용』41)에서는 심성의 근본 모습과 그 발현에 관련해서 "희노애락이 아직 피어나기 전의 상태를 중中이라 하고", "희노애락이 피어난 다음에 그것을 조절하여 피어나기 전 상태와 다름없는 상태로 합쳐지는 모습을 화和"라고 한다.

앞의 각주에서 '처중處中'을 설명한 바와 같이 중이란 원의 중심과 같고 원운동의 구심점과 같으므로 심성에 있어서도 중이란 결국 인식, 감정, 의도 같은 원 둘레나 원운동의 궤적에 해당하는 모든 심리적 현상이 아니라 그 속에 있는 중심에 해당한다고 보아야 한다. 다시 말하

---

40) 원나라 도사로서 都梁(현재 호남성 武岡) 사람으로 자는 淸庵, 호는 瑩蟾子이다. 유불선의 수련법이 서로 통한다 하여 도가의 금단, 유가의 태극, 불가의 원각이 몸통은 같고 이름만 다른 것이라 하였다. 저술이 상당히 많은데 대표적인 것으로는 『中和集』, 『三天易髓』, 『全眞集玄秘要』 등이 있다.

41) 춘추시대 공자의 손자 子思가 지은 것을 기본으로 해서 진·한 사이에 그의 제자들이 보충한 것으로 추측되는데, 『禮記』의 한 편으로 들어 있다가 한나라 때 단행본으로 세상에 나타났다. 주희는 『論語』, 『孟子』, 『大學』과 더불어 사서라 하고는 『中庸章句』, 『中庸或問』을 지어서 풀이하고 유가의 가장 중요한 기본 경전으로 삼았다. 그 뒤 중국 문화권에 큰 영향을 주었다.

여 중은 심리적 현상이 아직 싹트기 이전 상태일 수밖에 없는데, 그 상태에서의 심성은 사람마다 본래부터 받아서 지니는 본성(천명)일 뿐만 아니라 마음의 가장 근본 상태인 본심이며 나아가 우주 근본 바탕 바로 그것 이외는 아니다. 그것은 참으로 지나치지도 모자라지도 않고 어느 쪽으로도 치우치지 않아서(圓滿) 선악의 문제를 뛰어넘어 지극히 선(至善)하고 어떠한 병폐도 없는 상태다.

희노애락은 심성 본래의 순수함을 엄폐 왜곡시킬 수도 있다. 노여워하거나 두려워하거나 좋아하거나 즐거워하거나 근심걱정하는 바는 모두 마음의 작용으로서 사람에게 없을 수 없는 것이지만, 어느 하나라도 그 밑에 깔려 있는 이기적인 요소를 살펴 제어하지 못한다면 결국 욕심이 발동하고 감정에 지배당하게 된다. 마음의 바름(正)을 잃지 않을 수 없어서 심성의 순수함을 왜곡시키거나 엄폐하거나 깨뜨릴 위험성이 있는 것이다. 나아가서는 생리적으로도 건강을 해쳐 질병이 나게도 한다. 따라서 감정은 조화롭게 절제될 필요가 있다. 감정들이 피어나기 전 심성의 원만 지선한 상태에 맞게 절제되는 모습을 객관화하여 보면 개인과 사회와의 조화라 할 수 있고, 그 주체인 개인의 심성 문제로 주관화하여 보면 개별심과 본심의 조화라 할 수 있다. 또한 감정으로 말미암아 생겼거나 생길 질병의 치료라는 관점에서 보면 마음의 병(의사가 치료하지 못하는 병)을 화해和解하여 예방 치료하는 처방이라 할 수 있다.

2) 심리치료법

앞에서 마음을 질병의 근원으로 보고 마음으로 질병을 치료한다는 생각을 여러 차례 산발적으로 밝혔으나 마음으로 질병을 치료한다는 관점 전체를 독자적으로 체계 있게 정리하지는 못했다. 그렇지만 현대 동양 의학에서는 마음을 통하여 질병을 치료한다는 관점 전체를 꿰는 원칙을 독자적으로 체계 있게 정리한 심리치료법, 치신법治神法 또는 정지요법情志療法이라 부르는 분야가 이루어져 있다.

　심리치료법이 성립되는 근거는 사람의 마음세계(神)와 몸세계(形)가 서로서로 연결되어서 하나의 유기적 전체를 이루고 있다는 사실에 있다. 사람은 스스로 외부에서 침입해 오는 병원체에 대항하면서 내부의 음양 질서를 조화시키는 자아조절 능력을 갖추고 있다. 그 자아조절 능력은 마음세계의 심신心神이 주장하고 몸세계의 정精·기氣·혈血이 지휘를 받아 장부의 기능과 활동을 조절함으로써 드러난다. 그런가 하면 역으로 장부의 건강에 관한 정보는 곧바로 심신에 영향을 준다. 두 세계가 결국 하나로서 유기적으로 밀접하게 엮어져 있는 것이다. 그 관계를 『황제내경』 『소문』의 「음양응상대론陰陽應象大論」에서 뽑아 정리해 표로 그리면 다음과 같다.

심신心神	칠정七情	기상氣象	증상症狀	장臟-5행	신(身體)
혼魂	분노忿怒	상승上昇	고함(呼)	간肝-목	근筋
신神	희락喜樂	이완弛緩	웃음(笑)	심心-화	혈맥血脉
의意	사려思慮	결체結滯	노래(歌)	비脾-토	육肉
백魄	우비憂悲	소산消散	울음(哭)	폐肺-금	피모皮毛
지志	경공驚恐	침하沈下, 혼란混亂	신음(呻)	신腎-수	골수骨髓

　이 표에서 알 수 있듯이, 심리치료 또는 정지요법은 결국 마음세계에 속하는 혼·신·의·백·지 등의 정신과 분노·희락·사려·우비·

경공 등의 감정을 건전한 방향으로 다스려서 기의 상승, 이완, 결체, 소산, 침하·혼란 등을 정상상태로 안정시키고 장부와 신체 조직의 건강을 회복시키는 의학적 치료법인 것이다.

동양 의학의 심리치료법을 한 권의 책으로 엮은 정회림鄭懷林의 『정지요법情志療法』(북경: 中國中醫藥出版社, 2002)에는 심리치료의 원리와 원칙, 유래와 발전, 저술자료, 적응증, 기피증, 적용방식, 주의사항, 구체적인 치료방법 17가지와 그 적용 사례가 정리되어 있다.

3) 몸속의 물과 불

『황제내경』『소문』에서, "물(水)이니 불(火)이니 하는 것은 음과 양의 징조다"라고 말하고 또한 "심心은 여름의 기운을 주장하고 불에 응하며 신腎은 겨울의 기운을 주장하고 물에 응한다"고 하였다. 한편 "양기와 음기는 서로 두려워하고 물과 불은 서로 싫어한다"고도 말하였다. 불은 타오르고 물은 흘러내리는데, 심은 위에 있고 신은 아래에 있으므로 몸 안에서 심화心火와 신수腎水가 서로 만나기는 쉬운 일이 아니다. 비록 서로 만난다 할지라도 서로 도와서 약제를 달여 내기가 또한 쉬운 일이 아니다. 아무튼 약제를 달이기 위해서는 약탕기에 약제와 물을 담아서 위에 놓고 그 밑에 불을 피워야 한다. 다시 말하여 불이 물보다 밑으로 내려가야 한다.

몸 안에서 약을 달이는 일에 대해 깊이 경험한 비결을 가르치는 것이 도가에서 행하는 내단술이다. 내단에 관한 경전으로 존중받는 『참동계』의 해설서에서는 "불은 물 밑에 있어서 타오르고 물은 불 위에 있어서 적셔 내린다. 세상에서 지극히 정성된 사람이 아니고는 누가 이와 같이 할 수 있겠는가?"라고 말하였다.

내단술의 가장 기초는 단전호흡이다. 단전호흡이란 마음의 초점을 배꼽 아래 이른바 단전이라는 곳에 맞추어 지키면서 자연스럽되 길고 가늘게 조용한 호흡을 끊임없이 하는 일이다. 그러면 심의 불이 신의 물 밑으로 내려가서 약을 달일 수 있는 차비가 된다. 따라서 『활인심』에서 "심화 1근과 신수 2주발을 사용하여 약한 불로 반 정도에 이를 때까지 달여 놓는다"라고 한 말 속에는 '중화탕을 달이기 위해서는 단전호흡을 해야 한다'는 이치가 숨어 있다고 보아야 한다.

4) 존사법

눈을 감고 내면 세계를 보면서 어떤 상상을 한 뒤 그 상상한 것을 대상으로 삼아서 심성을 수양하는 방법을 존사법存思法 또는 존상법存想法이라고 한다.

'상상의 대상으로 삼는 것은 몸속에서는 어떤 지점(穴)이나 장부인 경우가 많고, 몸 밖에서는 모든 사건이나 물건이 가능하지만 대체로 참되거나(眞) 선하거나(善) 아름다운(美) 가치를 지닌 것이 좋다. 글자 또는 글귀, 그림 또는 모습 등도 대상이 되고 때로는 상상의 세계에 있는 신이나 동물 또는 순수관념도 존사의 대상이 될 수 있다. 종교에서 주문을 외우거나 염불하는 일 또한 존사법의 범주에 넣을 수 있는 수양 모습이다.

도교 경전인 『태평경』에서는 단丹자를 병이 난 곳에 겹쳐 놓고 계속 단자를 생각하는 예, 장부에 색깔을 넣은 그림을 각각의 오행 방위에 맞추어 햇살 비치는 창에 걸어 놓고 그 기운을 받는 생각을 계속하여 병을 고치는 예, 눈을 감고 스스로의 얼굴을 그려 보는 예, 오장에 살고 있는 신을 상상하는 예 등을 소개하고 있다. 또한『포박자』에서는 몸을 계절 색에 따른 다섯 가지 옥으로 상상하는 예, 금 수건을 썼다고 상상하는 예, 심장을 불꽃이라 상상하는 예, 북두칠성을 만들어 낸다고 상상하는 예, 오장의 기가 눈으로 나와서 온 몸을 감싼다고 상상하는 예, 북두칠성 밟기를 하면서 옥녀를 상상하는 예, 폐기閉氣를 하고서 힘센 장사를 상상하는 예 등을 소개하고 있다.

존사법은 후에 도교에서 중요한 수양법으로 자리 잡게 되고 차츰 다른 여러 수양법과 융합하면서 발전해 간다. 특히 침 삼키기를 중시하여 나중에는 침 삼키기가 존사법의 일부분으로 여겨지기에 이르른다.

『활인심』의 중화탕 처방은 그 내용이나 규모로 보아 존사법이 후한과 위진 시대에 기초를 잡은 뒤 당-송-원을 거치면서 발전한 결과를 충분히 받아들인 것으로 보여진다. 이 처방은 의학적인 관점에서는 심리치료법에 속하는 동시에 수양론의 관점에서는 존사법의 한 형태라고 말할 수 있다.

5) 탕제

탕제란 동양 의학에서 처방한 약제를 복용하는 하나의 방법으로서 약물을 물에 넣고 끓인 다음 걸러서 그대로 먹거나 또는 더욱 졸여서 먹는 방법이다. 탕제는 비교적 흡수가 빨라서 약이 작용하기 쉬우므로 주로 질병을 초기에 치료하거나 급성질병 치료를 위하여 사용하지만 보약 처방으로도 많이 쓰인다. 보약으로 쓸 때는 불을 약하게 해서 천천히 달이고 일반 약으로 쓸 때는 센 불로 빨리 달이는 것이 원칙이다.

『활인심』'중화탕'에서 "이것을 복용하면 원기를 확실하게 보존하여 질병을 일으키는 기운이 침범해 들어오지 못하게 하므로 만 가지 병이 생기지 않고 오랫동안 평안할 수 있다"라고 말하고 다시 "약한 불로 반 정도에 이를 때까지 달인다"라고 말한 것으로 미루어 보아 중화탕을 일종의 보약 처방이라고 생각해도 크게 틀리지 않다.

중화탕은 또한 30가지 약제를 잘 썰어서 가루로 만들라고 한다. 가루가 되도록 잘 썰으라는 말에는 두 가지 뜻이 있다. 그 하나는 30가지 약제라고 제시한 명제命題들을 학문적으로 충분히 소화하라는 뜻으로 풀이된다. 각각의 명제는 주석으로 간추려 설명한 바와 같이 유불선 3교의 우주관, 인간관, 수양론 등에 두루 연결되어 있다. 하나하나가 모두 깊은 철학·종교적인 의미와 내력을 품고 있기 때문에 그들을 모두 충분히 소화하기 위해서는 상당히 많은 고전을 넓고 깊게 읽어야 한다. 그 두 번째는 30가지 명제를 주문 외듯 반복해서 외우면서 그와 동시에 생기는 침을 삼키라는 뜻으로 풀이된다. 존사법을 엿볼 수 있는 장면이라 말할 수 있다.

이어서 "심화 1근과 신수 2주발을 사용한다"라고 하였다. 불 1근이란 어림잡을 수 없는 말이다. 내단수양가들의 용어에서 보면 1근은 마치 보름달처럼 이지러짐이 없이 원만한 전체를 가리키는 비유로 사용하는데, 여기서도 이와 같은 의미로 풀이하는 것이 타당하다. 다시 말하여 조금의 다른 생각도 없이 온 마음을 다하여 30가지 명제를 외우라는 뜻인 듯하다.

물 2주발이라는 기준이 무엇인지는 잘 모르겠다. 더구나 신의 기운(腎水) 2주발이라는 것은 더욱 어림잡을 수 없다. 다만 신의 기운을 넉넉히 사용하라는 뜻이 아닐까 추측해 본다. 앞에서 살펴본 「음양응상대론」의 표에서와 같이 신의 기운은 심신의 지志와 신체의 골수骨髓와 관련되어 있으므로, 신의 기운을 넉넉히 쓰라는 말은 곧 분명한 방향 감각과 넉넉한 포부를 가지고 이 처방을 이해하고 외우되 신체의 골수 또한 부족함이 없게 보충해야 한다는 뜻일 수 있다. 골수가 보충되려면 동양 의학이나 양생가에서 말하는 정精을 보존하고 길러야 한다.

중화탕을 탕제로서 이와 같이 달이는 요령을 풀이한 것이 단순히 보화保和에 그치지 않고 중화中和라고 새로 이름 붙인 퇴계의 의중을 지나치게 깊이 읽은 건 아닐 것이다.

『활인심』은 또한 "끊임없이 살피면서 시간이나 계절에 걸림 없이 언제든지 따뜻하게 하여 마신다"고 중화탕의 복용 요령을 지시하고 있다. 이 구절은 30가지의 명제를 항상 생각하여 그에 담긴 사상과 교훈을 이해하고서 일상생활에서 틈틈이 실천함으로써 마치 탕약이 몸 속으로 흡수되듯이 실제로 몸에 배어들게 해야 비로소 철학적 명제가 약제로서의 효력을 발휘한다는 뜻으로 풀이할 수 있다.

2. 화기환和氣丸[1]

【번역과 주석】

심장 위에 칼날이 있는 것이 '참을 인'(忍)[2]자다. 인격 있는 사람(君子)은 너그러이 받아들이는 마음으로써 덕을 이룬다.

흐르는 물 아래에서 불이 타고 있는 것이 '재앙 재'(災)[3]자다. 속 좁은 사람(小人)은 분하다 화난다 하면서 몸을 죽여 간다.

(이 환약은) 오로지 어른이든 아이든 기의 질이 나빠지거나 몰리거나 팽창하는 증세[4]를 치료한다. 목구멍에 무엇이 걸린 듯 막히는 증세, 가슴과 명

---

1) 여기서 사용된 和자의 의미도 중화탕에서 쓰인 의미와 같이 풀이할 수 있다. 和氣란 심성이나 생리에 나쁜 방향으로 변한 기를 바르게 조절하여 평화로운 상태로 돌려놓는다는 의미다.

2) 『說文解字』에서는 能자와 같다고 한다. 행동을 하든 안하든 주어진 상황, 특히 아슬아슬하거나 위협적인 상황을 마치 곰이라는 별명이 붙을 정도로 敦厚하게 감당해 내는 모습을 가리키는 글자다.

3) 『說文解字』에서는 하늘의 불(天火)을 가리키며 栽자와 같다고 한다. 이어서 같은 뜻의 災자를 설명하면서 불이 아래에서 일어나 그 위의 것을 태우는 모습이라고 하였다.

4) 앞에서 여러 번 살핀 바와 같이 희노애락 등 칠정이 지나쳐서 기가 심성이나

치가 답답하고 숨 막히는 증세, 배에 무엇이 가득 찬 듯한 증세, 온 몸이 마비되는 증세, 입술을 악물고 이를 가는 증세, 눈을 부릅뜨고 주먹을 불끈 쥐는 증세, 얼굴이 붉어지고 귀가 빨개지는 증세, 갑자기 마치 화톳불이 타듯 (열기가) 몸의 아래로부터 위로 치솟아오르는 증세 등 의술로는 치료하지 못하는 기운을 모두 함께 치료하는 것이다.

증세가 있을 때마다 1알씩 복용하는데, 말을 하지 말고 침을 이용하여 (꿀꺽) 삼킨다.

태백진인이 말하기를 "세상 사람들이 경전을 외우는데, 그 모두가 복을 구하거나 재앙을 면하고 싶어서다. 입과 마음이 서로 어긋나는 경우가 많으니, 그냥 외우기만 하는 것이 무슨 도움이 있겠는가? 그것은 자신의 밖에서 찾고 안으로 들어가서 찾지는 않기 때문이다. 만약 경전을 외우는 것이 도움이 된다면 도사들은 모두 신선이 될 것이고 중들은 남김없이 부처를 이룰 것이다"라고 하였다.

나에게 3권의 경전이 있는데, 비록 6글자뿐이어서 글월은 간단하지만 공덕은 매우 크다. 다만 지극한 마음으로 받들어 실행할 뿐이다.

어떤 사람이 와서 묻기에 내가 대답하기를, "일자경一字經은 '참을 인'(忍)자가 그것이고, 이자경二字經은 '방편方便'5)이 그것이며 삼자경三字經은 '의본분依本分'6)이 그것이다"라고 하였다. 이 3권의 경전은 대장경7)이나 도장8)에는 없고 오직 영대靈臺9)의 사방 한 치 속에 사람마다

생리를 해치는 쪽으로 변한 경우를 가리킨다. 이어서 구체적인 예를 들어 놓았는데, 모두 심리적인 원인에 의한 증세다.
5) '중화탕'에서 설명하였다.
6) '중화탕'에서 설명하였다.
7) 불교 경전을 모아 놓은 총서를 가리키는 용어다. 一切經, 三藏經 또는 藏經 등으로도 불린다. 석가가 직접 설법한 기록을 담은 經, 教團의 계율 및 그것을 해설한 律, 경을 주석한 論을 집대성한 불교의 대경전이다. 후대에 이르러서는 석가뿐만 아니라 그 제자를 비롯하여 인도·중국 등지의 祖師와 高僧이 남긴 저서, 문헌도 이에 포함하였다.

모두 지니고 있는 것이다. 현명한 사람이나 어리석은 사람을 묻지 않고, 글을 알거나 글을 모르거나를 묻지 않으며, 누구나 외울 수 있다. 만약 누구든 마음으로 실천하려는 뜻을 세우고 받아들여서 지키면 병도 생기지 않고 재앙도 없어지면서 자연히 복을 얻게 될 것이다. 만약 자기 몸에서 이루어지지 않으면 자손에게서 반드시 이루어진다.10)

和氣丸

心上有刃, 君子以含容成德.
川下有火, 小人以忿怒殞身.

專治大人小兒一切氣蠱·氣脹·咽喉氣塞·胸膈氣悶·肚腹氣滿·遍身麻痺·咬脣11)·切齒·瞋目·握拳·面紅·耳赤. 忽若火燎已上, 醫所不療之氣, 竝皆治之.
每服一丸用, 不語, 唾嚥下.

太白眞人曰, 世人誦經, 皆欲求福免災, 往往口與心違, 徒誦何補. 是, 求其外, 而不求其內也. 若使念經有益, 道士盡成仙, 和尙盡成佛矣.
予有三部經, 只六箇字, 經文雖簡, 而功德甚12)大. 但要至心奉行.

---

8) 도교 경전을 모아 놓은 총서를 가리키는 용어다. 道藏經이라고도 하는데, 불교의 대장경에 해당한다. 현존하는 도장으로는 중국 명나라의 정통 연간(1436~1449)에 편찬한 『正統道藏』과 만력 연간(1573~1619)에 편찬한 『續藏』 및 그 합본이 있고 2,000년대에 들어와서 간행된 『中華道藏』이 있다.
9) 주로 내단가들이 사용하는 용어로 몸 안의 어떤 부위를 가리키는 듯하나 그 사용 예가 일정하지는 않다. 대체로 마음, 심장, 단전 특히 상단전 또는 신이 사는 집 등을 가리킨다.
10) 인과응보가 자손에게까지 연장된다는 사상의 표현이다.
11) 脣으로 되어 있으나 脣이 마땅하다.

或人來問, 余13)曰, 一字經, 忍字是也. 二字經, 方便是也. 三字經, 依本分是也.

這三部經, 不在大藏, 只在靈臺方寸中, 人人皆有. 不問賢愚, 不問識字不識字, 皆可誦. 若人能志心受持, 病亦不生, 災亦無有, 自然獲福, 若不在其身, 必在子孫矣.

---

1) 「인자찬」14)

일곱 감정 중에서 화를 내는 것이 가장 걷잡을 수가 없으나,
수많은 사정이 나를 거스른다 하여도 참으면 되네.
감정을 끊어 버리기가 참으로 어렵고 거스르는 사정 속에서 처신하기가 쉽지 않지만, 화가 나서 불꽃이 타오를 때는 '참을 인'(忍)자 물로써 끄면 되는 것을……
참고 또 참으면 참을수록 힘이 생기고, 1백 번 이상 참으면 장공예張公藝15)같이 되니, 큰 계획이 흔들림 없게 되어 마침내 어려움을 벗어나게 되는 것이네.
만약 그 순간을 참지 못하면 일이 뒤집혀 실패함이 눈앞에 닥치게 되고……

---

12) 판본에는 俟으로 쓰여 있다.
13) 판본에는 予로 쓰여 있다.
14) 「忍字贊」은 '참을 인'자의 공덕을 찬양한 글로 陳獻章(1428~1500)의 『陳白沙集』 권4에 실려 있다.
15) 당나라 鄆州 壽張縣 사람으로서 9세대가 한집에서 같이 살았으므로 제·수·당나라를 거치면서 매 왕조마다 문중에 旌閭門을 세워 주고 표창하였다. 당나라 고종이 나라 안을 시찰하는 길에 수장현을 지나게 되어 장공예의 집을 방문하였다. 그렇게 여러 세대가 함께 살 수 있는 까닭을 물었더니, 장공예가 '참을 인'자를 1백여 글자 써서 올렸다. 고종이 눈물이 글썽하도록 감동하여 비단을 선물로 내리면서 칭찬하였다.

2) 외물론

　동양 철학에서 물건(物)이란 말은 나(我)라는 말과 대립하여 사용된다. 물 또는 외물이란 쉽게 말하여 나의 밖에 있는 물건이란 뜻이다. 좀 더 깊이 있게 설명하면, 눈·귀·코·입·피부 같은 감각기관을 통하여 들어오는 모든 정보가 외물이다. 따라서 감각기관을 통하여 들어오지 않고 본래부터 나에게 있는 것만이 나라고 말할 수 있는데, 본래 모습대로의 심성과 생명이 그것이다.

　양생가들은 대체로 생명력의 3대 요소인 정精·기氣·신神을 외물이 아닌 것으로 생각한다. 여기서 좀 더 나아가면 본래 모습대로의 심성과 생명만이 참된 것(眞)이고 모든 물건은 거짓(假)이라는 사상도 이루어진다.

　유가에서는 "하늘과 땅의 정기가 오행으로 나타나는데, 그 가운데서도 빼어난 것을 얻은 것이 사람의 본디 모습이다. 그래서 흔들림 없이 고요하여 그 마음이 피어나기 전의 상태에서는 다섯 근본 성품이 갖추어지게 되니, 바로 인·의·예·지·신이다. 그러다가 몸이 이루어지고 나면 바깥 물건(外物)이 그의 감각기관을 건드려서 안을 흔들게 된다. 다시 말하여 눈·귀·코·입이라는 감각기관이 밖으로 물건에 접촉하면 그 마음이 움직이지 않을 수 없게 된다는 것이다. 그 안이 움직이면 칠정이 생기게 되는데, 다름 아니라 희·노·애·구(또는 락)·애·오·욕이다. 감정이 타오르고 흘러넘치면 그 본성에 얼룩이 생기게 마련이다"라고 생각한다. 칠정의 원인이 곧 외물外物이다.

　또한 "도道라는 것은 날마다 사용하는 사물이 마땅히 그러해야 하는 이치다. 그것은 모두 본성의 내용을 이루고 마음속에 갖추어져 있기 때문에 물건마다 그것이 없는 것이 없고 시간마다 그것이 그러하지 않은 때가 없다. 그래서 눈 깜짝할 순간이라도 떨어져 있을 수 없는 것이라 말한다. 만약 떨어져 있을 수 있다면 바깥의 물건(外物)이니 도가 아니다"라고 말하기도 한다.

도가에서는 본래 사람과 자연을 본질적으로 구별하지 않기 때문에 특별히 외물이라는 개념이 생길 여지가 적다. 다만 수련론에서는 편의상 수련자의 생명력과 생리현상을 담당하는 기를 내기內氣라 하고 그 밖의 천지 자연의 기를 외기外氣라 구별한다.

불가에서는 "4가지 자연 원소로 이루어진 몸과 뼈 모두가 바깥 물건이다. 그리고 영광과 욕됨, 생과 사는 모든 물질이 갖고 있게 마련이다"라고 생각한다.

3. 양생의 대표적 방법들

【번역과 주석】

비장脾臟[1]은 음악音樂[2]을 좋아한다. 밤에 많이 먹으면 비장이 소화 작용(磨)[3]을 하지 못하므로 주周나라의 예절에 관한 책(周禮)[4]에서 "음악으로써 음식을 권한다"라고 말하고 있는 것이다. 대체로 비장은 음악 소리를 좋아하여 줄(絲)로든 대나무(竹)로든[5] 그 소리가 귀에 들리면 바로 소화작용을 한다.

그러므로 목청 돋우어 노래나 소리를 지르고서 비장의 기운이 빠졌는데,[6] 여름철 밤이 짧을 때에 저녁밥을 적게 씹어 먹는 것은 특히 꺼

---

1) 동양 의학에서 분류하는 오장의 하나로 中焦에 위치하며 육부의 하나인 胃와 함께 겉과 속이 되어 음식물의 소화공급 기능을 주된 역할로 맡고 있다.
2) 『禮記』「樂記」에서는 한마디의 소리를 聲이라 하고 성이 변화를 일으키면서 여러 마디를 이루어 마치 글자가 문장을 이루는 것과 같은 것을 音이라 하며 음이 서로 어우러져 화합하기도 하고 싸우기도 하면서 춤을 출 수 있도록 짜여진 것을 樂이라 한다. 오늘날의 음악 개념과 크게 다르지 않다.
3) 한문 원문은 맷돌처럼 간다는 의미로 '갈 磨'자를 썼다. 이는 비가 위와 함께 하나의 장부로서 동일하게 기능한다고 이해했기 때문이다. 따라서 오늘날의 용어에 따라서 소화작용이라고 풀이하였다.
4) "음악으로써 음식을 권한다"는 말은 송나라 때 衛湜가 쓴 『禮記集說』에 나온다. 따라서 여기서의 周禮라는 글자는 『周禮』라는 책을 가리키는 것이 아니라 주나라의 예절에 관한 책이라는 뜻으로 넓게 풀어야 한다.
5) 줄은 현악기, 대나무는 관악기를 대표한다.

리게 된다. 그것은 소화를 시키기 어려울까 염려되기 때문이다.

술(酒)이 비록 사람의 정서를 즐겁게 하고 혈맥血脈[7]을 통하게 할지라도, 모르는 사이에 풍사(風)를 불러오고 신장을 해치며 창자를 헐게 하고 횡격막을 썩게 만드는 것으로는 이보다 더 지나친 것이 없다. 배불리 먹은 뒤에는 특히 술을 마시지 않는 것이 마땅하다. 술을 거칠게 마시거나 급하게 마셔서는 안 되니, 폐장이 상하고 망칠까 염려되기 때문이다. 폐장은 오장의 화개華蓋[8]에 해당하므로 특히 상하게 해서는 안 된다.

술이 아직 깨기 전에는 목이 크게 마르는데, 그동안에는 물이나 차를 마시는 것이 좋지 않다. 흔히 (물과 차가) 술에 의하여 신장으로 끌려 들어가 머물면 독기를 지닌 수분이 되어 허리나 다리를 무겁고 못쓰게 하며 방광을 차갑고 아프게 할(冷痛)[9] 뿐만 아니라 수종水腫[10], 소갈消渴,[11] 근육 경련, 다리 절뚝거림 등의 질병을 앓게 한다.

대체로 차茶라는 물건은 네 계절 어느 때나 많이 마셔서는 안 된다. 차는 사람의 하초下焦[12]를 허虛[13]하고 냉하게 한다. 오직 음식을 배불

---

6) 비장은 오행으로는 수화목금토 중에서 土에 속하고 五聲으로는 宮商角徵羽 중에서 宮聲에 속한다. 궁성은 대체로 목구멍소리를 가리킨다. 따라서 이 '音聲皆出於脾'(음성이 모두 비장에서 나온다)라는 구절은 말이든 노래든 목청을 높여 소리를 내는 경우를 가리키는 것이라고 풀이해야 옳다.

7) 피가 순환하는 통로로서 핏줄이라는 뜻이 강하지만 때로는 經脈과 같은 뜻으로도 쓰인다.

8) 임금이나 재상이 행차할 때 사용하는 日傘을 가리키는 말인데, 폐장이 전체 장부를 덮고 있는 모습이 마치 그와 같으므로 폐장을 오장의 화개라 부르기도 한다.

9) 아픈 곳에 차가운 느낌이 있는 병증으로서 몸을 차게 하면 아픔이 심해지고 따뜻하게 하면 아픔이 가라앉는다.

10) 몸이 붓는 증세를 가리킨다. 浮腫과 같은 말이다.

11) 물을 많이 마시고 음식을 많이 먹지만 몸은 야위고 소변량이 많아지는 병증이다. 오늘날 당뇨병에 해당한다고 보아도 크게 틀리지 않는다.

12) 삼초의 하나로 배꼽에서 아랫배 부위까지에 해당한다. 삼초는 오장육부 가운

리 먹은 뒤에 한두 잔 마시는 것이 괜찮을 뿐인데, 그것은 소화를 시키는 데 도움이 되기 때문이다. 배고플 때는 더욱 차 마시는 일을 삼가는 것이 마땅하다.

무릇 앉거나 누운 자리에서 바람(風)을 느끼게 되면 빨리 그곳을 피하는 것이 마땅하다. 억지로 참고 견뎌서는 안 된다. 또 나이 많은 사람은 몸 기운이 마르고 속이 성글어져 있어서 풍사風邪가 쉽게 침입한다. 처음 시작할 때는 느끼지 못하지만 오래되면 사람을 해친다. 그러므로 비록 덥더라도 바람을 맞이하여 시원함을 얻거나 술 취한 뒤에 부채질하는 것은 옳지 않다. 옛날에 어떤 사람이 팽조彭祖[14]에게서 오래 사는 이치를 배워 터득하고도 두통으로 괴로움을 겪고 있었다. 팽조가 보니 그 사람의 잠자리에 구멍이 나 있는데 마침 뇌호腦戶[15]에 맞추어 놓은 듯하였다. 급히 틀어막게 하였더니 마침내 괴로움이 없어졌다 한다.

다섯 가지 맛(五味)[16]은 어느 정도 담박하면 사람의 정신을 맑게 하지만 좀 많으면 장부에 따라서 각각 그에 해당하는 손상을 입힌다. 그러므로 신 것은 흔히 비장을 상하게 하고 매운 것은 흔히 간장을 상하

데 육부에 속하는 하나의 기관인데, 상초·중초·하초로 구분된다. 하초에는 간, 신장, 대장, 소장, 방광 등이 속해 있어서 주로 그들의 기능을 돕는다.
13) 병증을 분석 진단하는 징표로는 表·裏·寒·熱·虛·實·陰·陽 8가지가 있는데, 이를 8綱이라고 부른다. 허는 8강의 하나로 정상적인 기(正氣)가 부족하거나 허약한 상태를 말한다.
14) 성은 錢, 이름은 鏗으로서 중국 고대 하나라에서 상나라 말기까지 7백 세를 살았다고 한다. 고대 황제 가운데 하나인 顓頊의 손자로서 彭城을 다스렸으며 도인방중술을 잘하였다고 한다.
15) 독맥에 속하는 경혈의 이름이다. 등쪽 정중선을 타고 머리쪽으로 올라가면 머리칼 경계에서부터 위로 2.5치 되는 곳으로 외후두부결절 위의 오목한 곳에 있다. 때로는 외후두부결절 부위 전체를 가리키기도 한다.
16) 신맛, 쓴맛, 단맛, 매운맛, 짠맛 5가지 맛 또는 그 맛을 지닌 음식물 특히 조미료를 가리킨다.

게 하며 짠 것은 흔히 심장을 상하게 하고 쓴 것은 흔히 폐장을 상하게
하며 단 것은 흔히 신장을 상하게 하는데, 이것 또한 오행원리의 자연
스런 이치다. 처음 상했을 때는 느끼지 못하지만 오래되면 바로 병이
되어 없어지지 않는다.

오래 무엇을 보면 심장이 상하여 피(血)가 줄어들며 오래 앉아 있으
면 비장이 상하여 살(肉)이 빠진다. 오래 누워 있으면 폐장이 상하여 기
氣가 약해지고 오래 걸으면 간장이 상하여 힘줄(筋)이 줄어든다. 오래
서 있으면 신장이 상하여 뼈(骨)가 약해진다. 공자가 이르길 "집에 앉
아 있을 때는 반드시 자리를 옮기곤 하였다"[17]는 말은 이런 이치 때문
이다.

사람의 무기력(勞倦) 증세[18]는 맺고 끊는 생활을 하지 않는 데서 생
긴다. 반드시 무거운 것을 들거나 가벼운 것을 잡고서 바쁘게 하루 종
일 애를 써야만 생기는 것이 아니다. 그래서 놀 시간이 많은 사람에게
이 병이 흔히 생긴다. 대체로 놀 시간을 많이 가지는 사람은 운동량이
많지 않고 기력氣力[19]을 쓸 기회가 많지 않으며 배불리 먹고 앉거나
누워 있기 때문에 경맥이 통하지 않고 혈맥이 엉기고 막히게 되어 그
렇게 되는 것이다. 그래서 귀하게 사는 사람은 겉모습은 즐거우나 마
음이 괴롭고 천하게 사는 사람은 마음은 한가로우나 겉모습이 괴롭다.
귀하게 사는 사람은 마음 끌리는 대로 즐기고자 하는 욕심이 시도 때
도 없이, 때로는 금기사항을 어기는 줄도 모르고[20] 일어나서 진수성찬

---

17) 『論語』「鄕黨」에 나오는 '居必遷坐'라는 구절을 양생의 입장에서 풀이한 것이다.
18) 늘 노곤함을 느끼고 힘이 없는 증세로, 일종의 내상병이다. 정신적으로나 육
   체적으로 피로가 쌓여 비장의 기운이 상하거나 기혈이 허해지면 생긴다. 피곤
   해서 말하는 것조차 싫어하고 조금만 움직여도 숨이 차며 땀이 나고 가슴이
   답답하면서 불안함도 느끼는 증상이 나타난다.
19) 넓은 의미로는 사람이 활동할 수 있는 능력을 말하고 좁은 의미로는 생리적
   인 측면에서 보는 힘인 氣와 물리적인 측면에서 보는 힘인 力을 합친 말이다.

(珍饈[21])을 먹고 마시고는 곧 누워 자기가 쉽다. 그러므로 평소에 노동 (用力[22])을 해야만 한다. 다만 극도로 지치는 지경에까지만은 이르지 않도록 하면 보배 같은 영위가 막힘 없이 흐르고 혈맥이 고르게 퍼져 나가게 된다. 비유하면 마치 흐르는 물이 썩지 않고 방문의 돌쩌귀가 녹슬지 않는 것과 같다.

(잠자리에) 누울 때는 몸을 옆으로 하고 무릎을 구부려서 사람 심장의 기운을 돕는 것이 좋고 깨어날 때는 활짝 펼치는 것이 좋다. 그러면 정과 신이 흐트러지지 않는다. 보통 펴진 자세로 누우면 마魔를 부르고 도깨비(魅)를 끌어들이기 쉽다.[23] 공자가 "잠자리에서 시체가 되지 않는다"[24]고 말한 것은 대체로 이를 두고 한 말일 것이다.

머리카락을 자주 빗으면 풍風이 오는 것을 막고 눈을 밝게 한다. 그래서 도 닦는 사람들은 새벽마다 120번씩 빗질을 한다.

목욕을 자주 하면 사람의 심장과 배의 기운을 빼서 사람으로 하여금 권태롭게 한다.

잠자리에 누워서는 말을 하지 않는 것이 오장을 위하는 일이다. 오장은 종이나 경쇠(磬[25])처럼 매달려 있는 것인데, (잠자리에서는 누워

---

20) 『활인심법』에는 '不時或昧'라 쓰여 있는데, 퇴계 『활인심』에는 '或不時或昧'로 쓰여 있다. 퇴계가 앞에다가 或자 한 자를 더 써넣어서 문맥을 바로잡은 것인지 아니면 퇴계가 필사한 대본에 이미 그렇게 되어 있었는지는 알 수 없다.

21) '보배 珍', '반찬 饈'라는 글자를 써서 값비싸 구하기 어렵고 맛있으며 신선하고 기름진 음식을 가리킨다. 수량이나 분량이 많을 필요는 없다. 그 양이 많은 경우는 盛饌이라 한다.

22) 육체적이며 물리적으로 힘을 쓰는 경우를 가리키므로 오늘날의 노동 개념과 같이 풀이하여도 크게 틀리지 않는다.

23) 보통 魔란 사람이 죽은 뒤에도 남아 있는 기운인 鬼 자체 또는 그 작용을 가리키고 魅란 자연계의 정령 곧 도깨비를 가리킨다. 그러나 귀신, 도깨비 등의 본질에 대해서는 정확히 설명할 수 없다. 다만 산 사람과는 다른 차원의 세계에 존재하는 어떤 기운이라는 정도로 이해하고 그치는 것이 좋을 듯하다.

24) 『論語』「鄕黨」에 나오는 말이다.

있게 되어) 매달려 공중에 떠 있지 않게 되니 쳐서 소리를 내도록 하여
서는 안 되는 것이다.

잠잘 때 조명기구(燈燭)를 켜 놓으면 사람의 신神이 안정하지 못한다.

여름 한철은 사람이 정精과 신神을 빼앗기는 때로 심장은 왕성해지
고 신장은 쇠약해진다. 신장의 기운은 (여름에) 풀어져서 물이 되었다가
가을이 되면 엉기고 겨울에 이르면 굳어지니, 특히 보존하고 아껴야 마
땅하다. 그러므로 여름철에는 노인인지 아이인지를 묻지 말고 모두 따
뜻한 물건을 먹어야 가을이 되어도 곽란癨亂26)이나 토사吐瀉27)를 앓을
염려가 없다.

뱃속이 항상 따뜻한 사람에게는 여러 질병이 자연스레 생기지 않는
데, 그것은 기혈이 건강하고 굳세며 충분하기 때문이다.

월령月令28)으로 한여름이 되는 달29)이 되면, 인격을 수양하는 사람
(君子)30)은 몸과 마음을 깨끗하게 하기 위하여 여러 금기사항을 지키는

---

25) 좋은 돌이나 옥을 재료로 하여 만든 'ㄱ'자 모양의 타악기로서 직각 되는 모
서리를 고리로 꿰어서 매달아 놓고 친다. 길이와 폭과 두께의 비율을 조절함
으로써 그것을 쳤을 때 나는 음색과 음계를 조절한다. 여러 개의 경쇠를 하나
의 틀에 매달아 놓고 가락에 맞추어 친다.
26) 갑자기 토하고 설사하는 증세를 통틀어 이르는 용어다. 주로 무덥고 습한 여
름철에 찬 것, 날것, 변질된 것을 잘못 먹어서 생긴다. 오늘날의 분류로는 콜
레라, 세균성 식중독, 급성 위장염 등이 곽란 증세를 일으킨다.
27) 위로 토하고 아래로 설사하는 증세를 가리킨다. 곽란 증세까지는 이르지 않
고 그보다 가벼운 경우를 말한다.
28) 일반적으로 달마다 해야 할 일을 중심으로 정해 놓은 행사를 가리키거나 그
것을 기록한 표를 가리킨다. 『禮記』의 많은 편 가운데 1년 12개월의 기후와 그
에 따라 행해야 할 정치 요령을 기록한 편명에서 기인한다.
29) 10간 12지의 12지 가운데 寅申巳亥를 孟, 子午卯酉를 仲, 辰戌丑未를 季라 한다.
계절로는 음력 4·5·6월이 여름인데, 4월을 첫여름 또는 孟夏 5월을 한여름 또
는 仲夏 6월을 늦여름 또는 季夏라 한다. 5월은 간지의 地支가 午인 달이다.
30) 군자란 본래 중국 주나라 때의 지도자 계층인 왕, 제후, 경, 대부 등을 묶어서
높여 부르는 말이었는데, 공자 이후로는 도덕성과 교양을 두루 갖춘 인격자
를 의미하는 경우가 많아졌다. 본문에서는 그러한 인격을 갖추기 위하여 노

데(齋戒)31) 집안에서도 반드시 몸을 덮어 가리고 성급하게 떠들지 아니하며 노랫소리와 미인 보기를 그치고 거칠게 화내지 아니하며 입에 당기는 맛을 담박하게 하고 자연의 기운과 조화를 보존하며 마음 끌리고 욕심나는 것을 절제하여 심기心氣를 안정시킨다.32)

비록 무더위로 화끈거릴지라도 찬물로 얼굴이나 손을 씻으면 사람의 오장을 마르고 야위게 하며 진액津液33)이 준다. 하물며 찬물로 목욕을 하겠는가?34)

력하는 사람을 가리킨다.

31) 齋戒란 제사를 올리기 전에 하는 넓은 의미의 준비 단계로 몸과 마음을 깨끗하고 정성스럽게 유지하기 위하여, 목욕을 하고 금지된 사항도 엄격히 지켜서 행동을 삼가고 생각을 집중하는 일을 말한다.

32) 이 본문의 글은 『禮記』「月令」 '仲夏之月'에 나오는 말을 근거로 하는 듯하다. 『禮記』에서는 "이 달은 낮이 가장 길다. 음과 양이 다투고 삶과 죽음의 길이 나뉜다. 수양하는 사람은 몸과 마음을 깨끗이 하기 위하여 다음의 금기사항을 지킨다. 집안에서도 반드시 몸을 덮어 가리고 시끄럽게 하지 않으며 노래와 여색을 그쳐서 임금의 눈에 뜨이게 하지 않고 입맛 끌리는 음식맛을 담박하게 하여 마음을 빼앗기지 않도록 하며 마음 끌리고 욕심나는 것을 절제하여 심장의 기능을 안정시키고 모든 공무에 있어서 형벌에 관한 문제를 일으키지 않는다. 그래서 막 생겨나고 있는 미약한 음이 성장하여 갈 수 있게 안정을 꾀한다"(是月也, 日長至, 陰陽爭, 死生分, 君子齊戒. 處必掩身毋躁, 止聲色毋或進, 薄滋味毋致和, 節者欲定心氣, 百官靜事毋刑, 以定晏陰之所成)고 말하였다. 특히, '致和'라는 용어에 대해 그 용어가 『禮記』에서는 맛있는 것에 나의 감정이 어우러지는 경우를 가리켜서 그렇게 되지 않도록 한다는 의미로 毋致和라 썼고 『활인심』에서는 한여름의 계절적 기운과 균형이 맞는 조화를 보존한다는 의미로 保致和라 썼으므로 각각 다르게 풀이하였다.

33) 동양 의학에서 몸 안의 체액을 통틀어 이르는 용어로 쓰인다. 진액은 몸 안의 일정한 계통을 따라서 순환하기도 하고 분비되기도 하는데, 피, 임파액, 정액, 땀, 콧물, 눈물, 침, 가래 등이 모두 이에 속한다. 동양 의학에서는 또한 진과 액을 구별하여 진은 양에 속하여 비교적 맑고 衛氣와 함께 피부 근육에 공급되며 액은 음에 속하여 비교적 탁하고 營血과 함께 골절, 뇌수, 눈, 귀, 코, 입 등에 공급된다고 본다. 그러면서도 진과 액은 서로 유기적으로 결합하여 서로 영향을 주고받음으로써 기후 변화에 대응하여 생리상태를 조절하고 몸 안의 음양의 균형을 유지하는 역할을 한다. 양생술에서는 입 안에 진액을 고이게 하는 경우가 많은데, 이 경우는 침만을 가리키는 것이다.

무릇 그릇에 담기는 먹을거리 가운데 찬 성질의 것은 사람의 눈을 해친다.

음식물로서의 성질이 지극히 찬 채소나 오이 종류35)는 비록 (여름철의 더운) 기운을 다스리는 면이 있기는 하지만 또한 사람의 눈과 귀를 어둡게 한다. 당나귀나 말이 그것을 먹으면 그날로 눈이 문드러진다. 이러한 음식물은 대체로 네 계절 언제나 먹지 않는 것이 좋고 꼭 여름에만 한정할 것이 아니다. 노인은 특히 꺼리는 것이 마땅하다.

겨울철에는 하늘과 땅이 문을 닫고36) 기혈이 갇히게 되어서 병들이 활개를 치게 된다. 땀을 내지 않는 것이 좋다.

옛날에 세 사람이 안개를 무릅쓰고 새벽길을 떠났는데, 한 사람은 아무것도 먹지 않아서 빈속이었고 또 한 사람은 죽을 먹었고 나머지 한 사람은 술을 마셨다. 빈속인 사람은 죽었고 죽을 먹은 사람은 병이 났으며 술을 먹은 사람은 건강하였다. 이것은 술이 서리와 안개에 맞서고 사기邪氣를 물리칠 수 있기 때문이다.

길을 가다가 갑자기 회오리바람이나 천둥번개나 캄캄해짐을 만나면 집으로 들어가 그것을 피하는 것이 옳다. 가까운 시기에는 아니어도 사람을 해치게 되니, 그때는 깨닫지 못했지만 오래 뒤에 우환거리가 된다.

---

34) 이 이론을 뒤집어 생각하면 비만이나 진액이 지나치게 많은 사람에게는 찬물로 목욕하는 것이 이른바 다이어트 방법이 될 수 있을 것이다.

35) 일상에서 먹는 오이 종류 채소로서 성질이 찬 것으로는 참외(香瓜), 수박(西瓜), 동아(冬瓜), 수세미오이(絲瓜), 오이(黃瓜) 등이 있다.

36) 봄·여름·가을에는 모든 생물이 활발히 활동하다가 겨울이 되면 식물은 가지만 앙상하게 되고 동물은 동면을 취하든가 집 우리 안에 들어앉아 쉬는데, 그 모습이 마치 집집마다 문을 닫아 버린 마을의 거리와 같다. 모든 생물은 하늘과 땅에서 나온다는 입장에서 보면 겨울에는 하늘과 땅이 문을 닫아서 모든 생물이 밖으로 나오지 못하는 것으로 보이게 되는 것이다. 자연환경이 陰의 상태가 됨을 가리킨다.

봄과 여름에는 일찍 일어나는 것이 좋고 가을과 겨울에는 마음껏 늦도록 자도 되지만 '늦다' 하여도 해 뜬 뒤까지 자는 것은 좋지 않고 '일찍'이라 하여도 닭 울기 전에 일어나는 것은 좋지 않다.

물(水)이 입에 고여 있는 것을 신선세계의 연못(華池[37])이라 말하기도 하고 옥샘물(玉泉[38])이라 말하기도 한다. 『황정경黃庭經』[39]에서는 "옥샘의 맑은 물이 신령한 기운의 뿌리(靈根[40]) 되는 곳을 적시니, 그대가 만약 그곳을 수양한다면 생명이 오래 보존될 수 있다"라고 말하였다.

태식胎息[41]에 관한 의론에서 복식服食[42]을 말하기를 "무릇 복식은

---

37) 華池란 고전(『論衡』)에 나오는 신선들이 사는 곤륜산 위에 있다고 하는 전설 속의 연못이다. 그래서 시인들은 경치가 매우 아름다운 연못을 가리킬 때 사용하였다. 한편, 양생가들은 입, 혀 밑, 精穴 같은 몸 안의 장소를 가리키기도 하고 腎氣가 변하여 입 안에 생긴 수분같이 어떤 물질을 가리키기도 하며 때로는 마음의 원천을 가리키기도 한다. 외단 연금술에서는 연금술에 쓰이는 醋를 화지라 한다.

38) 玉泉은 『證類本草』에 의하면 장안 동남쪽 藍田山 골짜기의 흰 옥이 녹아내리는 물로서 독이 없고 맛은 달며 밋밋한데, 그것을 마시면 모든 병이 치료되고 몸도 정신도 건강해지며 신선도 될 수 있다고 한다. 양생가들은 입 안에 생기는 진액을 가리키는 용어로 사용한다.

39) 내단수양에 관한 책으로, 저자는 알 수 없으며 본래 책 이름이 『上清黃庭內景經』과 『上清黃庭外景經』 2권으로 되어 있다. 『內景經』은 오장마다 신이 있다는 입장에서 오장육부에 있는 신의 형식을 논하면서 그 기능을 설명하고 있다. 『外景經』은 청정무위를 주로 삼아 오장의 기능을 교란시키지 않도록 하라는 흐름으로 설명되어 있다.

40) 주로 도가 수양서에 나오는 말로 사람의 신령한 능력이 뿌리박고 있는 곳이라는 뜻이다. 구체적으로 혀 또는 혀뿌리, 배꼽, 정낭, 하단전을 가리킨다. 때로는 머리에 원신이 사는 곳을 가리키기도 한다.

41) 어머니 뱃속의 태아가 쉬는 숨이 태식이다. 양생이나 내단에서는 수련이 어느 경지에 이르러 스스로 입과 코로 숨을 쉬지 않는다고 느끼는 때의 숨을 태식이라 한다. 때로는 혀 밑에서 생기는 진액을 삼키는 일을 태식이라 부르기도 한다. 도교의 『道藏』에 실려 있는 태식을 설명한 책으로는 『高上玉皇胎息經』, 『太上養生胎息經』, 『胎息經注』 등이 있다.

42) 일반적으로 양생에 좋다는 음식과 약물을 먹고서 오래 살기를 구하는 여러 방법을 복식이라 한다. 때로는 입 안에 침이 고이게 하여 그것을 삼키는 일을 복식이라 부르기도 한다.

모름지기 한밤중 자시 뒤에 침상 위에 동쪽을 향하여 눈을 감고 다리를 틀어 앉아서 수양한다. 뱃속의 묵은 기를 커허-(呵) 하면서 두세 번 입으로 불어 내보낸 다음 잠시 숨을 멈추었다가 콧속으로 맑은 기를 미세하게 여러 차례 받아들인다. 혀 밑에 두 개의 혈穴이 있어서 신장의 관문과 통하여 있으니, 혀를 사용하여 윗잇몸을 받치고 그렇게 숨쉬기를 잠시 계속하노라면 진액津液이 저절로 나와서 입 안 가득히 고인다. 천천히 삼켜 내리면 자연히 오장을 적시며 내려간다"고 하였다. 이것이 바로 기가 단전으로 돌아간다는 것이다. 만약 자시와 축시 사이에 실행할 수가 없으면 인시 전까지 하는 것이 좋다. 또한 누워 있을 때 수양하는 것이 좋으나 베개를 너무 높게 하지 말아야 한다.

한나라 때의 괴경蒯京[43])이 나이가 120살인데 날마다 매우 씩씩하였다. 그가 말하기를 "아침마다 복식법으로 옥샘물을 먹고자 이를 7번씩 두 차례 마주친다"고 하였다. 이렇게 하는 것을 가리켜 정을 단련하는 일(鍊精[44]))이라 부른다.

후한 때 왕진王眞[45])은 평소에 혀 밑에 있는 옥샘물을 삼켰는데, 그것을 삼키는 일을 태식胎息.이라 부른다. 손진인孫眞人[46])이 말하기를 "머

---

43) 위나라 때의 도인으로서 178세에도 매우 정정하게 살았다 한다(孫思邈, 『備急千金要方』, 「養性」 참조).

44) 주로 도교 수양가들이 사용하는 용어로, 처음에는 입 안의 진액(침)을 삼키는 일을 가리켰으나(『漢武帝外傳』 참조) 뒤에 내단이론이 정립되면서부터는 내단수련 과정 중의 한 단계인 鍊精化氣를 가리키는 말로 주로 사용되었다.

45) 『後漢書』, 「王眞傳」에서 "『漢武帝內傳』에서 말하기를 '왕진은 자가 叔經이고 上黨 사람이다. 숨을 멈추고(閉氣) 그 숨을 삼키는 법을 익혔는데, 胎息이라 이름하는 것이다. 혀 아래에 샘물을 고이게 하여 삼키는 일의 진수를 실행하여 곡식을 끊고 2백여 일이 지나도 피부색이 아름답게 빛나고 힘은 여러 사람을 합친 것만 같았다'고 한다"라고 기록하고 있다.

46) 확실치는 않으나 孫思邈(541 또는 581~682)을 가리키고 있는 듯하다. 손사막은 당나라 때의 큰 의학자이자 양생가로서 송 휘종에 의하여 妙應眞人으로 추봉되었다. 많은 저술 중에는 『備急千金要方』, 『攝生論』 등이 포함되어 있다.

리카락은 많이 빗을수록 좋고 손은 얼굴에 가 있는 것이 좋으며 이는 여러 번 두드리는 것이 좋고 진액은 항상 삼키는 것이 좋으며 기는 정을 불리는 것(精鍊)이 좋다"고 하였다. 이 다섯 가지가 곧『황정경』에서 "그대가 죽지 않기를 바라거든 곤륜崑崙47)을 수양하라"고 한 말이다.

손바닥을 열이 나게 비벼서 두 눈을 눌러 따뜻하게 하기를 7번씩 2차례 실행하면 사람의 눈에 시력을 가로막는 장애가 없어진다. 눈을 밝게 하고 풍을 제거하는 방법으로 이보다 더 나은 것이 없을 뿐만 아니라 신腎의 기를 보강하기도 한다.

자주 이마 위를 닦는 것을 가리켜 하늘의 마당을 닦는다고 말한다. 이마에서 발제髮際48) 있는 곳까지 닦기를 7번씩 2차례 실행하면 얼굴빛이 저절로 환해진다. 만약 얼룩진 점들이 있는 사람은 자주 이마를 닦는 것이 좋다.

그리고 또 가운뎃손가락으로 콧날 뼈의 양 가장자리 문지르기를 20~30번 하여 안과 밖이 모두 열나게 하는 것을 중악中嶽49)에 물을 대는 일이라 말한다. 그렇게 하면 폐가 메마르지 않다.

손으로 귓바퀴 비비기를 횟수에 관계없이 여러 번 하는 것을 성곽

---

47) 중국 지리와 역사를 다룬 책들에 나오는 황하의 근원이 되는 산의 이름으로서 해가 그 동쪽에 있으면 서방이 밤이 되고 해가 그 서쪽에 있으면 동방이 밤이 되며 산 위에는 瑤池라는 연못이 있다고 기록되어 있다. 도가의 저술인 『莊子』,『列子』에서 고대 신선이 사는 곳으로 비유되면서 도교의 聖地를 가리키는 말로도 쓰였다. 다시 내단가들에 의하여 더욱 비유적으로 사용되어 니환궁이 있는 산 봉우리를 가리키기에 이르렀다. 니환궁이란 원신이 살고 있는 곳을 말한다. 따라서 내단 양생에서 곤륜이란 정수리를 가리키는 말이 된다. 『黃庭經』에서도 이와 같은 입장에서 이 용어를 사용하지만 때로는 배꼽(臍)을 가리키기도 한다. 곤륜은 또한 발목 부위에 있는 경혈 이름으로도 쓰인다.
48) 머리카락이 난 부위와 나지 않은 피부의 경계선이다.
49) 중국 지리에서는 호남성에 있는 嵩山을 가리킨다. 내단 양생가들은 코(얼굴의 중악) 또는 배꼽(복부의 중악)을 가리키는 말로 쓴다.

을 보수하는 일이라 말한다. 그렇게 하면 신의 기를 보강하여서 귀가 잘 들리지 않는 증세(聾聵)50)를 방지한다.

무릇 사람이 앉아 있을 때 평소 두 손으로 넓적다리를 누르고 왼쪽 오른쪽으로 어깨를 꼬아 비틀기를 수십 번씩 실행하면 기혈이 막힘 없이 퍼져 나가서 여러 가지 질병이 생기지 않는다.51)

옛사람들은 성욕을 푸는 일을 가리켜 얼음으로 만든 잔에 끓인 물을 담는 격이고 깃털로 엮은 광주리에 불을 쌓아 놓는 격이라고 비유하였다. 삼가지 않을 수 있겠는가?

養生之法

脾好音樂. 夜食多, 則脾不磨. 周禮曰, 樂以侑食. 蓋脾好音聲, 絲竹, 耳纔聞, 脾卽磨矣.

是以, 音聲皆出於脾, 而夏月夜短, 晚飯少喫, 尤宜忌之, 恐難消化故也.

酒雖可以陶情性, 通血脈. 自然招風·敗腎·爛腸·腐脇, 莫過於此, 飽食之後, 尤宜忌52)之. 飮酒, 不宜蘲及速, 恐傷破肺, 肺爲五臟之華蓋, 尤不可傷.

當酒未醒, 大渴之際, 不可喫水及啜茶, 多被酒引入腎臟, 爲停毒之水, 遂令53)腰脚重墜, 膀胱冷痛, 兼水腫·消渴·攣躄之疾.

大抵, 茶之爲物, 四時皆不可多喫, 令人下焦虛冷. 惟54)飽食後, 喫一兩盞

---

50) 聾聵란 소리를 잘 듣지 못하는 증세를 말한다. 耳聾, 難聽 등으로 불리기도 한다. 농외는 귀 자체의 질병뿐만 아니라 전신 장기의 손상으로 인하여 초래될 수도 있고 선천적으로 타고날 수도 있다. 동양 의학에서는 발생 원인에 따라 여러 가지 이름으로 부르고 있다.
51) 이 양생법은 뒤에 장부 도인기공에서 다시 소개하겠다.
52) 판본에는 戒로 쓰여 있다.
53) 필사본에는 腰로 쓰여 있고 옆에 작게 슈이라고 쓰여 있는데, 腰자를 슈자로 고쳐 쓴다는 뜻으로 보인다.

不妨. 蓋能消食故也. 飢則尤宜忌之.

凡坐臥處, 始覺有風, 宜速避之, 不可强忍. 且, 年老之[55]人, 體竭內踈, 風
邪易入, 始初不覺, 久乃損人. 故, 雖暑中, 不可當風取凉, 醉後操扇. 昔, 有人
學得壽之道於彭祖, 而苦患頭痛[56], 彭祖視其寢處有穴當其腦戶,[57] 遽令塞之
後遂無患.

五味稍薄, 令人爽神, 稍多, 隨其臟腑, 各有損傷. 故, 酸多傷脾, 辛多傷肝,
鹽多傷心, 苦多傷肺, 甘多傷腎. 此乃五行自然之理. 初傷不覺, 久乃成患不淺.

久視傷心損血. 久坐傷脾損肉, 久臥傷肺損氣, 久行傷肝損筋, 久立傷腎損
骨. 孔子所謂, 居必遷坐, 以是故也.

人之勞倦有, 生於無端, 不必持重, 執輕仡仡終日. 惟是, 閑人多生此病. 蓋
閑樂之人, 不多運動氣力, 飽食坐臥, 經脈不通, 血脈凝滯, 使然也. 是以, 貴
人, 貌樂而心勞, 賤人, 心閑而貌苦. 貴人, 嗜慾或[58]不時或昧於忌犯, 飲食珍
饈[59], 便乃寢臥. 故, 常須用力, 但不至疲極, 所貴, 榮衛通流, 血脈調暢, 譬
如, 流水[60]不腐[61], 戶樞不蠹也.

臥宜側身屈膝, 益人心氣, 覺宜舒展, 則精神不散. 蓋舒臥則招魔引魅. 孔
子寢不尸, 蓋謂是歟.

髮多梳, 則去風明目, 故, 道家晨梳, 常以百二十爲數.

浴多, 則損心腹,[62] 令人倦怠.

---

54) 판본에는 唯로 쓰여 있다.
55) 판본에는 之가 없다.
56) 필사본에는 風으로 쓰여 있고 옆에 작게 痛이라고 쓰여 있는데, 風자를 痛자
로 고쳐 쓴다는 뜻으로 보인다.
57) 판본에는 其 두 자가 없으며, 戶는 後자로 쓰여 있다.
58) 판본에는 或이 없다.
59) 판본에는 羞로 쓰여 있다.
60) 필사본에는 戶樞로 쓰여 있고 옆에 작게 流水라고 쓰여 있는데, 戶樞자를 流
水자로 고쳐 쓴다는 뜻으로 보인다.
61) 판본에는 汚로 쓰여 있다.
62) 판본에는 則損人心腹으로 쓰여 있다.

寢不言者, 爲五臟如鐘磬然, 不懸則不可發聲.

睡留燈燭, 令人神不安.

夏一季, 是人脫精神之時, 心旺腎衰, 腎化爲水, 至秋乃凝, 及冬始堅, 尤宜保惜. 故, 夏月, 不問老幼[63], 悉喫暖物, 至秋卽不患霍亂吐瀉.

腹中常暖者, 諸疾自然不生. 蓋血氣壯[64]盛也.

月令仲夏之月, 君子齋戒, 處必掩身, 毋躁, 止聲色, 毋暴怒, 薄滋味, 保致和, 禁嗜慾, 定心氣.

雖盛暑衝熱, 若以冷水洗面手, 卽令人五臟乾枯, 少津[65]液, 況沐浴乎.

凡椀冷物, 大損人目.

茹性至冷茱瓜, 雖治氣, 又能暗人耳目, 驪馬食之[66], 卽日眼爛. 此等之物, 大抵, 四時皆不可食, 不獨夏季. 老人尤宜忌之.

冬月, 天地閉, 血氣藏, 縱有病, 亦不宜出汗.

昔, 有三人冒霧早行, 一人空腹, 一人食粥, 一人飲酒, 空腹者死, 食粥者病, 飲酒者健. 蓋, 酒能禦霜露, 辟邪氣故也.

路中忽遇飄風·震雷·晦冥, 宜入室[67]避之, 不爾損人, 當時未覺, 久則[68]成患.

春夏, 宜早起, 秋冬任晏眠, 晏忌日出後, 早忌鷄鳴前.

水之在口, 曰華池, 亦曰玉泉. 黃庭經曰, 玉泉淸水, 灌靈根, 子若修之, 命長存.[69]

胎息論曰, 凡服食, 須半夜子後, 床上瞑目, 盤坐, 面東, 呵出腹內舊氣, 三

---

63) 판본에는 少로 쓰여 있다.
64) 판본에는 仕로 쓰여 있다.
65) 필사본에는 液으로 쓰여 있고 옆에 작게 津이라고 쓰여 있는데, 液자를 津자로 고쳐 쓴다는 뜻으로 보인다.
66) 판본에는 之가 없다.
67) 판본에는 入室 두 자가 없다.
68) 판본에는 後로 쓰여 있다.
69) 판본에는 命得長存으로 쓰여 있다.

兩口, 然後, 停息, 便於鼻內微納淸氣數口. 舌下有二穴, 通腎竅, 用舌拄[70]上
腭, 存息少時, 津液自出, 灌漱滿口, 徐徐嚥下, 自然灌注五臟. 此爲氣歸丹田
矣. 如子後丑前不及, 但寅前爲之亦可, 臥中爲之亦可, 但枕不甚高, 可也.

漢, 蒯京, 年百二十歲, 日甚壯, 言, 朝朝服食玉泉, 扣齒二七. 名曰鍊精.

後漢, 王眞, 常嚥[71]舌下玉泉, 嚥之謂之胎息. 孫眞人曰, 髮宜多櫛, 手宜
在面, 齒宜數扣, 津宜常嚥, 氣[72]宜精鍊. 此五者卽黃庭經所謂, 子欲不死, 修
崑崙爾.

熱摩手[73]心, 熨兩眼, 每二七遍, 使人眼目自然無障翳, 明目去風, 無出於
此, 亦能補腎氣也.

頻拭額上, 謂之修天庭, 連髮際, 二七遍, 面上自然光澤, 如有黗點者, 宜
頻拭之.

又以中指, 於鼻梁兩邊揩, 二三十數, 令表裏俱熱, 所謂灌漑中嶽, 以潤於肺.
以手磨[74]耳輪, 不拘遍數, 所謂修其城郭, 以補[75]腎氣, 以防聾瞶也.
大凡人坐, 常以兩手按髀, 左右紐肩數十, 則血氣通暢, 不生諸疾.
古人以色慾之事, 譬之凌杯盛湯, 羽苞畜火, 可不愼乎.

---

1) 음악과 심리

바깥의 사물이 눈·귀·코·입 같은 감각기관을 통하여 들어와서

---

70) 판본에는 柱로 쓰여 있다.
71) 판본에는 漱로 쓰여 있다.
72) 판본에는 票로 쓰여 있다.
73) 필사본에는 心으로 쓰여 있고 옆에 작게 手라고 쓰여 있는데, 心자를 手자로
    고쳐 쓴다는 뜻으로 보인다.
74) 판본에는 摩로 쓰여 있다.
75) 판본에는 輔로 쓰여 있다.

감응을 일으키면 희노애락과 같은 감정이 피어난다. 따라서 감각기관을 통하게 되는 사물이 참되거나(眞) 착하거나(善) 아름다울(美) 경우에는 그에 감응하여 피어나는 감정 또한 참되거나 착하거나 아름다울 것이다.

2천 년도 훨씬 전에 이미 『예기禮記』에서는 특별히 귀로 들어오는 소리의 중요성을 인식하고서 따로 「악기樂記」을 마련하여 음악의 본질과 효능에 대해 상당히 자세하게 설명하였다. 「악기」는 "간사한 소리가 사람에게 느껴지면 그 사람으로부터 도리를 거스르는 기운이 반응하게 되고 바른 소리가 사람에게 느껴지면 도리를 지켜 나가는 기운이 반응하게 된다"라고 한다. 그러고는 "인격을 기르는 사람은 감정을 본래의 자리로 되돌려 놓기 위하여 간사한 소리를 머릿속에 남겨 두지 않으며 음란한 노래가 마음 쓰임이에 이어지지 못하게 한다"라고 말하였다. 나아가서, 소리가 자연의 질서나 사회의 규범과 조화되는 운율일 때는 사람의 착한 마음을 감동시켜서 풀려 버린 마음이나 사특한 기운을 바로잡는 효능이 있다고 강조한다. 참다운 의미의 음악은 지극히 조화롭기 때문에 그로써 마음을 다스리면 평안하고 정직하며 자애롭고 착한 마음이 솟아나서 저질스럽거나 속이려는 마음이 들어오지 못하게 된다는 것이다.

「악기」가 말하고자 하는 바를 다시 말하면, 참다운 의미의 음악은 바깥의 사물과 감응하여 일어나는 심정 속에서 이기적인 요소를 제어함으로써 결국 욕심의 발동을 절제하여 마음의 바름을 잃지 않게 하는 심성수양의 한 수단이라는 것이다.

음악은 감정을 지배하는 힘이 강하기 때문에 예로부터 심리치료에 많이 사용되어 왔다. 동양 의학의 심리치료에는 각 감정들 상호간의 상생·상극 관계를 이용하여 감정으로써 감정을 치료하는 방법이 있는데, 이 경우에 음악이 매우 중요한 역할을 한다. 예를 들면, 우울증 환자에게는 밝고 맑은 음악이 약을 먹는 것보다도 더 좋은 효과를 가져올 수 있다는 것이다. 음악치료의 높은 효과를 위해서는 그 사람이 살아온 이력, 성격, 음악에 대한 호감 정도, 심정 및 질병의 상태를 명백하게 분석하여 그에 맞는 음악을 찾아내는 일이 중요하다.

2) 음악과 생리

음악은 사람의 심리에 영향을 줄 뿐만 아니라 생리에 미치는 영향력 또한 크다. 음악은 귀를 통하여 대뇌에 직접 영향을 줌으로써 전체 신경계의 활동을 지배할 수가 있다. 따라서 대뇌의 생리적 활동이 안정과 균형을 이루게 하는 것이어야 양생의 입장에서 볼 때 좋은 음악이라 말할 수 있다.

좋은 음악은 신경계를 조율해서 장부를 포함한 몸속의 모든 오행을 조화롭게 움직이도록 한다. 혈맥의 흐름이 자유로워서 순환계가 건강해지고 비·위의 기능이 활발해지면, 소화액의 분비가 촉진되고 위장의 꿈틀거림이 부추겨지는 것이다.

음악은 태교에 매우 중요하게 이용된다. 밝고 평화로운 음악은 태아의 대뇌 발육을 좋게 하고 임산부가 느끼는 여러 가지 불쾌감을 삭혀 주며 순조로운 분만에도 도움이 된다. 또한 발육기에 있는 청소년들의 대뇌 발육을 촉진시키는 한편 노인들의 경우에는 대뇌의 노화를 지연시키는 작용도 한다. 그 사람이 젊어서 즐겨 듣던 음악을 이용하여 노인의 상실된 기억을 되살리는 예도 적잖다. 남녀노소를 가릴 것 없이 자연스러운 서정곡이나 밝고 맑은 음악을 듣고 나면 피로감이 빨리 풀리고 몸과 마음이 가벼워진다.

한편, 뒤집어 생각해 보면, 좋지 않은 음악은 사람의 심성을 황폐하게 만들고 감정을 제멋대로 풀어놓아서 사회 풍기를 어지럽힌다. 뿐만 아니라 개인의 건강을 해치고 질병을 일으킬 수 있는 병리적인 일도 할 수 있기 때문에 주의해야 한다.

『활인심』에서 비장이 음악을 좋아한다고 말한 바와 같이 음악이 소화기능을 촉진시킨다는 사실에 대해서는 예나 지금이나 대체로 의문이 없다.

3) 술과 생리 · 병리

술은 사람의 생활 영역에서 너무나 큰 부분을 차지하면서 공도 많고 과도 많다. 여기서는 너무 전문적으로 파고들기보다 그 가운데 양생과 관련된 부분에서 생리와 병리에서의 기초 상식을 얻는 정도에 그치기로 한다.

우선 고전에서 보이는 술에 관한 상식을 얻어 보자.

주익중朱翼中76)이라는 사람이 술에 관한 상식을 집약해 놓은 『북산주경北山酒經』에는 다음과 같은 말이 있다.

> 술은 그 맛이 달고 매우며 열이 많고 독이 있다. 비록 근심거리를 잊게 하지만 질병을 일으키기도 한다. 창자를 부패시키고 위를 문드러지게 하며 골수를 흩고 힘줄을 익혀 버린다. 술이 사람을 취하게 하는 원인은 누룩의 기운 때문인데, 누룩의 기운은 모든 것을 물로 만들어 버리는 성질이 있다.

---

76) 송나라 사람으로 출생지와 생몰년은 알려져 있지 않으나, 호는 大隱이다.

술은 세상에서 하늘과 땅에 예를 올릴 때, 귀신을 섬길 때, 여러 사람이 자리를 같이할 때, 나라의 잔치 때, 주인과 손이 만날 때 등등 위로는 조정의 귀한 사람들로부터 아래로는 시골 마을의 예술가, 뱃사람이나 나무꾼, 아낙네에 이르기까지 모두 없어서는 안 되는 물건이 되었다.

그러나 술을 좋아하다 보면 마침내 그에 빠져서 본성을 잃게 된다.

장고張杲(1149?~1227?)[77]는 『의설醫說』에서 술의 장점과 단점을 함께 말하고 있다.

술은 열이 많고 독이 크다. 바다가 어는 큰 추위에도 얼지 않는 것은 지극한 열이 있기 때문이고 마시면 혼란스러워져서 사람의 성격이 바뀌는 것은 지극한 독이 있기 때문이다. 한편, 풍한風寒을 흩어 버리고 혈맥을 풀며 사기邪氣를 감소시키고 약의 기운을 이끌어 내는 것으로는 술보다 나은 것이 없다. 그러나 만약 지나치게 술을 마시면 독기가 심장에까지 쳐들어가고 창자에 구멍을 내며 가슴통을 썩게 하니, 생명을 잃는 근원이 된다.

술은 많은 종류의 생약 재료를 약제로 조제할 때 사용하기도 하고 환약이나 가루약을 복용할 때 함께 마셔서 그 약의 효과를 제대로 이끌어 내기도 한다. 술에는 물에 녹지 않는 약 성분을 녹여 내는 성질이 있기 때문에 예로부터 의약학자들이 그것을 이용하여 왔던 것이다. 특히 『본초강목』이나 『비급천금요방』에는 술을 이용하여 약제를 만들거나 술과 함께 복용해야 하는 약의 내용이 매우 자세히 설명되어 있다.

소원방巢元方[78]이 쓴 『제병원후론諸病源候論』에서는 술을 지나치게

---

77) 남송 新安 사람으로 자는 季明이다. 3대 의사 집안으로서 중국 의학에 남긴 공이 크다.

78) 수나라 大業 연간 사람으로서 생몰년과 출생지는 알려져 있지 않다. 그가 쓴 『諸病源候論』은 중국 의학에서 중요 자료로 다루어지는데 질병의 원인, 병리, 증상이 크게 정리되어 있다.

마시면 그 독기와 열기가 경락과 장부를 침범하여 여러 가지 병증을 일으킨다고 설명한 다음, 술로 인하여 생기는 여러 병증을 다루고 있다. 그 내용을 간추려 보면 대부분이 술을 많이 마시고는 식사를 적게 하거나 찬물을 마셔서 탈이 나는 경우다.

오늘날 술의 주성분이 에틸알코올이라는 것은 누구나 알고 있다. 이 에틸알코올은 사람 몸에 조금 들어가면 혈액순환을 돕고 식욕을 늘려 주며 피로감을 없애고 기분을 가볍고 즐겁게 만든다. 그러나 그 양이 많아지거나 오래도록 몸 안에 있게 되면 건강을 해치게 된다. 갑작스럽게 많은 술을 마시면 위 점막이 충혈되고 심하면 급성 위염을 일으킨다. 또 오랜 세월 술을 마시게 되면 위 점막의 저항력이 떨어져서 만성 위염을 일으킬 수 있다. 위 점막의 저항력이 심하게 떨어지면 위산이 스스로 위벽을 헐어 위궤양이 되기도 한다.

술에 들어 있는 에틸알코올은 간에 들어가서 분해되어 땀과 오줌으로 나가게 되는데, 이 과정에서 간에 큰 자극을 준다. 그래서 술을 마시는 습관이 든 사람에게는 알코올중독성 간경화가 오기 쉽고 나아가 혈액의 응고력이나 면역력 또한 떨어진다. 만성 알코올중독이 되면 몸 전체로 그 피해가 퍼져 나간다. 예를 들면, 심장 근육이 약해져서 심장이 느끼는 부담이 무거워지고, 외부의 오염물질이 호흡기로 들어가도 그에 대한 방어 능력을 떨어뜨리며, 간의 정상 조직을 파괴하고, 신경에 염증을 자주 일으키며, 위장을 헐게 하고, 신장에 부담을 주며, 모세혈관을 자극하고, 혈액의 응고력·면역력을 떨어뜨리는 것이 그것이다. 뿐만 아니라 여러 가지 원인이 되어 몸 전체에 영양결핍도 생기는데 심해지면 당뇨병, 심장마비를 불러온다.

또한 모든 양생서에서는 술에 취한 상태에서 성행위를 해서는 안 된다고 주의를 주고 있다.

① 술 마시기 전

적당히 음식을 먹어 둔다. 특히 우유, 치즈, 계란, 감(탄닌이 들어 있는 음식물)이나 기타 기름기 있는 것을 먹어 두어서 알코올이 직접 위벽에 닿는 위험을 감소시킨다. 다만, 『활인심』에서 음식을 배불리 먹어선 안 된다고 주의를 준다는 것을 잊지 않도록 한다.

② 술 마시는 동안

즐거운 기분으로 조금씩 마시는데, 술을 마시는 양이나 속도, 방법 어느 하나에도 폭暴자가 들어가서는 안 된다. 찬 음식을 함께 먹거나 마시지 않도록 한다. 『활인심』뿐만 아니라 모든 의학 양생서에서의 주의사항이다. 기분이 나쁠 때는 더더욱 술을 마시지 말아야 한다.

③ 술 마신 뒤

따뜻한 물에 목욕을 하여 땀을 빼고 혈액순환을 돕는 것이 좋다. 이뇨작용을 일으키는 수박같이 소변이 잘 나오게 하는 음식을 먹는 것이 좋다. 몸 안에 남아 있는 술기운을 제거하는 성분이 있는 명태나 칡뿌리를 먹는 등, 술 곧 에틸알코올과 싸우느라 힘들었던 간의 기능을 회복하는 방법을 찾아 실행해야 한다.

4) 차와 양생

차에 관한 고전으로 육우陸羽(733?~804?)[79]가 쓴 『다경茶經』이 있다. 『다경』에는 차의 기원, 종류, 채취기구, 제조법, 끓이는 기구, 끓이는 요령, 마시는 요령, 차에 얽힌 이야기, 생산지 등이 소개되어 있는데, 일반인이 상식으로 알아 두면 좋을 내용을 추려 뽑아 보면 다음과 같다.

---

79) 당나라 復州 竟陵 사람으로 자는 鴻漸, 季疵라 하고 스스로 桑苧翁이라 불렀으며 호는 東岡子다. 차를 좋아하고 깊이 연구하여 茶神으로 대우받았다.

차는 남방에 사는 나무의 잎으로서 그 나무는 키가 1자 되는 것에서부터 수십 자 되는 것까지 있다. 그 잎은 치자梔子 같고 꽃은 백장미 같다.

차를 마시는 것은 신농씨 때부터 시작되었다. 잎을 털어서 그대로 차로 쓰는 경우와 볶거나 말리거나 찧어서 특별히 차로 제조하여 쓰는 경우가 있는데, 병이나 항아리 같은 곳에 저장하여 두고 끓여서 물을 마신다.

차에는 9가지 어려운 일이 있다. 1은 제조하기, 2는 구별하기, 3은 마시는 기구, 4는 불 조절, 5는 물, 6은 볶기, 7은 가루 만들기, 8은 끓이기, 9는 마시는 요령이다.

햇볕 없이 채취하거나 밤에 불로 가열하는 것은 잘못된 제조법이고, 씹어서 맛을 보거나 코로 냄새를 맡는 것은 잘못된 구별법이며, 고기 비린내 나는 솥이나 그릇은 마시는 기구로 쓸 수 없고, 활활 타는 장작불이나 석탄불은 차 끓이는 불이 아니며, 물보라를 일으키며 급히 흐르는 물이나 막혀서 고인 물은 차 끓이는 물이 되지 못하고, 겉은 익고 속은 생것으로 남아 있으면 잘못 볶은 것이며, 옥돌같이 푸른색이 나는 분가루나 먼지를 만들어서는 가루차라 할 수 없고, 자연스럽지 못하게 흔들거나 급하게 끓여서는 안 되며, 여름에는 많이 마시다가 겨울에는 그만두는 것은 차 마시는 요령이 아니다.

차는 그 맛이 지극히 차기 때문에 이러한 성질을 이용하기 위하여 마시게 된다. 그래서 차는 행동이 깔끔하고 검소한 사람에게 가장 알맞다.

몸에 열이 있거나 가슴이 답답하거나 머리가 아프거나 눈이 침침하거나 팔다리가 괴롭거나 관절이 편치 못한 증세가 있는 사람에게는 차가 해롭다. 식품으로는 제호醍醐 같은 낙농품들과 차는 서로 부딪친다.

알맞은 때 따지 못한 차나 정결하게 제조하지 못한 차, 꽃잎 같은 것들이 섞여 들어간 차 등을 마시면 몸이 아플 수도 있다.

『다경』을 더욱 보강한 육정찬陸廷燦[80]의 『속다경續茶經』에서는 차는 성질이 맑으나 쉽게 바뀌기 때문에 따뜻하고 마른 곳에 갈무리해야

---

80) 청나라 嘉定縣 사람으로 자는 秋昭다. 생몰년은 알려져 있지 않다. 저서로는 『續茶經』 외에도 『南村隨筆』, 『藝菊志』 등이 있다.

하고 차거나 물기 있는 곳을 피해야 한다고 하였다. 맑고 시원하게 보관해야지 답답하거나 무덥게 해서는 안 된다는 것이다.

특수한 차는 별도로 하고, 일반적으로 차는 끓는 물을 사용하지 않고 섭씨 70~80도의 물을 사용하여 우려내서 마신다. 우려내는 횟수는 3~4회를 넘지 않으며 차를 물 속에 넣고 직접 끓이지도 않는데, 그 이유는 차 속에 함유되어 있는 비타민들 특히 비타민 C를 보호하고 이롭지 못한 무기물들이 녹아 나오는 것을 방지하려는 데 있다. 차는 우려내서 따뜻할 때 바로 마셔야 향기가 신선할 뿐만 아니라 빨리 소장으로 내려가기 때문에 몸에서 흡수하는 시간이 빠르다. 특히 차에 물을 부어 놓은 채 밤을 재운 다음에 마시는 것은 좋지 않다. 그동안에 이롭지 못한 무기물들이 녹아 나올 수 있기 때문이다. 찻물은 농도가 짙지 않은 것이 좋으나, 농도가 짙지 않더라도 너무 많이 마시는 것은 좋지 않으며 식사 전에 마시는 것도 좋지 않다. 빈속에 차를 마시면 위장을 해칠 수 있으며 심장이 급하게 뛰는 증세가 나타날 수 있다.

동양 의학이나 양생과 관계된 책에는 환제나 산제로 만든 약을 복용할 때 차를 사용하는 예가 많이 소개되어 있다. 약이 되는 재료들의 효능을 설명하고 있는 『본초강목』에서는 "차는 풍열로 마음이 어두우면서 잠을 많이 자고 깨어나지 않는 증세를 다스린다"라고 말하고, "여러 가지 원인으로 인한 가슴과 배의 통증에 차를 식초와 함께 복용하면 약이 된다"고도 하였다.

양생서인 『준생팔전』에서는 『다경』 이상으로 차에 관하여 자세히 설명하면서 그 효능을 다음과 같이 말한다.

좋은 차를 마시면, 목마름을 해결하고, 음식을 소화하며, 담痰을 제거하고, 잠을 줄이며, 소변이 잘 나오고, 눈이 밝아지며, 사려에 도움이 되고, 번거로운 마음이 제거되며, 몸에서 기름기가 빠지게 된다.

그래서 일반적으로 하루도 차를 마시지 않을 수 없지만 때로는 마셔서는 안 되는 사람도 있다.

식사를 한 다음에 진한 찻물을 입에 머금고 행구면 귀찮은 기름기가 제거되어서 소화기가 그 기름기의 피해를 입는 일이 없어진다. 이에 고기가 끼었을 때 찻물을 입에 머금고 헹구어 씻어 내면 쉽게 빠져나간다. 이쑤시개를 쓸 필요가 없다.

『활인심』에서는 차를 권장하지 않고 다만 식사 후에만 조금 마시라고 하였는데, 그 이유는 아마도 차의 성질이 맑고 차서 영양분을 보충하고 기력을 증진시키는 데는 도움이 되지 않기 때문일 것이다. 영양가 많은 음식뿐만 아니라 먹을거리 자체가 귀하던 옛날에 사람의 기운을 빼는 차의 특성을 중요하게 다룬 것은 충분히 이해할 수 있는 일이다. 육식을 하지 않은 채 별다른 간식거리도 드문 수도인들이 일상생활에서 오랜 기간 차를 마시다가 위장 장애를 얻는 경우가 많아지자 비싼 값을 주고서라도 위장 장애를 일으키지 않는 차를 찾는 예를 흔히 볼 수 있는 것과 같다. 한편 뒤집어 생각하면, 기름진 음식을 배불리 먹거나 간식이 잦아서 영양 과다를 염려하는 사람에게는 차야말로 오히려 훌륭한 양생 식품이 될 수 있음을 『활인심』은 말해 주고 있는 것이다.

오늘날 차에는 일반적으로 카페인과 여러 가지 무기물이 들어 있어서 그에 따른 효능을 보인다고 알려져 있다. 카페인이 있기 때문에 잠을 쫓고 이뇨작용을 하며, 무기물이 있기 때문에 각종 차마다 몸속에 들어가 알칼리 식품으로서의 특색 있는 작용을 하는 것이다.

또한 특별한 약효가 있는 재료를 가지고 차로 만들어서 약용으로 마시기도 하는데, 이 경우에는 일반 차나무에서 따는 차와는 달리 각각 독특한 제조방법과 약효가 있는 것은 물론이다.

차는 목마름을 축이는 기호 식품을 넘어서는 하나의 양생 음료다. 차에는 『본초강목』이나 『준생팔전』에서 말하듯이 양생기능이 있을 뿐만 아니라 대체로 이질 치료에 도움이 되고 동맥경화를 예방하며 전자파의 영향을 씻어 주고 담배나 술의 독성을 풀어 주는 것으로 알려져 있다. 그러나 『다경』에서 말하는 증세가 아니더라도 임산부나 습관성 변비가 있는 사람에게는 차가 좋지 않다.

또한 차는 인삼, 패모, 사군자, 토복령, 위령선 같은 한약제나 키니네, 철 성분, 에페드린, 아트로핀 성분이 있는 약과 함께 마셔서도 안 된다. 약효가 서로 충돌하여 약해지거나 침전이 생기기도 하며 부작용을 일으킬 수 있기 때문이다.

5) 바람과 생리·병리

『황제내경』『소문』「풍론風論」에서는 바람이 사람 몸에 미치는 영향에 관하여 자세히 설명하고 있다.

황제가 물었다.
바람이 사람을 상하게 하는 모습이 여러 가지고 그 병증의 이름도 각각 다른데 치료방법을 알 수 없으니, 설명을 들을 수 있겠는가?
기백이 답하였다.
피부의 방어력이 떨어져서 나쁜 바람이 들어오면 피부 사이에 갇혀서 안으로는 통해 갈 곳이 없고 밖으로는 빠져나가지 못하게 됩니다. 바람이란 것은 잘 돌아다니고 자주 변하는데, 피부의 벽이 열리면 바람이 몰아쳐서 춥고 벽이 닫히면 바람이 오도 가도 못하여 열이 나고 답답합니다. 바람이 추우면 먹고 마시는 능력이 떨어지게 되고 열이 나면 살이 빠집니다. 그래서 사람으로 하여금 오슬오슬 떨면서 음식을 먹을 수 없게 하는 것을 한열이라 합니다.

바람이 위胃로 들어가서 그 경맥을 따라 돌면 눈으로까지 올라오는데, 살이 쪄서 피부의 막이 촘촘한 사람은 바람이 빠져나가지 못하여 열을 느끼면서 눈이 노랗게 되고, 살이 말라서 피부의 막이 성긴 사람은 바람이 밖으로 빠져나가서 추위를 느끼며 눈물이 납니다.

바람이 피부 밑으로 들어가서 그곳에서 몸을 보호하고 있는 위기衛氣와 서로 다투게 되면, 기가 흘러갈 길이 잘 통하지 않아 결국 살이 부어오르고 헐며 종기가 생깁니다. 만약 위기가 바람에 휘둘려서 완전히 막혀 버리면 차거나 더움도 가렵거나 아픔도 느끼지 못하게 됩니다.

바람이 오래 머물거나 나쁜 기운(病原體)이 섞인 채 혈맥 속으로 들어가면 그곳에서 영양분을 공급하고 있는 영기營氣와 피를 공격하여 열이 나고 피를 파괴합니다. 마침내는 혈맥을 타고 머리로 올라와서 코를 헐게 하고 피부를 문드러지게 합니다.

바람에 상하는데, 봄이면 간을 다치고 여름이면 심장을 다치며 여름에서 가을로 넘어갈 때는 비장을 다치고 가을에는 폐를 다치며 겨울에는 신장을 다칩니다. 바람 때문에 장부를 다친 증세는 그 장부 이름을 붙여 간풍肝風이니 심풍心風이니 하고 부릅니다. 바람이 등을 타고 머리로 들어간 것을 뇌풍腦風, 더욱 나아가서 눈에 이른 것을 목풍目風, 술 마시다가 바람을 맞으면 땀이 물 흐르듯 흐르므로 누풍漏風 또는 주풍酒風, 성행위로 땀이 났을 때 바람을 맞으면 깊은 속까지 바람이 들어가므로 내풍內風 또는 노풍勞風, 머리 감다가 바람을 맞으면 바람이 머리에 살게 되므로 수풍首風, 바람이 창자에 오래 머물면서 위까지 영향을 주어 설사를 일으키는 것을 장풍腸風, 바람이 겉으로 피부에 있으면서 땀을 나게 하는 것을 설풍泄風이라 부릅니다.

이와 같이 바람은 모든 병을 대표하면서 첫째가는 병의 원인이 됩니다. 바람이 변하면 다른 병이 되는데, 잘 낫지 않습니다.

『소문』「풍론」에서는 이어서 황제가 각 이름으로 구별된 바람이 일으키는 병증과 진단법을 묻고 기백이 하나하나 답을 한다.

　동양 의학에서는 바람이 병을 일으키는 현상을 가리켜 풍사風邪라 부른다는 것은 앞에서도 보았다. 풍사가 원인이 되어서 질병이 일어나는 경우, 그 병증은 마치 자연계의 바람과 비슷하게 나타난다. 병이 나타나는 속도가 빠르고 변화가 마치 바람 같으며 몸이 떨리고 어지러운데다 아픈 부위가 오락가락하고 가렵다. 뚜렷히 드러나는 증세로는 열이 나고 바람을 싫어하며 머리가 무겁고 아프다. 코가 막히고 목소리가 탁해지며 눈물이 나고 목구멍과 머리에 종기가 나며 기침과 재채기가 난다. 혀에 얇은 흰색이 끼기도 한다. 때로는 몸 밖에서 들어오는 바람이 아니라 몸 안의 양기陽氣가 심하게 휘몰아쳐서 마치 바람처럼 보일 때도 그 증세를 풍風이라 부른다. 신경이 다친 경우 또한 풍이라 부르는데, 중풍中風이 그 대표적인 경우다.

6) 오미와 생리·병리

　『황제내경』『영추』에는 오미五味에 관한 2개의 장을 특별히 마련하고 있다. 그 내용은 다음과 같다.

　황제가 말했다.
　곡식의 기운에는 다섯 가지 맛(五味)이 있다 하는데, 그것이 어떻게 오장에 나누어져 들어가는가?
　백고伯高[81]가 말했다.

---

81) 기백과 마찬가지로 황제의 의학관련 자문에 응하던 신하로, 주로 『靈樞』에 많이 나온다.

위는 오장육부의 바다입니다. 물과 곡식이 모두 위胃로 먼저 들어가고 오장
육부는 모두 위에게서 기를 받습니다. 다섯 가지 맛이 각각 좋아하는 곳으
로 찾아가는데, 곡식의 맛이 신 것은 먼저 간으로 찾아가고, 쓴 것은 심장,
단 것은 비장, 매운 것은 폐, 짠 것은 신장으로 먼저 찾아갑니다. 먹고 마신
곡식과 물이 영기, 위기와 진액으로 바뀌어 온 몸에 공급되고 나면 찌꺼기
로 변하여 차례대로 아래로 내려갑니다.

황제가 말했다.

영위의 운행이란 어떠한 것인가?

백고가 말했다.

곡식이 처음 위로 들어가면 그 속에서 알찬 물질이 나와서 먼저 중초와 하
초 두 곳으로 나아가 오장으로 흘러 들게 됩니다. 그리하여 영기가 흐르는
맥 속의 길과 위기가 흐르는 맥 밖의 길 둘로 나누어져 길을 따라 온 몸에
공급됩니다. 이것은 호흡하면 들어오는 공기와 결합하여 흐르게 되는데,
흐르지 못하고 가슴에 쌓여 있게 된 것은 폐로 나가서 숨통을 거쳐 호흡을
타고 (밖으로) 나가게 됩니다.

황제가 물었다.

곡식의 다섯 가지 맛이란 무엇인가?

백고가 말했다.

곡물 중에 쌀은 달고(甘) 깨는 시며(酸) 콩은 짜고(鹹) 밀은 쓰며(苦) 기장은
맵습니다(辛). 과실 중에 대추는 달고 자두는 시며 밤은 짜고 살구는 쓰며
복숭아는 맵습니다. 가축 중에 소는 달고 개는 시며 돼지는 짜고 양은 쓰며
닭은 맵습니다. 채소 중에 아욱은 달고 부추는 시며 콩잎은 짜고 염교[82]는
쓰며 파는 맵습니다.

색깔과 맛의 관계를 보면 노란색은 단맛, 푸른색은 신맛, 검은색은 짠맛,
붉은색은 쓴맛, 흰색은 매운맛과 잘 어울립니다.

비장에 병이 있는 사람은 쌀밥, 소고기, 대추, 아욱이 좋고 심장에 병이 있
는 사람은 밀, 양고기, 살구, 염교가 좋으며 신장에 병이 있으면 콩, 밤, 돼
지고기, 콩잎이 좋고 간에 병이 있으면 깨, 개고기, 자두, 부추가 좋으며 폐

---

82) 시중 식당에서는 낙교라 부르기도 한다.

에 병이 있으면 기장, 닭고기, 복숭아, 파가 좋습니다.

다섯 가지 금기가 있으니, 간의 병에는 매운 것, 심장의 병에는 짠 것, 비장의 병에는 신 것, 신장의 병에는 단 것, 폐의 병에는 쓴 것을 먹지 말아야 합니다.

황제가 소유(少兪[83])에게 물었다.

다섯 가지 맛이 입으로 들어가면 각각 가는 길이 있고 일으키는 병이 있다. 신맛은 힘줄로 들어가는데 많이 먹으면 소변에 힘이 없고, 짠맛은 피로 들어가는데 많이 먹으면 목마르며, 매운맛은 기로 들어가는데 많이 먹으면 심장을 자극하고, 쓴맛은 뼈로 들어가는데 많이 먹으면 구역질나게 하며, 단맛은 살로 들어가는데 많이 먹으면 번민하게 하는데 왜 그러한가?

소유가 답하였다.

신맛이 위에 들어가면 그 기운이 껄끄러워서 상초와 중초를 모아 쥐고는 오도 가도 못하여 위 속에 머뭅니다. 위 속이 온화하면 아래쪽인 방광으로 흘러 내려가는데, 방광 주머니가 얇고 약하기 때문에 신맛에 자극을 받아 오므라들게 되어 소변 나가는 길이 장애를 받습니다. 그래서 소변에 힘이 없어지는 것입니다. 그리고 소변 나가는 길이 힘줄의 끝이기 때문에 신맛이 힘줄로 들어가는 것입니다.

짠맛이 위에 들어가면 그 기운이 중초로 올라가서 맥으로 흘러 들고 기혈을 따라갑니다. 피가 짠 것과 만나면 엉기는데 엉기면 위 속의 위액이 그에 부어짐으로써 위 속이 마르게 됩니다. 위 속이 마르면 목구멍이 타고 혀가 마르게 되어 갈증을 느끼게 되는 것입니다. 그리고 혈맥이 중초의 기운이 통하는 길이므로 짠맛이 피로 들어가는 것입니다.

매운맛이 위에 들어가면 상초로 들어가는데, 상초는 기를 받아들여서 양에 속하는 여러 장기에 영양을 공급합니다. 생강이나 부추의 기운이 그것을 태우면 영위의 기가 갑자기 그것을 받아들여서 심장 아래에 오래 머물게 되므로 심장을 자극하게 되는 것입니다. 그리고 매운맛과 기는 함께 다니

---

83) 기백과 마찬가지로 황제의 의학관련 자문에 응하던 신하로, 백고와 함께 주로 『靈樞』에 많이 나온다.

고 있어서 매운맛이 들어가면 땀과 함께 나오게 됩니다.

쓴맛이 위에 들어가면 모든 곡식의 기운 중에 쓴맛을 이기는 것이 없어서 하완과 삼초의 길이 모두 닫히고 통하지 못하게 됩니다. 그래서 구역질이 나는 것입니다. 이가 뼈의 끝인데, 쓴맛이 입으로 들어가더니 이로 다시 나오는 것을 보게 되므로 쓴맛이 뼈로 들어감을 알게 된 것입니다.

단맛이 위에 들어가면 그 기운이 약하여 상초로 올라가지 못하고 곡식과 함께 위 속에 머물면서 부드럽고 촉촉하게 합니다. 위가 부드러워지면 느슨해져서 꿈틀거리게 되고 꿈틀거리면 가슴이 번민하게 됩니다. 그리고 그 기운이 밖으로는 살에 통하고 있으므로 단맛이 살로 들어가는 것입니다.

『영추』에서 황제가 백고, 소유와 문답한 내용을 도표로 요약하면 다음과 같다.

오장	오행	오미	오색	신체 조직[84]	음식물
간	목	신맛	푸른색	힘줄(筋)	깨, 개고기, 자두, 부추
심	화	쓴맛	붉은색	뼈(骨)	밀, 양고기, 살구, 염교
비	토	단맛	노란색	살(肉)	쌀밥, 소고기, 대추, 아욱
폐	금	매운맛	흰색	기(氣)	기장, 닭고기, 복숭아, 파
신	수	짠맛	검은색	피(血)	콩, 돼지고기, 밤, 콩잎

『활인심』에서 밝히고 있듯이 오미도 역시 적당히 섭취하면 여러 면에서 유익하지만 지나치면 부작용을 일으킨다. 예컨대, 간에 병이 있는

---

84) 오미가 신체 조직으로 들어가는 길 가운데 짠맛은 피, 쓴맛은 뼈로 가는 것으로 파악하지만, 주된 관련을 갖는 오장과 이어 보면 피는 심장, 뼈는 신장에 속하는 한편 심장은 쓴맛, 신장은 짠맛과 짝 지워진다. 다시 말하여, 이 표에서 뼈가 신장 줄로 가서 짠맛과 짝하고 피가 심장 줄로 가서 쓴맛과 짝하여야 논리가 맞을 텐데 그렇지 않다.

사람에게는 신맛이 도움이 되지만 그 신맛이 지나치면 오히려 간을 더욱 상하게 하는 것과 같은 경우다.

앞에서 살펴본 바와 같이 오미에는 밥을 포함하여 우리가 먹고 마시는 모든 음식이 포함되지만, 특히 다섯 가지를 강조한다면 설탕, 소금, 식초, 인공조미료, 고추를 들 수 있다.

첫 번째로 설탕은 흰 설탕과 검은 설탕으로 나뉘는데, 양생에서 보면 검은 설탕이 흰 설탕보다 좋다. 검은 설탕은 성질이 따뜻하여 비장으로 들어가면 기를 보태고 속을 느긋하게 하며 소화를 돕기 때문에 비와 위를 건강하게 한다. 검은 설탕은 또한 피를 활성화시키고 찬 기운을 흩어 버리고 통증을 그치게 하는 작용도 한다. 그래서 여자들이 생리를 겪으면서 추위나 복통을 느낄 때와 출산 후 조리와 아기 젖 먹일때 검은 설탕을 먹으면 도움이 된다. 하지만 당분은 적당량 이상 섭취하면 비만, 동맥경화, 당뇨, 위산 과다, 소화불량과 치과 질환 등의 질병을 불러올 수 있다.

두 번째로 소금은 주성분인 염화나트륨과 그 외 몇 가지 무기물로 이루어져 있다. 몸 안에 나트륨이 부족하면 생리환경의 균형이 깨지고 몸이 쇠약해지며 건조해지므로 적당량의 소금은 꼭 섭취해야 한다. 그러나 소금을 너무 많이 섭취하면 고혈압, 유종乳腫 등을 일으키고 심장, 간장, 신장의 부담을 더욱 무겁게 할 수 있다.

세 번째로 식초 또한 중요한 조미 식품으로서 음식물의 기름기와 비린내를 없애고 반찬의 향기를 돋울 뿐만 아니라 살균·항균 작용도 한다. 하지만 식초는 이의 사기질을 손상시키므로 이것을 먹은 다음에는 특히 양치질을 해야 한다. 이 외에도 식초는 구리를 쉽게 녹일 수 있기 때문에 구리 성분이 있는 그릇에 담아서는 안 된다. 중독을 일으킬 수 있기 때문이다.

네 번째로 인공조미료는 주성분이 글루타민산나트륨으로서 일종의 영양 식품이며, 소금과 마찬가지로 나트륨 부족을 해결해 줄 수 있는 식품 첨가물이다. 인공조미료는 미각세포와 소화샘을 자극하여 식욕과 소화력을 증진시키고 몸 안에 나트륨을 공급할 뿐만 아니라 그에 포함된 글루타민산이 뇌 기능을 돕는다.

그러나 글루타민산나트륨이 자연 식품에 포함되어 있을 때는 부작용이 없다가도 인공으로 합성된 조미료 상태에서는 몇 가지 독성이 생겨난다. 인공적으로 합성된 글루타민산을 지나치게 많이 먹으면 불쾌감, 근육 뻣뻣함, 메스꺼움 등을 느낄 수 있고 또한 그것이 필요 이상으로 많이 신경 조직에 흡수되면 신경 세포막을 손상시키고, 생리적으로 칼슘 흡수 장애, 골다공증 등을 일으킬 염려도 있다. 또한 인공조미료에 맛이 들면 다른 음식의 맛을 잃어버리기도 한다. 인공조미료는 중성이나 약한 산성 상태의 물에 녹을 때 제대로 된 맛과 성분이 나오고 반대로 알칼리성의 물이나 높은 온도에서는 변질되어 이상한 맛이나 독성이 나온다. 따라서 음식을 끓여서 조리할 때는 반드시 다 끓인 다음에 조금 식기를 기다린 뒤 첨가한다. 음식과 함께 끓이거나 열을 가해서는 안 된다.

다섯 번째로 고추는 매운맛으로 음식의 맛을 돕고 식욕을 촉진시킨다. 고추의 생리적 기능에 대해서는 밝혀진 것이 많지 않지만 대체로 그 매운맛 성분이 몸 안에서 에너지대사를 증진시켜 비만을 억제하는 효과가 있다고 알려져 있다. 또한 고추의 매운맛이 땀을 내게 함으로써 심리적인 스트레스 해소에 도움을 주기도 한다. 그러나 매운맛도 너무 강하거나 오랫동안 먹게 되면 위벽을 자극하여 손상을 입힌다.

7) 경락론

　동양 의학이나 양생학에서는 기가 몸속을 순환하는 기본 통로를 경맥이라 하고, 여기서 갈라지는 가는 가지들을 낙맥이라 하며, 그 전체를 합하여 경락이라 부른다.

　경맥에는 오장육부에 직접 연결되는 12개의 정경正經과 직접 연결되지는 않지만 중요한 기능을 하는 8개의 기경奇經이 있다. 오장육부뿐만 아니라 몸속의 모든 기의 운행이 경맥을 따라 이루어진다. 경맥은 모든 생리기능을 유기적으로 연결하여 몸 전체를 하나의 생명체로 유지하므로 혈맥과 함께 경맥을 빼놓고는 사람의 생리 · 병리 현상을 논할 수 없다. 12정경의 맥은 기가 운행되는 주요 통로로, 하나의 경맥마다 특정한 장부와 직접 연결되어 있으면서도 각 경맥끼리 서로 음양 표리관계를 이루며 유기적으로 연결되어 있다.

　각 경맥의 명칭과 몸 표면에 나타나는 노선은 다음과 같다.

　① 수태음폐경手太陰肺經 : 가슴 바깥의 위쪽에서부터 팔이 굽는 쪽 바깥을 따라 엄지 끝에 이른다.

　② 수양명대장경手陽明大腸經 : 집게손가락 끝에서부터 곧바로 올라와서 어깨, 쇄골 부위, 목의 앞쪽 바깥을 지나 콧구멍 옆에까지 이른다.

　③ 족양명위경足陽明胃經 : 코 옆에서 눈까지와 머리 옆쪽을 거쳐서 아래턱에 모여서 목, 가슴, 배를 지나 다리 앞 바깥을 따라 둘째 발가락까지 이른다.

　④ 족태음비경足太陰脾經 : 엄지발가락에서부터 다리 앞 안쪽을 따라 올라와서 배, 가슴을 거쳐 가슴 바깥쪽에 이른다.

　⑤ 수소음심경手少陰心經 : 겨드랑이 아래에서부터 팔이 굽는 쪽 뒤

쪽을 따라 새끼손가락 끝에 이른다.

⑥ 수태양소장경手太陽小腸經 : 새끼손가락 끝에서부터 팔이 펴지는 쪽 뒤쪽을 따라 올라와서 어깨뼈, 옆목, 얼굴 앞부분, 눈을 거쳐 귀에 이른다.

⑦ 족태양방광경足太陽膀胱經 : 눈 부위에서부터 위로 올라가 정수리를 거쳐 뒤쪽으로 넘어가 아래로 내려가면서 목, 등의 양 옆쪽, 엉덩이, 다리 뒤쪽을 거쳐 새끼발가락 끝에 이른다.

⑧ 족소음신경足少陰腎經 : 새끼발가락에서부터 발바닥을 거쳐 안쪽 복숭아뼈, 다리 안쪽 뒤쪽을 따라 올라와 배를 거쳐 가슴에 이른다.

⑨ 수궐음심포경手厥陰心包經 : 옆가슴쪽에서부터 겨드랑이를 거쳐 팔이 굽는 쪽 한가운데를 따라 가운뎃손가락 끝에 이른다.

⑩ 수소음삼초경手少陰三焦經 : 약손가락 끝에서부터 팔이 펴지는 쪽 한가운데 선을 따라 올라와서 어깨, 옆목, 옆머리, 귀를 거쳐 눈에 이른다.

⑪ 족소양담경足少陽膽經 : 눈에서부터 옆머리, 귀를 거쳐 다시 머리의 바깥쪽을 귀쪽에서 정수리쪽으로 지그재그로 거쳐 올라가서 다시 목 뒷덜미, 어깨를 거쳐 옆가슴과 배를 지나 다리 바깥을 따라 넷째 발가락 끝에 이른다.

⑫ 족궐음간경足厥陰肝經 : 엄지발가락에서부터 다리 안쪽을 따라 올라와서 생식기, 배를 거쳐 옆구리를 지나 가슴에 이른다.

8개의 기경맥으로는 독맥, 임맥, 충맥, 대맥, 음유맥, 양유맥, 음교맥, 양교맥이 있다. 이들 기경 8맥은 직접 장부에 소속되지 않고 표리관계를 이루지도 않은 채 별도로 흐르고 있는 경맥이다. 그 가운데서 독맥과 임맥이 가지는 경혈에는 특히 생명현상과 직접적인 관계를 갖는 경혈이 많다.

8맥은 사람이 태어나기 전부터 지니던 큰 통로의 근본으로서, 온 몸에 흐르는 갖가지 기보다 더욱 근본이 되는 기가 흐르는 길로 알려져 있다. 보통사람의 경우에는 상당히 막혀 있어서 기의 흐름이 거의 알아볼 수 없을 정도로 미미하다. 8맥이 열리면 12정맥을 포함한 모든 경맥의 운행 변화가 한층 더 원활하고 막힘이 없게 된다. 8맥을 열기 위해서는 수양을 해서 근본이 되는 기를 다시 캐내야 하는데, 그 기는 음교맥에서 제일 먼저 찾을 수 있다. 음교맥이 흐르게 되면 그를 발판으로 삼아서 독맥→임맥→충맥의 순서로 모든 맥을 열 수 있다. 이 기경 8맥은 기공을 설명할 때 다시 살피기로 한다.

경락에는 경혈經穴이라고 부르는 특별한 생리기능을 담당하는 마디들이 있다. 경혈은 특히 침이나 뜸, 안마 등에 많이 이용되는데, 이 경혈을 자극함으로써 질병을 치료하고 건강을 유지 증진시키는 일이 가능하다.

8) 일상생활과 양생

일상생활에서 이루어지는 모든 것이 사람의 건강이나 질병에 연결된다는 사실은 누구나 알고 있는 사실이다. 하루하루 생활하며 이루어지는 조그만 행동들이 오랜 세월 거듭되어 쌓이다 보면 눈에 뜨이는 결과를 가져오게 마련이다. 일상생활에서 어떻게 행동하느냐, 특히 어떤 습관을 갖느냐에 따라서 그 사람의 건강이 유지되느냐 아니면 작은 질환과 큰 병을 달고 사느냐가 결정된다고 해도 지나친 말이 아니다.

2천여 년 전에 이미 『황제내경』 『소문』 「상고천진론」에서는 "옛날 사람들은 음식에 절도가 있고 일상생활에 안정된 기준이 있어서 함부로 몸을 괴롭히지 않았습니다. 그래서 몸과 정신을 온전히 할 수가 있어, 그 타고난 나이를 다 마칠 수 있었습니다. 오늘날의 사람들은 그렇지 못합니다. 술을 물 마시듯 하고 함부로 행동함을 오히려 정상적인 것으로 알며 술에 취하여 남녀관계를 갖고 욕망을 따라 정을 말리며 생명의 알맹이를 써 없애려고만 합니다. 생명을 원만하게 유지할 줄 모르고 시도 때도 없이 정신을 부려 먹으며 마음 내키는 대로 하려고만 하여 참다운 양생의 즐거움을 거스르고 생활에 절도가 없으므로 반백 년이면 쇠약해져 버리고 맙니다"라고 말하고 있다.

가) 운동

흐르는 물은 썩지 않고 항상 열고 닫는 문의 돌쩌귀는 녹슬지 않는다. 뒤집어 생각해 보면 물이 고여 있으면 썩게 되고 문을 열고 닫지 않은 채 내버려두면 그 돌쩌귀에 녹이 슬어서 못쓰게 된다는 것을 알 수 있다. 사람의 몸도 마찬가지다. 몸을 움직이지 않으면 기가 모여 있기만 할 뿐 결국 몸 안에서 생리현상을 유지해 나가는 조직 모두가 녹슬게 된다. 그 대표적인 것 하나가 무기력증이다. 이 외에도 몸 안의 생리 조직이 녹슬게 되면 온갖 질병이 싹트게 된다.

한편 운동은 대자연 속에서 인류가 생존, 발전하기 위하여 절대 필요한 생활 수단 가운데 하나다.[85] 대자연과 어울리고 때로는 투쟁하며 농사를 짓고 사냥을 하며 (물)고기를 잡을 뿐만 아니라 일상생활에서 보고 듣고 먹고 마시며 손발을 놀리는 하나하나의 동작 없이는 사람은 살아갈 수 없다.

---

85) 몸을 움직이고 정신을 쓰는 운동 가운데 특히 생존을 목적으로 삼는 일이 노동이다.

문제는, 운동을 하면 얻을 수 있는 건강이라는 효과와 생존이라는 효과를 어떻게 잘 조화시킬 수 있느냐다. 세상 모든 일의 이치가 그러하듯이 운동도 지나치거나 모자라면 나쁜 결과를 가져오기 때문이다. 다시 말하여, 비록 살기 위해서는 운동이 필요하더라도 그 정도가 모자라거나 지나치면 오히려 질병을 부르고 수명을 단축시킨다는 것이다. 노동이든 운동이든 지나치면 몸속의 기를 소모하게 되어 힘이 떨어지고 피로감을 느끼며 몸이 마르고 오장육부의 기능이 떨어진다. 결국 체질 자체가 약해지니 질병에 대항하는 능력이 낮아져서 질병을 막아내지 못하게 된다.

정신적 노동을 포함한 운동이 부족하면 근육이나 뼈의 움직임이 줄어들어 몸속의 기혈이 고이고 막혀서 잘 통하지 못하게 된다. 우선 비·위의 기능이 약해지는데, 그러면 영양 섭취가 잘 안 되어 결국 기혈과 진액의 생산이 줄어들고 오장육부의 기능 또한 약해진다. 먹는 양이 줄어들고 힘이 약해지면 정신력도 위축되고 신체도 연약해진다. 또 몸이 마르거나 뚱뚱해져서 조금만 움직여도 숨이 차고 가슴이 뛰는 등 그 모습이 나약해진다. 결국 여러 가지 질병에 빠지게 된다.

『활인심』에서 "오래 무엇을 보면 심장이 상하여 피가 줄어들며[86] 오래 앉아 있으면 비장이 상하여 살이 빠진다. 오래 누워 있으면 폐장이 상하여 기가 약해지고 오래 걸으면 간장이 상하여 힘줄이 줄어든다. 오래 서 있으면 신장이 상하여 뼈가 약해진다"는 대목은 『황제내경』『소문』「선명오기宣明五氣」과 『영추』「구침론九鍼論」에서도 다섯 가지 지나친 운동이 가져오는 생리적 손상이라는 대목으로 다루어지고 있다.

---

86) 오랫동안 시력을 소모해 피가 손상됨으로써 간의 열이 위로 떠오르는 증세에는 四物湯에 황련, 황금, 시호를 가미해서 복용하는 것이 좋다는 처방이 있다.

좋은 음식과 약을 먹어도 일상생활에서 무리하게 운동을 해서 기운이 흐트러지면 건강을 계속 유지하기 어려울 것은 말할 필요도 없다. 동양 의학이나 양생가들은 아주 일찍부터 오랜 경험과 음양오행의 원리에 비추어 그 생리적인 영향을 알아냈던 것이다.

오늘날 연구에 의하면 운동은 모든 생명체가 살아 있다는 표시로서 눈에 보이지 않는 세포 하나도 운동하지 않는 것이 없다. 운동을 생리에 맞게 잘하면 여러 가지 좋은 효과를 얻을 수 있다.

우선 운동을 하면 심장 혈관의 기능이 높아져서 심장 자체가 건강을 유지하면서 동맥경화를 방지하고 혈압조절 능력을 안정시킨다. 운동은 호흡기능도 강하게 만든다. 운동을 하면 신진대사가 촉진되며 산소 소모량이 늘어나게 됨으로써 폐활량이 높아지고 폐의 기능 또한 좋아진다. 폐 기능이 좋아지면 호흡이 안정되고 그에 따라서 정신력도 안정된다. 운동에는 소화기 계통의 기능을 높이는 효과도 있다. 운동에는 에너지가 필요하므로 그것을 보충하기 위하여 자연스레 식욕이 늘어난다. 음식을 먹으면 위장운동이 원활해지며 소화액의 분비가 촉진되므로 위장과 간, 쓸개 등 소화기 계통의 기능이 좋아지는 것이다.

또한 운동은 신경 계통의 기능도 높인다. 운동이 심장 혈관의 기능을 높이는 결과로 뇌에 흐르는 피의 양이 늘어나서 뇌 세포에 공급되는 에너지량도 늘게 된다. 뿐만 아니라 운동중에 얻게 되는 여러 가지 경험과 정보가 대뇌피질층의 활동을 자극하여 운동신경 계통뿐만 아니라 정신적 활동을 맡은 신경 계통의 영민함 또한 높이게 된다. 운동을 하는 사람의 뇌 세포가 운동을 하지 않는 사람의 경우보다 더 젊게 유지되는 것이다. 이 외에도 운동을 하면 근육이 발달하고 뼈가 단단해지며 힘이 세진다. 이렇듯 몸의 조직은 쓰는 만큼 발달한다는 것이 자연의 원리다.[87]

위와 같은 운동의 이로움을 뒤집어 보면, 운동을 하지 않는 경우에 몸이 받게 되는 피해를 알 수 있다. 그것은 마치 야생의 새나 짐승을 좁은 우리 안에 가두어 키운 경우와 마찬가지다. 운동 부족이 되면 심장의 벽이나 동맥이 약해져서 갑자기 혈압이 오르고 쓰러지는 경우가 흔히 일어난다. 일반적으로 오래도록 누워만 있으면 등쪽 근육이 아프고 식욕이 없어지며 변비가 생기고 일어날 때 어지러우며 힘이 없고 맥박이 아주 빨라진다. 심장기능이 약해지면 결국 몸 안의 모든 조직에 공급될 영양과 산소가 부족하게 되어 조금만 움직여도 근육이 아픔을 느끼게 되는 것이다.

운동 부족은 또한 중추신경 계통과 내분비 계통의 정상활동도 방해하여 그 사람으로 하여금 정서적인 불안과 신진대사의 혼란을 겪게 한다. 결국 근육은 탄력을 잃고 뼈 조직은 성글어지며 위장과 창자의 운동에서는 힘이 빠지고 신장의 기능도 흐트러진다. 심하면 『활인심』에서 염려하고 있는 바와 같은 무기력증에 빠지게 된다.

운동은 그 외관에 따라 힘을 쓰는 운동과 기술을 쓰는 운동, 종합적인 것으로 나눌 수 있다. 걷기운동은 종합적인 운동에 해당한다 할 수 있다. 일상생활에서 누구나 하고 있는 걷기운동은 요령만 좋으면 어느 운동보다도 쉽게 큰 효과를 얻을 수 있다. 보통사람은 걸을 때 뒤에 있

---

87) 오늘날 운동생리학의 연구 결과로 우리는 충분히 산소를 공급받으면서 하는 운동과 산소 부족 또는 결핍상태에서 이루어지는 운동이 있음을 알게 되었다. 전자를 유산소운동이라 부르고, 후자를 무산소운동이라 부른다. 유산소운동은 대체로 양생을 목적으로 하는 운동으로 자신의 체력에 맞게 수행하는 것이고, 무산소운동은 특별한 단련을 위하여 자신의 체력을 넘어서는 상황에서 수행하는 것이다. 설령 유산소운동을 할지라도 시간이 길어지면 무산소 상황으로 들어가게 된다. 무산소운동은 산소 대신 몸속의 영양물질을 소비하고서 피로물질을 남겨 놓기는 하지만 한편으로는 운동에 쓰여진 근육의 빠른 발육을 가져오기도 한다.

는 발의 발가락으로 땅을 차면서 걸음을 옮겨 나간다. 그런데 한편으로는 앞으로 나가는 발의 뒤꿈치로 땅을 끌어당기며 나아가는 요령으로 걷는 것이 더욱 건강에 좋다는 학설도 있다. 또한 걸을 때 호흡을 잘 배합하여 호흡과 발걸음이 일치하면 더욱 좋은 효과를 얻을 수 있다.

양생을 목적으로 특별히 만들어 낸 운동으로는 동공류動功類 기공氣功이 있는데, 그에 관해서는 다음에 따로 살피기로 한다.

덧붙이는 글 : 양생 목적의 운동에서 지켜야 할 원칙

① 육체와 정신의 통일

양생의 목적을 보다 높이 달성하기 위해서는 운동하면서 정신활동과 호흡, 몸놀림이 서로 잘 배합되어야 한다. 마음의 초점을 맞추고 흐트러지지 않게 하면서 몸동작과 합치해야 하고 호흡 또한 고르게 안정시켜야 한다.

② 알맞은 순서

운동의 강도와 체력이 알맞게 조화되어야 하고 차근차근 운동량이나 강도, 난이도를 높여 나가야 한다. 체력에 비하여 운동량이나 강도가 낮으면 목적 달성이 어렵고 지나치면 피로가 쌓여 손상을 입는다. 성급히 빠른 시일 안에 건강하려 하다가는 오히려 건강을 해치는 경우가 많다. 쉽고 가벼운 운동부터 차츰차츰 깊고 무겁게 익혀 나가야 하는 것이다.

③ 꾸준하고 부지런함

하루아침에 효과를 보려 하지 말고 오래도록 중단하지 말며 순서대로 운동해야 한다. 게으른 생각을 하지 말고 부지런히 실천하노라면 어느덧 몸 안팎에서 변화가 일어나고 있음을 느끼게 되니 남모르는 기쁨을 맛볼 수 있게 된다.

④ 휴식과 변화

운동을 한 다음에는 몸이나 마음에 긴장이 생기거나 피로가 남아 있어서는 안된다. 피로를 씻어 버리기 위하여 적당한 휴식을 취해야 하며 긴장을 풀기 위하여 적당히 몸과 마음을 풀어놓아야 한다. 그리고 특히 직업으로 노동을 하는 경우에 흔히 볼 수 있는, 하나의 동작만을 오랫동안 반복하거나 큰 동작 없이 한 자세로

만 일을 하면 그 부위에 긴장과 피로가 쌓인다.* 그래서 『활인심』에서 염려하고 있는 것과 같은 질병현상이 일어난다. 적당히 자세를 바꾸고 다른 동작을 곁들여야 하는 것이다.

* 다만, 특별히 몸 안에서 기가 흐르는 상태가 양호하여 어떠한 환경과 자세에서도 기의 흐름이 막히지 않는 경지에 오른 사람인 경우에는 하나의 자세로 오랫동안 고정하고 있어도 괜찮다. 실제 본보기를 기공수련이 깊은 사람에게서 볼 수 있다.

덧붙이는 글 : 운동을 통한 질병의 치료

적당한 운동은 양생에 도움이 될 뿐만 아니라 질병을 치료하는 데도 도움이 된다. 질병의 치료를 돕기 위하여 운동을 하는 경우에 지켜야 할 운동의 종류와 질, 강도, 분량, 빈도, 기간 및 시간 등을 결정하는 일을 '운동 처방'이라 한다. 운동 처방도 의약 처방 못지않게 까다로워서 환자의 건강상태나 체력, 병의 종류와 깊이 등에 맞추어 적절하게 짜야 한다. 그렇지 못하면 오히려 병을 악화시키는 경우가 많으므로 전문가의 도움이 필요하다.

일반적으로 심장과 관련된 질병이나 뼈·정신·외상과 관련된 질병의 치료에는 운동이 오히려 해로운 경우가 많기 때문에 반드시 운동 처방에 소양이 있는 전문 의사의 지도를 받아야 한다. 운동 처방이 효과를 보는 질병으로는 당뇨, 고지혈증, 비만, 고뇨산혈증 등이 있다.

나) 잠과 양생

사람은 일생에서 대체로 3분의 1을 잠을 자면서 보낸다. 인생은 깨어 있을 때의 활동과 잠잘 때의 휴식이 어우러져 한 마디씩 리듬을 만들면서 진행되는 것이다.

잠은 피로 같은 원인으로 중추신경을 억제하는 과정이 대뇌피질 전체를 덮음으로써 이루어지게 되는데, 그것은 대뇌가 피로해지는 일이 없도록 유지하려는 자기 보호 능력의 한 발동이다. 『황제내경』 『영추』에서는 인간의 몸이 자연계의 음양원리와 같다는 의미에서 "양기가 다하고 음기가 성해지면 눈이 감기는 것이고 음기가 다하고 양기가 성해지면 깨어나는 것이다"라고 말하였다. 몸 안에 피로가 쌓이면 생리기능의 질서가 무너져서 신경 계통의 조절 능력이 신령스러움을 잃고 질병에 저항하는 능력이나 작업 능력이 떨어질 뿐만 아니라 심하면 사망에까지 이르게 된다. 생활에 있어서 휴식은 활동(긴장) 못지않게 중요한데, 가장 큰 휴식이 잠이다.

활동과 잠을 배합하는 모습은 두 가지로 나누어 볼 수 있다. 하나는 아침 일찍 일어나고 저녁에 비교적 일찍 잠자리에 드는 부류고, 또 하나는 아침에 비교적 늦게 일어나고 그만큼 밤이 깊어서야 잠자리에 드는 부류다. 어느 모습이든 각각 자기 생활이나 체질에 맞추어 선택하면 되는데, 장점과 단점이 있다. 다만 어느 모습으로 활동과 잠을 배합하든지 간에 충분한 휴식을 얻어내는 것이 가장 중요하다.

① 성인이 잠을 자야 하는 평균 시간이 보통 8시간이라 하지만 사람마다 그 기준이 다르며 같은 사람일지라도 시간과 장소에 따라서 달라진다. 잠을 자는 시간은 나이에 따라 많은 차이를 보인다. 갓난아기는 젖 먹고 기저귀 가는 시간 이외에는 대부분 잠을 자는 반면 60세 이상의 노인들은 8시간 이상을 자야 하는데도 그렇게 푹 자기가 힘이 드는 경우가 많다.

성격이 쾌활하고 활동적인 사람은 8시간을 다 자지 않아도 다시 정상적인 정력을 회복하는 반면, 성격이 침울하거나 감수성이 예민하고 조용한 사람은 대체로 8시간을 자도 잠이 모자라는 경향이 있다. 한 사람에게 있어서도 잠은 그 사람의 체온이 변화하는 주기, 건강상태, 활동시의 긴장 정도, 영양상태, 작업환경 등에 따라서 피로하면 더 많은 잠이 필요하고 편안하면 좀 덜 자도 괜찮은 것이다.

잠이 부족한 것과 마찬가지로 잠을 지나치게 많이 자는 것도 양생에 좋지 않은 영향을 끼치니, 이 또한 자연의 이치다. 잠을 지나치게 많이 자면 잠을 맡은 중추신경계를 오히려 피로하게 만들어 전체 신경계를 오랫동안 억제 받는 상태 아래에 둠으로써 각 생리기관의 기능이 침체상태에 빠지게 된다. 이러한 결과를 두고 『활인심』을 포함한 동양의학에서는 "오래 누워 있으면 기가 상한다"고 말한다.

② 잠자리는 적당히 평평하면서 푹신한 것이 좋다.

스프링 침대와 같이 누운 자세에서 허리가 굽어지는 잠자리는 척추와 그 주위의 인대를 긴장시키고 가슴과 배에 있는 장기들이 압박을 받게 하기 때문에 좋지 않다. 딱딱한 구들바닥 위에 푹신한 요를 펴고 자는 한국식 잠자리가 매우 이상적이라는 의견이 많다. 침대를 사용하더라도 스프링보다는 돌이나 나무를 깐 것이 좋다.

베개는 잠자는 사람의 목과 머리 크기에 맞추어서 적당한 두께를 갖추고 탄력성과 통기성이 있어야 한다. 잠을 잘 때 머리와 등이 자연스럽게 정상적인 선을 유지해야 척추와 대뇌에 긴장이 생기지 않고 하루의 피로를 풀 수 있다. 베개가 체형에 비하여 너무 낮으면 머리 부위의 혈관에 피가 몰리므로 자고 나서 두통을 느끼거나 얼굴이 붓는다. 고혈압일 경우에는 심각한 상황이 될 수도 있다.

베개가 체형에 비하여 너무 높으면 목과 어깨 부위가 기울어져서 목의 근육이 자연스럽게 긴장을 풀지 못한다. 그래서 한쪽 목 근육은 당겨지고 다른 쪽은 수축되어 비틀리는 모습이 되므로 자고 나서 목이 뻣뻣하고 아파서 움직이기에 아주 불편함을 느끼는 경우가 자주 일어난다. 노인의 베개가 너무 높으면 심장에서 머리로 피를 올려 보내기가 힘들어서 대뇌에 피가 잘 흐르지 못하게 되므로 심하면 뇌혈전증이 일어나거나 피 결핍성 중풍이 올 수도 있다.

베개 속에 넣는 물질은 너무 딱딱하면 잠이 잘 깨고 너무 푹신하면 피가 잘 흐르지 못하므로 적당한 탄력이 있는 것이 좋다. 베개는 또한 바람이 잘 통하여 머리의 열과 땀이 쉽게 빠져나가야 한다.

③ 잠을 자는 자세가 편안해야 한다.

잠을 자는 자세가 좋지 않으면 잠을 깊이 자지 못할 뿐만 아니라 건강도 해치게 된다. 사람의 몸통과 다리, 팔은 당기는 근육과 펴는 근육이 잘 조화를 이루며 짜여 있다. 그런데, 똑바로 천장을 보고 눕거나 엎드려서 자면 몸통과 다리가 뻣뻣하게 펴져서 굽히는 역할을 하는 근육이 오히려 긴장하게 되어 충분히 쉬지 못한다. 특히 엎드려 자면 가슴과 배를 압박하여 호흡이 불편하고 폐활량이 억제되는데다가 심장도 압박을 받게 된다. 또한 어쩔 수 없이 고개를 돌리고 자야 하기 때문에 목 근육이 꼬이게 된다. 왼쪽 옆으로 누워 자도 역시 심장이 압박을 받기 때문에 나쁜 꿈을 꿀 가능성이 높다.

일반적으로 오른쪽 옆으로 누워 자는 것을 권한다. 오른쪽 옆으로 누워서 두 다리를 약간 구부리고 온 몸을 자연스럽게 풀어놓으며 한 팔은 팔꿈치를 구부려서 얼굴 앞에 놓고 또 한 팔은 자연스럽게 엉덩이를 걸쳐서 다리 위에 놓는다. 이렇게 하면 온 몸의 긴장된 근육이 자연스럽게 풀리고 심장의 위치가 비교적 높아져서 피를 밀어내는 부담이 가벼워진다. 아울러 상대적으로 간이 아래에 위치해서 피를 더 쉽게 공급받고 음식물이 위장을 빠져나가기도 쉬워진다.

옛말에 "서 있으면 소나무 같고 앉아 있으면 종 같으며 누워 있으면 활 같다"는 말이 있다. 그러나 실제로 잠을 자는 동안 하나의 자세를 그대로 유지하기는 불가능하다. 일반적으로 하룻밤 자는 동안에 무의식적으로 편한 자세를 찾아서 20에서 45번까지 몸을 뒤척이면서 자세를 바꾼다고 한다. 다만 처음 잠들 때 어떠한 자세를 취하느냐에 따라 그것이 무의식중에 습관으로 새겨져 차츰 그 자세를 취하는 비율이 높아질 수 있을 뿐이다.

④ 잠을 자는 방위도 관계가 있다.

자연과 사람은 서로 감응하기 때문에 잠을 잘 때도 그 방위에 따라서 각각 다른 영향을 받는다는 것이 전통적인 동양 의학이나 양생가들의 기본 철학이다. 그런데 구체적으로 어떤 방향이 좋은가에 대해서는 주장이 일치하지 않는다. 머리를 동쪽으로 두는 것이 좋다는 주장, 계절에 따라 봄과 여름에는 동쪽으로 두고 가을과 겨울에는 서쪽으로 두는 것이 좋다는 주장, 봄에는 동쪽, 여름에는 남쪽, 가을에는 서쪽, 겨울에는 북쪽으로 두는 것이 좋다는 주장 등 다양하다. 대체로 머리를 동쪽으로 두고 자는 것은 무방하나 북쪽으로 두는 것은 피하는 게 좋다고 알려져 있다.

⑤ 잠자는 방은 특히 햇빛이 잘 들고 공기가 잘 통해야 한다.

햇빛이 잘 들어야 곰팡이나 병균이 억제되고, 공기가 잘 통해야 먼지가 갇혀 있지 않으며 외부 온도와의 차이도 심하지 않다. 통풍이 잘 안 되는데다가 실내온도가 너무 높거나 낮으면 잠을 깊게 잘 수 없을 뿐만 아니라 그 자체로 건강에 해로운 영향을 준다. 보통 잠자는 방의 온도는 섭씨 18~20도가 바람직하고, 춥든 덥든 잠자기 전에는 한 번 창을 열어서 방을 환기시키는 것이 좋다.

공기는 잘 통해야 하지만 만약 바람이 느껴진다면 또한 좋지 않다. 『활인심』에서도 주의를 주고 있듯이 잠자리에서 바람을 느끼게 되면 여러 가지 생리적 장애가 올 뿐만 아니라 바람 자체가 동양 의학에서 말하는 하나의 병원체(淫邪)기 때문이다.

⑥ 잠자는 습관을 잘 길러야 한다.

· 잠자기 전에는 음식을 먹지 않는다. 먹게 되더라도 배불리 먹지

않으며 자극이 있는 맛이나 신경을 흥분시키는 음식은 먹지 않는다.

· 잠자기 전에는 양치질을 한다.

· 잠자기 전에는 머리를 빗는다.

· 잠자기 전에는 따뜻한 물로 발을 씻는다.

· 잠자기 전에는 책 특히 정서나 상상력을 자극하는 책을 보지 않고 사람들과 심각한 토론을 하지 않는다.

· 얼굴을 덮고 잠자지 않는다.

· 규칙적으로 일정한 시각에 잠을 잔다.

⑦ 가위눌림

『활인심』에서 "퍼진 자세로 누우면 마를 부르고 도깨비를 끌어들이기 쉽다"라고 말한 것과 관련된 내용이 주권의 형인 주숙朱橚이 쓴 『보제방普濟方』에 있다. 『보제방』에서는 '가위눌림'(鬼魘)을 잠잘 때 귀신의 나쁜 기운이 빈틈을 타고 들어오는 현상으로 보고서 다음과 같이 설명한다.

가위눌림이란 꿈속에서 귀신의 나쁜 기운에게 굴복당하는 현상이다. 사람의 몸이 자주 놀라거나 공포에 쌓이고 심장의 기가 무질서하게 흐트러지며 정신이 겁을 먹고 의지력이 흔들리면 잠을 잘 때 귀신의 나쁜 기운이 빈틈을 타고 들어온다. 들어와서 사람의 혼백을 밀어내 몸뚱이에서 떠나 버리게 하면 가위에 눌리는 것인데, 깨어나지 못하면 죽기까지 한다.
반드시 옆사람이 도와 주어서 불러 깨우거나 어떤 방법으로든 조치를 취해서 깨어나야 한다. 불이 켜져 있는 상태에서 가위에 눌린 경우에는 밝은 상태에서 불러 깨워도 괜찮지만 캄캄한 상태에서 가위눌린 경우에는 불로 비추지 말아야 한다. 불로 비추면 나갔던 혼이 다시 들어오지 못할 염려가 있다. 가위눌린 사람을 불러 깨울 때는 반드시 거리를 두고 떨어져서 불러야 한다. 가까이에서 급하게 부르면 혼이 더욱 흩어질 염려가 있다.

⑧ 등촉

『활인심』과 마찬가지로『보제방』에서도 "등불이나 촛불을 켜 놓고 잠들면 혼백 및 오장육부의 신이 편안하지 못하게 되니 그렇게 하지 말라"고 주의를 주고 있다.

⑨ 잠이 잘 안 올 때

잠자는 자세로 누워서 조용히 수를 세거나 단전호흡을 하거나 혹은 '잠이 온다'고 최면 암시를 거는 것같이 여러 가지 심리적인 요법이 있는데, 잠을 촉진시키는 지압 안마를 함께하면 더욱 효과가 좋다.

바로 누워서 남자는 오른손을 아래 왼손을 위로, 여자는 그 반대로 겹쳐서 손바닥으로 배꼽에서 시작하여 시계 방향으로 원을 그리되 차츰차츰 넓게 돌리며 적당한 압력으로 문지른다. 36바퀴가 되면 반대 방향으로 원을 좁히면서 문질러서 24바퀴만에 배꼽으로 돌아온다. 이어서 한 손의 엄지로 다른 손의 손목 관절의 바깥쪽 신문혈神門穴[88]을 30여 번 시큰할 정도로 지압한다. 다시 무릎을 구부려서 발바닥이 바닥에 닿게 하여 당겼다 밀었다 하면서 바닥에 마찰시킨다. 작은 봉 같은 막대를 밟고서 문지르면 더욱 좋다. 발마사지 기계를 이용해도 좋다. 발바닥 가운데 있는 용천혈을 지압하면 된다.

다) 말하기와 양생

『활인심』이외에 당나라 때 간행된『비급천금요방』과 그 뒤에 편찬된『의세득효방醫世得效方』,『보제방』등에서도 말하기와 양생과의 관계에 대해 대체로 같은 말을 하고 있다.

---

88) 새끼손가락에서 손날을 따라 내려오다가 손목 관절과 만나는 곳으로 관절 안에 있다.

식사 자리에서는 말을 하는 것이 좋지 않다. 식사를 하면서 말을 하면 보통 가슴과 등이 아픈 증세를 겪는다.

또한 잠자리에 누워서 이야기나 웃음을 많이 하지 말라. 잠자리에서 말하는 것이 좋지 않은 이유는, 오장이란 종이나 경쇠(磬)처럼 매달려 있는 것이기 때문에 매달려 공중에 떠 있지 않을 때 소리를 내면 안 된다는 말이다. 또한 걸어가면서 말하는 것도 좋지 않다. 말을 하려면 발걸음을 멈추고 하라. 걸으면서 말을 하면 기를 잃게 된다.

라) 목욕

사람의 피부는 외부의 환경에 직접 닿아 있기 때문에 항상 주위환경의 오염물질과 병균 속에 잠겨 있다. 한편 피부에서는 보통 하루에 약 600cc의 수분이 땀으로 빠져나와서 대부분 증발하지만 일부는 피부 부스러기, 외부 물질과 뭉친 채 남아 있다. 그래서 피부에는 항상 때가 끼여 있게 마련이다. 목욕은 이런 때를 씻어 피부를 깨끗이 함으로써 새로운 땀이 방해받지 않고 계속 나올 수 있게 하여 피부의 오염을 막고 체온이 정상적으로 조절되도록 한다. 그뿐 아니라 목욕하는 물의 온도는 여러 가지 생리적 자극을 주기도 한다.

먼저 뜨거운 물로 목욕을 하면 피부가 흥분하도록 자극되어 중추신경 계통이 긴장하고 각 생리기관들의 기능이 활발하게 일어난다. 또한 심장이 자극을 받아 밀어내는 피의 양이 많아지고 폐가 호흡하는 공기의 양도 많아진다. 그래서 목욕은 피로를 씻어 내고 정신을 상쾌하게 하며 몸을 편안하게 하는 힘이 있는 것이다.

다만, 물이 너무 뜨거우면 불에 데는 느낌을 받아 피부가 붉어지며 가렵기까지 하므로 물의 온도는 섭씨 42도를 넘지 않는 것이 좋다. 뜨거운 물 속에 몸을 담그는 시간 또한 15분을 넘지 않는 것이 좋다. 노인이나 눈병 또는 심장 혈관에 병이 있는 사람은 뜨거운 물로 목욕하는 것이 도움이 되지 않을 뿐더러 오히려 체력을 떨어뜨려 더욱 피로하거나 병증을 악화시킬 수 있다.

다음으로 찬물로 목욕을 하는 것은 '혈관체조'라고도 부른다. 찬물이 피부에 닿으면 일단 피부의 혈관이 수축되어 피의 주된 흐름이 안쪽으로 장기나 몸속 깊은 곳에 쏠리게 된다. 그리하여 피부의 온도가 잠시 내려가게 되므로 차게 느끼는 것이다. 그러나 1~2분이 지나면 피흐름이 몸 전체로 다시금 배분되어 피부의 혈관이 다시 확장되고 창백해졌던 피부 색깔도 붉어지면서 추운 느낌이 사라지고 따뜻하고 편한 느낌이 오게 된다. 이렇게 되면 피가 순환하는 양이 늘어나 몸 안에서 생긴 배설물이 더욱 빨리 밖으로 내보내지게 된다.

보통 찬물 목욕은 신경 계통 기능을 정상화하고 식욕을 증진시키며 잠을 잘 오게 하고 기침과 가래를 줄이며 식은땀 증세를 고치기 위해서 한다. 호흡기 계통의 내한 능력이나 몸 전체의 기온 변화에 대한 적응력을 단련하기 위해서도 행해진다.

이와 같이 목욕은 건강을 유지하고 양생의 목적을 달성하기 위하여 꼭 필요한 유익한 일상생활의 한 형태다. 하지만 너무 지나치면 오히려 해로운 결과를 가져오는 것이 자연의 이치다. 뜨거운 물이든 찬물이든 목욕은 피부를 씻는 작용뿐만 아니라 안으로 여러 생리기관을 자극하는 효과를 갖고 있으므로 그 시간이 너무 길어지거나 횟수가 너무 잦거나 온도가 지나치게 되면 여러 생리기관이 오히려 피로하게 될 것은 충분히 짐작할 수 있다. 『활인심』에서 "목욕을 자주 하면 사람의 심장과 배의 기운을 빼서 사람으로 하여금 권태롭게 한다"라고 말한 것도 이러한 맥락에서 이해할 수 있다.

마) 머리 빗질하기

머리를 감고 빗는 일은 겉모습을 보기 좋게 할 뿐만 아니라 두피를
깨끗하게 하고 자극시켜 두피의 영양상태를 개선한다. 또 피지를 조절
하며 두피에서 피의 흐름을 도와 정신을 맑게 하여 피로감을 씻어 주는
등 머리 부분에서의 신진대사를 보다 잘되게 하는 효과를 낳는다. 그
래서 예로부터 양생을 위한 필수 16가지 중에는 항상 머리 빗질하기가
들어 있었다. 동양 생리학에서 볼 때, 머리는 모든 양陽이 모이는 곳으
로 매우 중요한 경혈들이 그곳에 많이 있다. 머리를 감고 빗질을 하면
백회百會, 솔곡率谷, 상성上星, 태양太陽, 옥침玉枕, 풍지風池, 예풍翳風 같은
경혈들이 자연스럽게 안마 지압을 받게 되어 간 기능을 돕고 풍을 막
으며 통증을 줄이고 눈을 밝게 하는 효과를 낳는다.

대부분의 동양 의학 및 양생관련 고전에서 머리를 감은 뒤 빗질은
1백~2백 번 하기를 권하고 있는데, 특히 봄철에 하는 것을 강조한다.
『의설』「진인양생명眞人養生銘」에서는 계절을 넘어서서 하루가 축丑과 인
寅이 되는 날에는 머리를 1백 번 빗으라 하였다.[89] 도가의 내단서인 『운
급칠첨』「도인안마導引按摩」에서는 "아침저녁으로 머리 빗질하기 1천 번
을 채우면 머리의 바람(風)을 크게 방지하고 머리카락이 희어지지 않는
다"라고 말하고 있다.

다만, 상한병에 걸렸다가 회복하는 단계에 있는 사람은 목욕과 함
께 빗질하기를 최소 필요한 만큼만 해야 한다. 그렇지 않으면 체력이 소
모될까 염려된다고 대부분의 고전 의서가 주의를 주고 있기 때문이다.

---

89) 머리 감고 빗질하기는 간과 눈, 風에 효과가 있는데, 간이나 풍은 오행 가운
데 목에 속하여 봄 또는 寅과 관련된다는 이치에서 그러한 이론이 성립되었
을 것이다.

9) 계절과 양생

중국이나 우리나라는 봄·여름·가을·겨울 네 계절의 변화가 비교적 뚜렷하여 기온, 습도, 바람, 눈, 비 등에서 계절마다 차이가 크다. 그러므로 계절에 따라서 생리·병리에 미치는 영향 또한 달라질 것은 물론이다. 동양 의학에서는 서기 200년경에 쓰인『상한론傷寒論』90)에서 이미 그 문제를 친절히 다루고 있다.

> 하늘과 땅이 움직이기도 하고 움직임을 멈추기도 하면서 음의 현상과 양의 현상을 마치 북을 치면 생겨나는 파동처럼 만들어 내니, 그 각각이 하나씩 특색 있는 절기의 기운이 된다. 그래서 봄의 따뜻함(暖)이 여름의 무더움(暑)으로 되고 가을의 화난 듯한 기운(忿)이 겨울의 매서운 기운(怒)으로 된다. 그렇기 때문에 동지 이후에는『주역』의 복괘復卦와 같은 모습이 되어 온통 음한 가운데 밑에서부터 하나의 양이 다시 살아나고, 하지 이후에는 구괘姤卦와 같은 모습이 되어 온통 양한 가운데 아래에서부터 하나의 음이 다시 올라오게 되는 것이다.
> 이러한 흐름에 의하여 완전 음기가 된 동지와 완전 양기가 된 하지가 짝이 되고 음기보다 양기가 많아지게 되는 춘분과 양기보다 음기가 많아지게 되는 추분이 구별된다.
> 음과 양이 순조롭지 못하고 서로 꼬이고 바뀌게 되면 사람에게 변고가 생겨 병이 난다. 그래서 스스로를 기르려는 사람은 봄과 여름에는 양기를 기르고 가을과 겨울에는 음기를 길러서 하늘과 땅의 질서에 순응하는 것이다.

---

90) 후한 때 張機(150~219, 호 仲景)가 지은 동양 의학서로 상한병에 관해 다루고 있다. 전체 10권이다. 장기가 본래 지은 글 이름은『傷寒雜病論』인데, 원고가 흩어지게 되자 서진 때 王叔和가 다시『傷寒論』과『金櫃要略』두 책으로 수집 정리하였다.『傷寒論』은 상한병에 걸리면서부터 일어나는 변화를 조리 있게 설명하고 그 변화에 적당한 치료법을 제시하며 치료가 부적절할 때의 증상과 대응법 등을 설명하고 있어서 동양 의학의 중요한 고전으로 취급받고 있다.

그렇지 않으면 봄에 바람에 상하여 여름에 설사를 하고 여름에 더위에 상하여 가을에 학질을 앓으며 가을에 습함에 상하여 겨울에 기침을 하고 겨울에 추위에 상하여 봄에 감기를 앓게 마련이다.[91]

또한 송나라 때 쓰인『수친양로신서』에서는 네 계절에 대해 다음과 같이 말하고 있다.

음과 양으로 구분되는 네 계절이라는 것이 만물이 시작되고 끝나며 죽고 사는 근본이다. 이것을 거스르면 재앙과 해로움이 생기고 이것을 따르면 매서운 질병이 일어나지 않기 때문에 그렇게 하는 것을 도를 얻었다 말한다. 봄에는 따뜻하여 만물이 새로 생겨나고 여름에는 더워서 그것을 키우며 가을에는 서늘해서 그것을 거두어들이고 겨울에는 추워서 그것을 갈무리한다. 만약 기운이 때에 반항을 하면 모든 것이 질병이나 질병의 원인이 되는 것이 자연의 어김없는 이치니, 순응하면 살고 거스르면 병이 된다. 경전에서 말하기를 "하늘의 도를 살피고 하늘의 운행을 집행하면 할 일을 다 하는 것이다"라고 하였다. 하늘의 도가 만물을 살리고 죽이는 이치를 사람이 그대로 받아서 네 계절이 운행하며 작용하는 대로 따라 실행할 수만 있다면, 자연히 질병은 생기지 않고 오래도록 나이를 보존할 수 있을 것이다.[92]

동양 의학에서는 하늘의 기운과 땅의 기운이 서로 묘하게 얽히고 설키면서 네 계절을 엮어가는 모습을『황제내경』에서 정립해 놓은 이론에 따라 오행(水火木金土)과 천간(甲乙丙丁戊己庚辛壬癸), 6가지 병원(淫邪 : 風寒暑濕燥火)과 지지(子丑寅卯辰巳午未申酉戌亥)가 서로 합해지고 엇갈리며 짜여 나가면서 주인과 손님의 관계처럼 세상을 맡아 다스리는 모습으로 본다. 이를 오운육기五運六氣[93] 이론이라 부르는데, 그 자세한 내용

---

91)「傷寒例」참조.
92)「四時養老總序」참조.
93) 오운은 그해의 천간에 따라 이루어진다.

은 여기서 생략한다. 아무튼 오운육기 이론은 하늘과 땅의 여러 요소가 서로 억제도 하고 돕기도 하면서 각 해마다 계절을 따라 특징 있게 기후 변화를 일으킴으로써 그에 따라 사람이 영향을 받아 질병을 겪기도 하고 치료되기도 한다는 사상의 표현이다.

『활인심』에서도 계절의 영향을 중시해서 음식을 따뜻하게 먹으라, 몸을 가리고 정서를 조절하며 찬물을 삼가라는 등 특히 여름에 지켜야 할 몇 가지 예를 들고 있다.

『보제방』 또한 같은 입장에서 여름에 더위 먹지 않도록 주의를 주고 있다.

더위에 다치는 것은 보통 하지를 전후해서 각 30일 정도의 기간으로 소양상화少陽相火가 작용하는 시기다. 뜨거운 열기가 크게 작용하여 돌이 달아오르고 금속이 녹아내리며 풀이 시들고 물이 마르는 때로서 사람이 그에 다치면 몸에 열이 나고 식은땀이 나며 얼굴에 때가 끼고 등이 오싹오싹 추우며 몸이 나른해서 모든 것이 싫고 기가 줄어든다. 더위로 기를 잃으면 기가 자지러들고 피가 흩어지게 되는 것이 상한증과 비슷하다.

5운	土運	金運	水運	木運	火運
양 5천간	甲	庚	丙	壬	戊
음 5천간	己	乙	辛	丁	癸

육기는 그 이름이나 순서가 일정한데 한 해의 지지에 관계없이 계절에 맞추어 나누는 主 六氣와 한 해의 지지에 따라 먼저 반년을 맡게 되는 客 六氣가 있다. 따라서 각 해마다 그 지지가 달라지므로 주인된 기와 손님된 기의 어우러짐이 달라지게 된다.

주된 6기	厥陰風木	少陰君火	少陽相火	太陰濕土	陽明燥金	太陽寒水
6淫	風	暑(熱)	火	濕	燥	寒
계절	봄		여름	가을		겨울

전 반년 객기	궐음풍목	소음군화	소양상화	태음습토	양명조금	태양한수
12地支	巳·亥	子·午	寅·申	丑·未	卯·酉	辰·戌
후 반년 객기	소양상화	양명조금	궐음풍목	태양한수	소음군화	태음습토

네 계절 가운데 오직 여름 한철만은 사람이 정신을 빼앗기는 시기라서 가장 조섭이 필요한 때다. 심장은 왕성해지고 신장은 쇠약해지니 신장의 기운이 풀어져서 물이 되었다가 가을이 되면 차츰 엉기고 겨울에 이르면 비로소 굳어진다. 이 시기에는 따뜻한 성질의 약으로 기를 보충하고 도와야 마땅하며 음식 또한 어느 정도 열을 가한 것이 좋다. 찬 것을 마시고 날것을 먹는 것 모두 병의 원인이 된다.[94]

『제병원후론』에서도 「곽란증세(霍亂候)」라는 장을 특별히 만들어서 찬 음식과 날것이 곽란을 부른다고 주의를 주고 있다.

술을 마시고 생고기를 날로 많이 먹으며 생활에 절도가 없어서 습한 땅에 몸을 드러내고 눕거나 바람을 맞아서 찬 기운을 받으면 바람과 찬 기운이 삼초로 들어가 비장과 위에 전해진다. 비장과 위가 찬 기운을 만나면 맷돌질을 하지 않는다. 맷돌질을 하지 않으면 먹고 마신 것이 소화가 안 될 뿐만 아니라 맑은 기와 탁한 기가 서로 충돌을 일으키게 된다. 그렇게 비장과 위가 허약해지면 토하고 설사하기에 이르는 것이다. 먹고 마신 것이 소화되지 않으면 가슴과 배가 가득 찬 느낌으로 불러 오는 증세를 겪게 되는데, 그 모두가 곽란을 일으킨다.

『활인심』은 음식이 따뜻할 것을 권장하는 데서 한걸음 더 나아가, 뱃속이 따뜻해야 건강하다는 이치를 강조한다. 『수친양로신서』에서도 늙으신 부모를 받드는 일에는 죽이 좋다는 뜻으로 "죽은 뱃속에서 따뜻하게 작용하고 잠을 방해하지 않으므로 세상에서 제일 좋은 약이다"라고 말하고 있다.

같은 흐름에서 『의설』은 "무더운 때일수록 먹고 마시는 것에 더욱 주의를 기울여야 한다. 음기가 안에 엎드려 있기 때문에 소화가 지연

---

94) 「中暑論」 참조.

되는데다가 또 차고 익히지 않은 음식을 먹으면 그것들이 서로 충돌하여 소화를 더욱 어렵게 한다. 적게 다치면 설사에 그치지만 무겁게 다치면 토사곽란을 일으키게 된다. 그렇기 때문에 무더위에는 음식을 적게 먹고 날것과 찬 것을 삼가서 소화기 계통의 병을 면하도록 하여야 한다. 비록 한여름 무더위에 찬 것 마시기를 완전히 끊기는 어려울지라도 힘써 줄여서 날로 먹은 것들과 서로 침범하는 일이 없도록 하여야 병이 나는 것을 면할 수 있다"[95]라고 말한다.

그러나 '지나친 것은 절제하여 적당하게 해야 한다'는 대원칙이 더 우선이므로 더위가 지나치면 조금 서늘하게 하고 추위가 지나치면 조금 따뜻하게 한다는 이치를 잊어서는 안 된다. 그런 의미에서 『상한론』이 "섭생을 좋아하는 사람이 무더위에 겹옷을 입고서 바람을 피하고, 먹고 마시기를 반드시 뜨겁게만 하다가 병을 얻는 경우가 많다"[96]고 한 말 또한 함께 참작해야 한다. 결론은 기후와 체질을 잘 조화시켜서 생리적으로 지나치지도 모자라지도 않게 해야 한다는 것이다.

인격을 수양하는 사람(君子)이 한여름이 되는 달에 몸과 마음을 깨끗하게 하기 위하여 『활인심』에서 예로 들고 있는 여러 금기사항을 지키는(齋戒) 것은 한여름이나 한겨울과 같이 계절의 기운이 한쪽으로 치우친 시기에 그 영향을 곧바로 받지 않고 스스로의 노력으로 조절함으로써 건강과 인격을 유지하려는 의지의 표현이다.

같은 맥락에서 『활인심』은 무더위로 찌는 듯이 더울 때는 찬물로 목욕은 물론 세수하는 것조차도 오히려 양생에 해로울 수 있다고 주의를 주고 있는데, 이와 뜻을 같이하는 내용이 여러 동양 의학 고전에서 보인다. 『외대비요방外臺秘要方』[97]에서는 "열이 덮쳐서 땀이 날 때는 손

---

95) 『醫說』, 권6, 「臟腑泄痢」, '當暑勿食生冷' 참조.
96) 「解仲景脈說」 참조.

이나 얼굴을 씻지 말고 양치질도 하지 않는다. 오장이 마르고 진액이 줄어들기 때문이다"98)라고 말하였다. 『성제총록聖濟總錄』99)에서는 "열이 성하여 땀이 나면 양기가 피어올라 밖으로 새어 나가고 피부가 성글어지는데, 찬물로 몸을 씻으면 열기가 오히려 안으로 (들어가) 피부 사이에 뭉쳐 있게 된다"100)고 말하였다. 『삼인극일병증방론三因極一病証方論』101)에서는 "사나운 열기 속에서 찬물로 몸을 씻으면 열이 위 속에 남아 있게 된다"102)고 말하였고 『금궤요략金櫃要略』103)에서는 "여름에 크게 취하였는데 땀이 그치지 않으면 특히 찬물로 몸을 씻거나 부채질을 하지 말아야 한다. 아니면 즉시 병이 생긴다"라고 말하였다. 『비급천금요방』에서는 "찬물로 몸을 씻으면 심포心包104)를 약하게 하여 회복되지 못한다"105)고 말하였다.

『활인심』은 신장의 기운이 여름에는 물로 변하였다가 가을에 엉기고 겨울에 굳어진다고 말하는데, 이것은 신장이 풀어졌다가 긴장되는 모습을 마치 물이 녹았다가 다시 어는 모습과 같다고 보아 신장의 기운을 이에 비유한 말일 것이다. 동양 의학에서 신장은 오행 가운데 수水에 속하는 성질과 기능을 가지고 있어서, 생식의 정精과 오장육부의

---

97) 당나라 때 王燾가 쓴 동양 의학 종합 처방책이다.
98) 「將息禁忌論一首」참조.
99) 송나라 때 휘종의 지휘 아래 동양 의학과 양생 및 신선술을 종합하여 엮은 책이다. 금나라와 원나라 때 각각 교감을 거쳐서 중간되었다. 폭넓은 이론(論)과 처방(方)을 모아 놓았는데, 처방은 무려 2만 가지에 이른다.
100) 「瘡腫門」, '痳瘡' 참조.
101) 송나라 때 陳言이 동양 의학의 이론, 증세, 처방을 종합하여 쓴 책이다.
102) 「五疸叙論」참조.
103) 앞의 주 90) 『상한론』 참조.
104) 동양 의학에서는 어떤 막이 심장을 둘러싸서 보호하면서 심장의 보조적 기능을 한다고 보는데 그것을 심포라 부르고 거기에 소속된 경락을 수궐음심포경락이라 한다.
105) 「居處法」참조.

정을 간직함으로써 몸 전체의 생리적 기능과 생식기능을 담당하고 성장 발육의 기초가 된다. 또한 뼈, 골수, 뇌와 밀접하게 관계를 맺어서 정신을 안정시키고 방광과 더불어 표리를 이루어 수분대사를 담당한다. 따라서 『활인심』이 그 중요성을 강조하기 위하여 특히 다치기 쉬운 여름에 잘 보존하라고 말한 것이다.

10) 음식과 양생

사람은 음식을 먹어서 영양을 공급받아 생명을 유지하고 건강을 지키며 나아가 질병을 예방한다. 음식은 호흡과 함께 2대 에너지원이다. 따라서 음식이 생리와 병리에 주는 영향 및 관계를 정리하고 음식을 조리하여 먹고 마시는 원칙을 잘 세워서 양생과 의료에서의 효과를 높이고자 하는 일은 매우 중요하다.

사람의 몸을 종교와 철학에서는 흙·물·불·바람 같은 4대 요소로 이루어졌다고 생각하고, 영양 성분에서 보면 탄수화물·단백질·지방·비타민·무기물과 물로 이루어져 있다고 본다. 어느 것이든 몸을 구성하는 모든 성분은 결국 음식에서 얻어야 한다.

영양 성분은 뇌를 포함하여 몸의 모든 조직을 구성할 뿐만 아니라 질병에 대항하여 싸우는 면역기관과 면역세포도 구성한다. 따라서 영양이 부족하면 몸이 마르고 힘이 빠질 뿐만 아니라 질병에 걸리는 비율도 높아진다. 특히 어린아이가 영양이 부족하면 뇌의 발육에 지장을 받는다. 영양이 부족한 경우는 물론이고 영양이 지나치게 많아서 균형이 맞지 않아도 건강에 좋지 않은 영향을 주는 것 또한 자연의 이치다. 예를 들어 지방이 많으면 비만을 부르고 동맥경화를 겪게 되며 소금 성

분이 지나치면 고혈압이 되기 쉽다. 육식을 하는 사람이 육식을 하지
않는 사람보다 암에 걸릴 비율이 높으며 단백질이 부족하면 노인이 되
서 치매에 걸리기 쉽다.

　음식의 중요성에 비추어 볼 때, 전문적인 지식은 아닐지라도 일반
인에게 필요한 교양 상식 정도는 누구나 알아 둘 필요가 있다.

덧붙이는 글 : 음식을 통한 양생에서 지켜야 할 원칙

　가) 육식을 적게 한다.

　육식을 하면 고지방, 고열량을 쉽게 섭취해서 비만, 당뇨, 동맥경화 등을 겪을
가능성이 높아진다.

　나) 소화가 잘되도록 재료를 선택, 조리한다.

　음식이 몸에서 필요로 하는 영양 성분으로 바뀌려면 우선 비장과 위에서 소화
가 잘되어야 하기 때문에, 아무리 좋고 값비싼 음식이라도 소화가 잘 안 되면 아
무 소용이 없다. 따라서 소화가 잘될 뿐만 아니라 비장이나 위의 기를 도울 수
있도록 조리된 음식이면 더욱 좋다.

　다) 절도 있는 음식생활을 한다.

　밥 먹는 시간과 먹는 양을 규칙 있게 정하면 불규칙하게 배고팠다 배불렀다
하지 않는다. 또한 뜨거운 것을 먹다가 차가운 것을 먹지 않으며 폭음과 폭식도
하지 않는다. 다음과 같은 몇 가지 사항에 주의하며 절도 있게 생활한다.

　첫째, 사람의 생리기능은 하루 동안에도 리듬이 있어서 많이 활동하는 시간대
에는 중추신경계가 긴장하여 소화기관의 작용이 활발하지만 저녁이 되어 휴식 특
히 잠이 필요해지는 시간대가 되면 그러한 기능이 약해진다. 따라서 잠자기 전에
음식을 많이 먹으면 우선 소화가 잘 안 되고 소화기 계통에 나쁜 영향을 준다.
소화가 되더라도 잠자는 동안 에너지가 남아돌아서 비만으로 이어진다.

　둘째, 한 가지 음식을 특별히 좋아하여 편식을 하는 습관이 생기면 이로 인해
병이 나고 수명이 단축될 수 있다. 음식에는 영양 성분 이외에도 맛이라는 것이
있다. 맛은 오장의 기능과 관련되어 있기 때문에 음식과 오장의 상태 곧 체질이
서로 조화를 이루어야 할 뿐만 아니라 음식 상호간에도 균형이 이루어져야 한다.

그런데 편식을 하면 그 조화와 균형이 깨지므로 결국 질병을 부르고 수명을 단축시키는 것이다.

따라서 음식은 골고루 먹는 것이 좋다. 단 것을 편식하면 피에 콜레스테롤 수치도 높아지고 당뇨에도 걸릴 수 있으며, 기름진 것을 편식하면 피에 지방이 많아져서 비만과 동맥경화로 이어질 수 있다. 육식이나 연한 것을 편식하면 섬유질이 부족해져서 변비, 비만, 당뇨, 담석증, 대장암 등에 걸릴 수 있는 것이다.

셋째, 음식은 담박한 것이 좋다. 음식이 너무 맵거나 짜거나 달거나 시거나 쓰면 오장에 미치는 영향이 뚜렷해져서 큰 문제가 생기는데, 이에 관해서는 본문에서 다섯 가지 맛을 설명할 때 이미 다루었다. 대부분의 동양 의학과 양생서에서는 특히 단 것과 짠 것을 지나치게 먹지 말라고 강조하고 있다.

넷째, 과식을 피한다. 과식은 그 자체로 위와 소화기 계통에 부담을 주어서 곧바로 소화불량을 일으키고 위확장, 위하수 등의 질병을 부를 뿐만 아니라 피를 위로 몰리게 하여 심장 등 중요 기관에는 피가 잠시 부족하게 함으로써 노곤함, 작업 능력 저하, 심장 압박감을 느끼게도 한다. 나아가서 과식이 쌓이면 영양 과다를 원인으로 하는 여러 가지 병도 부른다.

라) 좋은 음식 습관을 기른다.

음식을 먹는 동안뿐만 아니라 그 앞과 뒤에도 갖추어야 할 좋은 식생활 태도를 몸에 익혀서 습관이 되면 나도 모르는 사이에 건강 장수에 큰 도움이 된다.

① 음식용 기구를 청결히 하고 때때로 소독을 한다.

② 음식을 먹기 전에 손을 씻는다.

③ 음식을 보며 즐거운 마음을 갖는다.

④ 음식을 먹을 때는 음식만 먹고, 동시에 책이나 신문, TV를 보지 않는다.

⑤ 충분히 씹어 먹는다.

⑥ 물은 적당하게 마신다. 물을 너무 많이 마시면 위산이나 소화액의 농도를 떨어뜨린다. 차도 너무 진하게 마시면 소화작용에 지장을 줄 수 있다.

⑦ 음식을 먹으며 목소리를 높이지 않는다. 말이든 웃음이든 고함이든, 목소리가 너무 크거나 높으면 소화작용에 방해가 되고 심하면 기관지로 음식이 넘어갈 수도 있다. 특히 혈압이나 심장에 병이 있는 사람은 병의 악화를 가져오기 쉽다.

⑧ 음식을 먹은 뒤에는 양치질을 한다.

⑨ 음식을 먹은 뒤에는 잠시 휴식을 취한다.

⑩ 배불리 먹거나 술을 상당히 많이 마신 뒤에는 곧바로 세수나 목욕을 하지 않는다. 세수나 목욕을 하면 피가 위가 아닌 다른 곳으로 몰리게 되어 위가 활발하게 활동하는 것을 방해하고 몸 전체로 피가 공급되는 데도 혼란을 가져올 수 있기 때문이다.

마) 상황에 맞게 음식을 조절한다.

음식을 먹는 방법이나 조리하는 방법은 사람, 계절, 지리적 환경에 따라 조절할 필요가 있다.

① 동양 의학에서는 전통적으로 체질을 정상, 음허陰虛, 양허陽虛, 음양양허陰陽兩虛 4가지로 분류하는데, 특히 우리나라에서는 이제마李濟馬(1837~1900)* 이후 태음, 태양, 소음, 소양의 4상으로 분류하기도 한다. 아무튼 사람마다 자기의 체질을 고려하여 넘치는 것은 억제하고 모자라는 것은 보충할 수 있게 음식의 종류나 조리방법, 그리고 먹는 양이나 횟수를 정한다면 보다 더 좋은 효과를 볼 수 있을 것이다.

② 본문에서 살펴본 바와 같이 계절에 따라 생리기능이 받는 영향이 달라진다. 따라서 각 계절의 기후에 맞추어 음식물의 종류, 분량과 조리 방식 등을 변화시킬 필요가 있다.

봄은 자연계의 양기가 피어오르는 기후기 때문에 몸속의 화火를 자극하는 음식을 많이 먹지 않는 것이 좋다. 따라서 매운맛을 줄이고 신선한 야채나 파일을 늘리는 것이 좋다.

여름은 자연계의 열기가 왕성하고 사람은 땀을 많이 흘리는 기후기 때문에 열기를 식히고 수분을 보충하는 음식이 필요하다. 따라서 수박, 참외 등이 좋으나 너무 많이 먹으면 역효과가 난다는 자연의 이치 또한 잊으면 안 된다. 『활인심』은 특히 여름에 찬 음식을 지나치게 먹을까 염려하여 "무릇 그릇에 담기는 먹을거리 가운데…… 성질이 지극히 찬 채소나 오이 종류는 비록 (여름철의 더운) 기운을 다스리는 면이 있기는 하지만 또한 사람의 눈과 귀를 어둡게 한다.…… 이러한 음식물은 대체로 네 계절 언제나 먹지 않는 것이 좋고 꼭 여름에만 한정할 것이 아니다. 노인은 특히 꺼리는 것이 마땅하다"고 주의를 주고 있다.

가을은 자연계가 건조하고 서늘해지며 사람의 기가 차차 가라앉는 기후이므로 어느 정도 따뜻한 음식이 좋으나 과식은 언제나 해롭다는 것을 유의해야 한다.

겨울은 자연계가 춥고 건조하며 움츠러드는데다가 사람 또한 그렇게 되는 기후기 때문에 음식은 추위를 이길 수 있게 열량이 높은 것이 좋다. 따라서 열량 과잉이 되지 않게 주의하는 것 또한 필요하다.

③ 살고 있는 지역의 지리적 환경에 따라 음식의 종류와 조리방법이 달라지는 것 또한 어쩔 수 없는 일이다. 대체로 그 지역에서 쉽게 얻을 수 있는 것을 먹고 마시는데, 이것은 자연에 조화하는 하나의 방법으로서 좋은 음식 문화를 이룬다. 산악 지역에서는 산과 들에서 나는 음식물을 주로 먹고, 해안에서는 바다에서 나는 음식물을 주로 먹는 것은 자연스런 문화의 형성이다. 그러나 한편으로는 음식 문화의 지역적인 특색 때문에 부족한 영양 성분이 생길 수가 있으므로 그것을 보충하는 노력 또한 필요하다.

바) 꺼려야 하는 음식

① 질병의 원인이나 종류 및 진행 정도에 따라서 꺼려야 하는 음식이 있고 복용하는 약에 따라 꺼려야 하는 음식이 있다.

질병의 상태나 복용약제	꺼려야 하는 음식	이유
과민성 질병(두드러기, 천식 등)	과민성 음식(새우, 게 등)	병세 악화
몸이 붓는 증세	소금	증세 악화
출혈	열을 돋우는 음식	출혈 촉진
헌 데(疔瘡)	돼지고기, 소고기	증세 악화
설사	기름기 있는 음식	증세 악화
높은 콜레스테롤 수치	기름진 음식(육류, 어류, 우유, 내장, 장어 등)	증세 악화
신 또는 간 기능 이상	고단백질 음식(육류, 어류, 알)	몸 안에 독성물질 축적
간염, 담낭염, 담석증	기름진 음식	간, 담을 자극 또는 부담
췌장염	술, 폭식	췌장, 12지장 자체 소화.
치질, 탈항	매운맛	대변 건조.
여성 생리기	얼음, 찬 음식	생리기능 위축
인삼 복용	무	인삼의 효능 감소
철 성분 약 복용	차, 특히 진한 차	화학 반응
열 성질의 약 복용(인삼, 녹용 등)	찬 성질의 음식(조개, 게, 다시마 등)	약효 충돌, 감쇄
찬 성질의 약 복용(우황, 황련 등)	열 성질의 음식(양고기, 개고기 등)	약효 충돌, 감쇄

② 함께 먹기를 삼가야 하는 음식물(주로 민간에 전해지는 내용이다)

수박-양고기, 생선-감초, 감-조개·게, 두부-꿀·설탕, 개고기-녹두, 파-꿀, 자두-오리고기, 바나나-고구마, 바나나-토란, 계란-사카린, 꿀-파·마늘 등이 있다.

③ 약을 복용하는 사람은 특히 술, 차와 같이 그 약의 구성 성분과 화학반응을 일으킬 수 있는 음식을 삼가야 하는데, 구체적인 내용은 의사와 상의해야 한다.

* 함경남도 함흥 사람으로서 사람의 체질을 오장기능의 강약관계에 따라 역학의 4象으로 분류하고, 질병을 치료할 때는 이에 따라 치료 방식을 정해야 좋은 효과를 본다는 사상의학을 창안하였다. 이러한 내용으로 『東醫壽世保元』이라는 책을 썼다.

덧붙이는 글 : 일상에서 먹는 음식의 성질*

음식	따뜻한 성질	찬 성질	중간 성질
곡식, 식용유	햅쌀, 남방 밀, 수수, 콩 기름	묵은 쌀, 북방 밀, 참기름	옥수수, 땅콩, 고구마, 감자
콩류	작두콩, 불 콩(扁豆)	녹두, 두부, 숙주나물	노란 콩, 검은 콩, 팥, 잠두, 완두, 채두菜豆
채소	부추, 갓, 마늘, 파, 고추, 양파	무, 가지, 셀러리, 미나리, 다시마, 김, 연뿌리	배추, 청채, 시금치, 양배추
육지 동물	닭, 돼지 내장, 양, 개, 노루, 사슴	오리, 오리 알, 돼지 뇌, 말, 양 간, 토끼	계란, 돼지고기, 소고기, 산돼지, 꿀
수산물	해삼, 전복, 갯고둥 조기, 연어, 갈치	게, 소라, 조개, 잉어, 뱀장어	해파리, 새우, 오징어, 청어, 상어, 쥐치, 가자미, 병어, 붕어, 준치, 숭어, 농어, 거북, 자라
열매	매실, 금귤, 여지, 호도, 산사, 밤, 잣, 복숭아, 앵두, 석류, 살구, 호박	바나나, 감, 귤, 배, 야자, 유자, 참외, 동아, 오이, 수박	자두, 대추, 올리브, 포도, 연 열매, 비파, 용안육, 해바라기 씨
조미료, 음료	생강, 흑설탕, 엿, 식초, 후추, 커피	소금, 간장, 차	흰 설탕, 샘물

* 이 표는 施杞 주편, 「음식조리양생법」, 『실용중국양생전서』(上海: 學林出版社, 1990)를 번역한 것이다.

11) 자연현상과 양생

천인감응 사상을 강조하지 않더라도 자연환경이 사람의 마음과 몸의 건강에 큰 영향을 준다는 것은 누구나 인정하는 사실이다. 다시 말해 대기의 온도, 습도, 산소량이나 오염의 정도, 소음 등과 같은 외부 생활환경이 건강에 밀접하게 연결되어 있다는 사실은 학문적인 연구가 아니어도 누구나 경험으로 알고 있다. 그러나 막상 외부 환경이 사람의 생리에 어떻게 영향을 미치는지 과학적으로 설명하려면 어려운 이론적 분석이 필요하거나 설명 자체가 불가능한 경우도 아직 많다. 또한 외부 환경은 개인의 힘으로 그때그때 쉽사리 조절할 수 있는 것이 아니기 때문에 개인의 입장에서는 가능한 한 적절하게 그에 적응하거나 극복하는 지혜를 찾는 것이 빠른 길이다. 이것이 곧 여기서 설명하고 있는 여러 양생법이기도 하다.

자연환경과 관련하여 많은 사람이 신경쓰는 것 중에는 풍수라는 것이 있다. 풍수란 글자 그대로 바람과 물을 가리키는 말인데, 결국 나를 둘러싸고 있는 지형이 어떻게 막히고 어떻게 터져 있는가, 물은 어떠한 형태로 흐르는가 하는 문제를 살핀다는 말이다. 풍수가 발전을 하면, 자기가 살고 있는 지형이 어디를 근원으로 해서 어떻게 지금의 모습으로 흘러 내려왔는지, 멀리 있는 지형과는 어떠한 관계가 있는지 하는 문제도 자연 궁금해지고, 물에 대해서도 근원이나 분량이나 방향 등이 궁금해지게 마련이다. 그러나 이러한 궁금증에도 불구하고 오늘날까지 풍수에 대해 납득할 만한 과학적 설명이 이루어지지 못한 채, 몇백 년 전 책에 쓰인 그대로 따르거나 아니면 아예 무시하고 있는 형편이다.

아마도 현대 과학에서 빠진 부분이거나 아니면 아직 접근이 곤란한 영역일 것이다. 특히 풍수에서 중요하게 다루고 있는 방향의 문제는 지구에서의 지자기地磁氣와 관계가 있음이 분명함에도 불구하고 아직 지학에서도 물리학에서도 이를 설명한 글을 보지 못했다. 다만 종래의 동서남북 음양오행 이론에 따라서 길흉을 엮어 놓은 내용을 답습할 뿐이다. 지자기의 문제는 아직도 제비, 기러기 같은 철새나 연어 같은 회귀성 어류들의 정확한 여행경로 결정에 이용되는 것 같다는 정도만 연구되어 있을 뿐인 것으로 필자는 알고 있다.

예전의 풍수 책의 내용 또한 매우 전문적이라서 일반인이 상식으로 익히기에는 어려운 점이 많다. 그러나 지자기와의 관계를 제외한다면, 풍수의 요점은 결국 바람에 휘둘리지 않고 습기에 덮이지도 않으며 메마르지도 않아서 평온하고 쾌적한 환경 속에 머무는 게 좋다는 것으로, 너무나 당연한 내용이라 하겠다. 앞에서 '잠자기'에 관하여 살필 때, 잠자는 동안 통풍은 잘 되어야 하지만 바람기를 느껴서는 좋지 않다거나 체온을 따뜻하게 유지해야 한다거나 머리를 동쪽으로 향하게 두는 게 좋다고 했던 것과 같은 맥락으로 꿰어져 있는 것이다. 풍수를 몰라도 일반 다른 양생법을 잘 안다면, 지자기의 영향을 제외한 어느 정도의 문제는 해결할 수 있을 것이다.

풍수와 관련하여 수맥이라는 문제가 오늘날 많은 관심을 끌고 있다. 수맥 문제는 지하에 물이 흐르는 맥이 있어서 그로부터 수맥파가 생겨 지상으로 올라와 사람이 만들어 놓은 것을 망가뜨리고 사람의 건강에도 나쁜 영향을 끼친다고 믿는 데서 생겨났다. 수맥의 정체나 그 영향에 대해서는 아직 공식적으로 정확히 파악되지 않은 채 몇몇 사람이 일종의 기氣 현상으로 탐구하는 정도일 뿐이다. 그러나 한편, 수맥 위에 있는 공작물이나 사람이 나쁜 영향을 받는다는 것을 부정할 만한 근거가 없을 뿐만 아니라 수맥연구자들의 주장을 믿을 수 있는 예도 적잖게 볼 수 있다. 다시 말하여 수맥은 피하는 것이 좋다. 그리고 어쩔 수 없이 수맥 위에 놓이게 되었으면 구리판을 깔아서 그 영향(수맥파?)을 막을 수 있다는 주장에 따르는 것도 좋을 듯하다.

자연환경에는 사람의 인식 범위를 넘어서는 많은 요소가 있는데, 그 중에는 바이러스를 포함한 병원체류, 적외선·자외선·전자파·초음파를 포함한 파장류 또는 독가스 같은 입자류 등이 있다. 지상에서의 환경을 넘어서서 우주로 범위를 넓히면 우주선宇宙線의 문제도 있다. 어떠한 경우에도 스스로의 능력이 감당할 수 있는 한계를 넘어서서 침해당하지 않도록 조심해야 한다.

『활인심』은 자연환경 가운데 짙은 안개 속에는 건강에 나쁜 기운이 들어 있다는 입장에서 술에는 그러한 기운을 막아내는 효능이 있다고 하였다. 현재 일반인의 과학 상식으로도 습도가 높은 상태에서 온도가 급격히 낮아지면 짙은 안개가 생긴다는 것뿐만 아니라 이렇게 생긴 안개에는 각종 병원체들이 안개 알갱이와 함께 엉겨 있을 수 있다는 것쯤은 쉽게 짐작할 수 있다. 하지만 그 이상으로 안개가 사람의 생리와 병리에 어떠한 관련을 갖고 있는가 하는 문제는 전문적인 영역에 속하는 사항으로서 회오리바람, 천둥번개, 갑작스런 캄캄함 등과 같은 범주의 문제일 것이다.

술이 안개 같은 자연환경으로부터 오는 나쁜 기운(邪氣)을 막는 효능을 가졌다는 점에 대해 현대 의학·생리학에서는 어떻게 파악하고 있는지 알 수 없으나, 동양 의학에서는 여러 곳에서 『활인심』과 같은 내용을 말하고 있다. 『의설』에서 술의 장점과 단점을 말하면서 "술이…… 바다가 어는 큰 추위에도 얼지 않는 것은 지극한 열이 있기 때문이고 마시면 혼란스러워져서 사람의 성격이 바뀌는 것은 지극한 독이 있기 때문이다. 풍한風寒을 흩어 버리고 혈맥을 풀며 사기邪氣를 감소시키고 약의 기운을 이끌어 내는 것으로는 술보다 나은 것이 없다"라고 말한 것은 앞에서 살펴보았다. 이와 관련하여 『신농본초경소神農本草經疏』[106)에서는 다음과 같이 말하고 있다.

> 술은 종류가 매우 많고 도수도 여러 가지인데, 쌀로 빚은 것만 약으로 쓴다. 경전에서 "술이라는 것은 열 있는 곡식의 즙으로서 그 기가 사납다"라고 말하거나, 도홍경이 "큰 추위로 바다가 얼어도 술은 얼지 않는다"라고 말한 것 등은 그 열 있는 성질을 확실히 말해 주는 것이다. 여러 물질을 제치고 홀로 약을 만들 때 많이 쓰이는 것은 그것이 열 있는 기세를 갖고 있기 때문이고, 사람이 많이 마시면 몸이 망가지고 신神이 어두워지는 것은 그것에 독이 있기 때문이다. 『박물지博物志』에서 "옛적에 세 사람이 안개를 무릅쓰고 새벽에 길을 떠났는데, 한 사람은 술을 마셨고 또 한 사람은 배불리 먹었고 또 한 사람은 아주 빈속이었다. 빈속인 사람은 죽고 배불리 먹은 사람은 병들었으나 술을 마신 사람은 건강하였다"고 기록하고 있는데, 이는 술 속에 있는 사악한 기운과 독 있는 기운을 막아내는 효능이 다른 물질보다 우월하기 때문이다. 혈맥을 통하게 하고 창자와 위를 두텁게 하며 피부를 촉촉하게 하고 근심을 사라지게 하는가 하면 화가 나게 하고 말을 많게 하며 뜻을 펼치게도 하는데, 그 모두가 술이 경락을 거침없이 멋대로 오가며 피부에 흩어져 달리면서 열어젖히고 펼치며 막힌 것을 통하게 하는 기능 때문이 아닌 것이 없다.[107)

또한 『활인심』에서는 특히 회오리바람(飄風), 천둥번개(震雷), 캄캄해짐(晦冥) 같은 갑작스런 환경 변화를 피하라 하였다. 회오리바람이 불때는 그에 휘말리거나 날아오는 물건에 다칠 위험이 있고 천둥번개가칠 때는 벼락에 맞을 위험이 있으므로 땅 위에 두드러진 상태로 있지

---

106) 명나라 때 繆希雍(1546~1627)이 『神農本草經』을 풀어 설명한 책이다.
107) 『神農本草經疏』, 권25 참조.

말아야 하는 것은 당연하다. 또한 갑자기 캄캄해지는 것은 갑작스런 폭우나 회오리바람, 천둥번개의 조짐일 수 있으므로 역시 같은 이유로 피하는 것이 좋다. 그런데 『활인심』에서는 그 자리에서 다칠 위험이 있다는 이유에서가 아니라 오랜 뒤에 걱정거리가 될 염려가 있다는 이유로 그러한 자연현상을 피하라고 말하고 있다.

아마도 아직 과학적으로 파악되지 못한 어떤 나쁜 기운(파동이나 입자)이 그러한 자연현상으로부터 나온다는 사실을 그때 이미 감지한 것으로 짐작된다. 『비급천금요방』에서 이미 "무릇 집에 있거나 외출을 했을 때 갑자기 큰 회오리바람이나 폭우나 천둥번개나 캄캄해짐이나 큰 안개를 만나는 일이 있는데, 이것은 모두 용이나 귀신이 행동을 하여 지나가기 때문에 일어나는 일이다. 방 안에 들어가서 문을 닫고 향을 사르며 조용히 앉아서 마음을 안정시키며 피하였다가 지나간 뒤에 나오는 것이 마땅하다. 그렇지 않으면 해침을 입어 그때는 비록 괴롭지 않을지라도 뒤에 좋지 않게 된다. 또한 어둑어둑한 안개 속에서 먼 길을 가서는 안 된다"[108]고 말하는 것과 같은 맥락이다. 문제는 용이나 귀신의 정체가 무엇이냐를 과학적으로 파악해 내는 일에 있다.

『활인심』에서 봄·여름에는 아침 일찍 잠에서 일어나고 가을·겨울에는 좀 늦게 일어나도 좋다고 말한 내용 또한 계절의 기운과 외부 환경의 상황과 조화를 이루는 생활이 건강에 좋다는 원리의 한 표현이다.

12) 보건공

근대에 들어와서 중국 기공학자들은 지금까지의 기수양 분야를 통

---

108) 「居處法」 참조.

틀어 기공氣功이라는 용어로 포괄하면서 주로 자기 안마(自家按摩)에 해당하던 양생법과 침 삼키기를 합쳐서 보건공이라는 이름 아래 재정리하였다.

보건공은 주로 다른 기공을 하기 전이나 뒤에 그 효과를 높이기 위하여 보조적으로 이용하지만 때로는 특정한 질병을 치료하기 위해 주된 기공법으로도 이용한다. 보건공의 구체적인 요령은 다른 기공법과 마찬가지로 그동안의 전문 연구자들이 수없이 많이 제시하였다. 이는 크게 얼굴, 이, 뒤통수, 뒷덜미, 배, 신장 부위, 용천, 귀, 눈 및 경락에 대한 안마와 침 삼키기로 분류할 수 있다. 각 공법마다 또한 각양각색의 실행 요령이 있으나, 여기서는 일반적으로 통용되는 것 한 가지씩만을 소개하겠다.

① 얼굴 부위 안마: 얼굴 전체 마사지, 열 손가락으로 머리 빗기, 콧날 양옆 문지르기, 인중 문지르기, 아래턱 문지르기 같은 방법이 있다. 각 동작의 자세한 요령은 각자 편리하고 효과적이라고 생각하는 대로 구성하면 된다. 예컨대, 콧날 양옆 문지르기는 집게손가락으로 할 수도 있고 엄지를 굽혀서 할 수도 있는 것과 같다.

② 이에 대한 보건공: 손가락 끝 또는 주먹으로 바깥에서 이 부위를 가볍게 두드리기, 어금니 아래위로 서로 마주치기 등이 있다. 어금니를 마주칠 때는 물리적인 힘은 가볍게 하고 마음으로 강하게 한다. 딱딱 소리가 나는 것은 좋지 않으나 마음속으로는 그렇게 암시하고 마음의 초점 또한 그곳에 맞추어 지킨다.

③ 뒤통수 두드리기: 두 손바닥으로 각각 귀를 덮어 막고, 가운뎃손가락 위에 집게손가락를 포개었다가 힘차게 튕겨서, 뒤통수의 머리털이 시작하는 곳에 있는 머리뼈(枕骨) 아랫부분을 때린다. 마음을 조용히 뒤통수에 집중하고 호흡을 가라앉히면 때릴 때마다 북치는 소리를

들을 수 있다.

④ 뒷덜미 부위 안마 : 두 손으로 번갈아 가면서 목 뒷덜미를 움켜쥐었다 놓았다 하고, 다시 가운뎃손가락 끝으로 뒤통수의 머리털이 시작하는 곳을 차례로 눌러나간다.

⑤ 배 문지르기 : 손바닥 아랫부분으로 겨드랑이로부터 허리까지 옆구리 부위를 시계 방향으로 가볍게 문지른다. 두 손을 포개서 배꼽을 덮은 다음 마음의 초점을 손바닥에 맞추어 지키고 호흡을 가라앉힌 상태로 천천히 시계 방향으로 배를 문지른다. 문지르는 범위가 처음에는 작은 원을 그리다가 차차 큰 원으로 변하여 명치와 불두덩까지 이른다. 다시 반대 방향으로 원을 좁혀 가면서 배꼽까지 문질러 들어간다.

⑥ 신장 부위 문지르기 : 허리에서 등쪽으로 엉덩이 위 부위와 갈비뼈 아래 부위를 손바닥 또는 손등으로 문지른다.

⑦ 발바닥 문지르기 : 손바닥, 엄지, 주먹 등으로 발바닥 특히 용천혈 부위를 뜨겁게 느껴질 정도로 문지른다. 양쪽을 교대로 실행한다.

⑧ 귀 문지르기 : 귓바퀴를 손가락으로 감싸 쥐고 뜨겁게 느껴지도록 골고루 비벼 문지른다.

⑨ 눈에 대한 지압 등 : 손가락 끝으로 눈알 아래위의 뼈 가장자리를 돌아가며 여러 차례 누르고, 이어서 눈초리에서 귓바퀴 위 부위에 있는 머리뼈와 턱뼈 사이까지 수평으로 눌러 나간다. 두 손을 뜨겁게 비벼서 두 눈동자를 감싸 덮고 마음속으로 그 기운을 받아들인다.

⑩ 경락 두드리기 등 : 정수리에서 목, 어깨, 위 팔, 아래 팔, 손, 가슴, 등, 허리, 배, 윗다리, 아랫다리, 발까지 가능한 한 차례대로 가볍게 두드리거나 누른다. 좌·우를 교대로 실행한다.

⑪ 침 삼키기 : ①~⑩과 같은 보건공을 하면 입 안에 침이 고인다. 호흡을 가라앉히고 마음을 조용히 한 상태에서 입 안에 고인 침을 꿀

껵 목구멍으로 삼킨 뒤 이어서 그것을 마음으로 이끌고 아래로 내려간
다. 물론 침 자체는 위 속으로 들어가면 그만이지만, 마음으로는 단전
까지 침(사실은 그 기운)을 이끌고 내려간다.

『활인심』은 여러 가지 보건공 중에서 몇 가지를 소개하고 있는데,
특히 양생가들이 태식胎息, 연정煉精 또는 복식服食이라고도 부르는 침
삼키기에 대해서는 옛일을 예로 들어가며 중요성을 강조하고 있다. 진
액이나 옥샘물에 대한 주석에서 살펴본 바와 같이 동양 의학이나 양생
가들이 침의 생리적 작용에 대해 큰 관심을 보이고 있다는 사실을 말
해 주는 대목이다. 침 삼키기와 몇 가지 보건공은 뒤에 팔단금 도인기
공법에서도 다시 언급한다.

13) 성생활과 양생

성생활은 음식, 수면과 함께 생활의 주요한 부분을 차지하고 있다.
그래서 일찍이 『맹자』와 『예기』, 『황제내경』과 그 뒤로 이어지는 거의
모든 동양 의학이나 양생관련 책에서는 이것을 방사房事, 방실房室, 입방
入房, 음양陰陽, 합궁合宮, 합음양合陰陽, 색色, 남녀男女 등의 용어로 다루고
있다. 그 내용은 대체로 성생활을 잘 절제하여 정욕이 제멋대로 풀려
나는 일이 없도록 해야 한다는 것이다. 성생활이 쾌락 추구로 흘러가
면 결국 정精을 소모 내지 고갈시켜서 건강을 해치고 질병을 부를 뿐만
아니라 생명을 단축시키는 지름길이 된다는 것을 강조하고, 그렇게 되
지 않도록 예방하고 조절하는 방중술房中術이라는 요령을 제시한다.

방중술의 자세한 요령은 요즘 시중에 출판된 많은 책자에 소개되
어 있다. 성생활에서 삼가야 할 점 몇 가지만 간추려 보면 다음과 같다.

① 술 먹은 다음에 성행위를 하면 본인의 건강뿐만 아니라 태아에게까지도 화가 미친다.

② 배불리 먹은 다음 소화가 다 되기 전에 성행위를 하면 각종 생리 장애가 일어난다.

③ 여성 생리중에 성행위를 하면 부인과 질병이 생길 위험이 크다.

④ 임신중에는 특히 절제할수록 좋은데, 임신한 지 3개월 이내, 분만 전 1개월, 분만 후 2개월 정도는 더욱 금하는 것이 좋다.

⑤ 낮 동안은 물론 새벽에도 삼가야 하고 거듭하지도 말아야 한다.

⑥ 사전에 미리 대소변을 해결해야 한다.

⑦ 행위 동안 감정이 밝고 아름다워야 한다. 특히 화나거나 두려움이 있을 때는 삼가야 한다.

⑧ 몸이 피로 또는 쇠약하거나 질병이 있을 때는 특히 삼가야 한다.

⑨ 외부 환경이 안정되어야 한다. 바람이 거세게 불거나 비가 쏟아지는 등 외부의 나쁜 여섯 기운이 침입할 수 있을 때는 삼가야 한다.

⑩ 사전에 미리 몸을 씻고 옷도 깨끗한 것을 입어야 한다. 질병이 서로 감염 또는 전염되지 않도록 청결 위생에 노력해야 한다는 뜻이니, 예방기구를 이용하는 것까지 포함하는 말이다.

⑪ 성행위 후에도 깨끗이 씻는다.

『활인심』은 비교적 신중한 입장에서 "옛사람들은 성욕을 푸는 일을 가리켜 얼음으로 만든 잔에 끓인 물을 담는 격이고 깃털로 엮은 광주리에 불을 쌓아 놓는 격이라고 비유하였다. 삼가지 않을 수 있겠는가?"라고 말하고 있다. 이는 『활인심』이 일반 양생 정도에 그치지 않고 심성수양으로 나아가려고 노력하는 또 하나의 모습으로 보아야 한다.

4. 마음 다스리기

【번역과 주석】

구선이 말한다. 심心[1]이라는 것은 신명神明이 사는 집이다. 가운데가 비었고 지름이 한 치를 넘지 않는데, 신명이 그에 살고 있다. 일이나 물건에 마찰 없이 대응하기를, 마치 엉킨 실을 빗질하여 가다듬는 것처럼 하고 갑작스럽게 들이닥친 물을 건너는 것처럼 한다. 때로는 두려운 듯 삼가고 때로는 지난 경험을 거울삼아 행동하며 때로는 기뻐하거나 화내고 때로는 깊은 생각이나 얕은 생각에 빠지느라, 하루 종일 한시도 한 치 지름의 공간이 끊임없이 불처럼 타오르지 않는 때가 없다.

그러므로 신神이 머무르지 않으면 마음에 좀이 먹고 밝음이 머무르지 않으면 사리에 어두워진다. (신명은) 전혀 불평불만 하지 않고 항상 도道와 더불어 일을 꾀하지만 스스로는 깨닫지 못한다.

사람에 따라서는 선善하기 위하여 삼간다고 말하기도 한다. 만약 기

---

1) 여기서 사용되는 心자는 해부학에서의 심장이나 관념에서의 마음이 아니라 신명이 살고 있는 집으로서 지름이 한 치 되는 어떤 공간을 가리킨다. 이른바 '腔子'라는 곳이다. 그러나 『활인심』은 곧 이어서 心자를 마음의 뜻으로도 사용하고 있다. 일반적으로 腔子와 같은 의미를 갖는 용어로는 心源, 性海, 靈府, 靈關, 方寸, 天君, 靈臺 등이 있다.

호심이나 욕심이 한 번 싹트면 바로 선이 아니게 되는데, (사람이 그 책임을) 받아들이지 않으려 하는 것은 양심과 서로 다투기 때문이다. 반드시 원망스럽고 분하게 여기는 마음의 싹이 일어나서 나의 적이 되는 것이다. 나의 자존심과 훌륭해지고 싶은 마음이 저 원망스럽고 분하게 여기는 마음을 만나니 어떻게 싸우지 않겠는가? (속에서) 싸움이 그치지 않으니 해로움이 생기는 것이다.

무릇 일곱 가지 감정이니 여섯 가지 욕심이니 하는 것들이 심心에서 생기는 경우도 모두 그러하다.

그러므로 심이 고요하면 신명을 통해서 일이 아직 일어나기 전에 먼저 알 수 있다고 말하는데, 그것은 집 문을 나서지 않고 세상일을 알며 창문을 내다보지 않고 하늘의 운행을 아는 것이다.

대체로 심은 물과 같아서 오래도록 어지럽지 않으면 맑고 깨끗해져서 그 바닥이 환히 보이게 되는데, 그러함을 가리켜 영명靈明하다고 말한다.

고요하게 함이 마땅하니, 고요하면 원기元氣를 굳게 보존할 수 있어서 만 가지 병이 생기지 않으므로 오래 살 수 있는 것이다.

만약 한 생각이라도 싹트면 신神이 밖으로 달려 나가고 기氣가 안에서 흩어지며 피가 기를 따라가서 영기를 만들어 내는 생리기능(榮胃)이 멍청해지고 질서가 깨뜨려져서 백 가지 질병이 서로 쳐들어오게 되는데, 모든 것이 심을 원인으로 하여 생긴다.

크게 간추려 말하면, "천군天君2)을 즐겁게 하면서 기르면 질병이 일

---

2) 원래 도교에서 사용하는 용어로, 천신에게 올리는 제사를 주재하는 제사장을 가리키는 말이었으나, 뒤에 雷部의 신들을 가리키는 말로도 쓰였다. 양생이나 내단을 하는 사람들은 마음이 맑아 총괄하는 일이 그와 같다고 보고는 마음 또는 마음이 있는 곳(心源)을 인격화하여 천군이라 하였다.

어나지 않는다"는 것이다.

이것이 심心을 다스리는 법이다.

治心

臞仙曰, 心者神明之舍, 中虛, 不過徑寸, 而神明居焉. 事物之滑, 如理亂梦, 如涉驚浸, 或怵惕, 或懲創, 或喜怒, 或思慮, 一日之間, 一時之頃, 徑寸之地, 炎如火矣.

故, 神弗留, 則蠹, 明弗留, 則耗. 休休焉, 常與道謀, 而自不覺.

或曰謹於爲善, 若嗜慾一³⁾萌, 卽不善也. 歸而勿納, 是, 與良心競也. 必有忿悁之心起, 而與我敵. 以我矜願之意, 接彼忿悁之心, 何爲不鬪. 鬪不止, 而害生矣.

凡七情六欲之生於心, 皆然.

故, 曰心靜可以通乎神明, 事未至而先知. 是, 不出戶, 知天下, 不窺牖, 見天道也.

蓋, 心如水之不撓久, 而澄淸, 洞見其底. 是謂靈明.

宜乎靜, 可以固元氣, 則萬病不生. 故, 能長久.

若一念旣萌, 神馳於外, 氣散於內, 血隨氣行, 榮胃昏亂, 百病相攻, 皆, 因心而生也.

大槩, 怡養天君, 疾病不作.

此治心之法也.

---

3) 필사본에는 不로 쓰여 있고 옆에 작게 一이라고 쓰여 있는데, 不자를 一자로 고쳐 쓴다는 뜻으로 보인다.

1) 심과 신명

『활인심』은 그 서문에서 심心·신神·성性에 관하여 상당한 내용을 말했는데도 여기서 다시 특별히 독립된 장을 마련하여 마음 다스리는 일의 중요함을 강조하였다.

심이라는 말은 마음과 심장 두 가지 뜻으로 쓰이지만, 마음으로 쓰일 때도 일상생활에서 움직이는 구체적인 마음을 가리키거나 근본이 되는 마음을 가리킬 때가 있다는 것은 서문을 해설할 때 이미 언급하였다. 그런데 『활인심』은 여기서 딱히 심장도 아니고 마음도 아닌 '지름 한 치 되는 곳'을 심이라 하고 있다.

동양 의학은 사람을 육신과 정신이 유기적으로 통합된 존재로 본다. 오늘날 사람을 해부학, 생리학, 심리학, 철학 등 분석할 수 있는 모든 관점에서 파악하면서 동시에 하나의 개념으로 통합하려는 일이 자주 있는데, 이것이야말로 오히려 참다운 동양 의학의 모습인 것이다. 심이라는 용어를 『활인심』과 같이 폭넓은 의미로 쓰는 것 또한 이러한 동양 의학의 특징이 표현된 하나의 예라 할 수 있다. 심은 육신과 정신을 통괄하는 기능 자체를 가리키기도 하고 또는 그 기능을 맡고 있는 어떤 핵심 조직이 있다는 생각하에 그 조직 자체를 가리키기도 한다. 대체로 심장 계통의 기능이나 심장 계통 전체를 이른다고 해도 크게 틀리지 않다.

육신과 정신을 통괄하는 기능을 보다 깊이 살펴보면 오늘날의 첨단 과학의 입장에서 보더라도 신비함을 느끼지 않을 수 없는 놀라운 능력과 지혜를 만나게 된다. 고대에서는 이미 이러한 특징을 간파하고서 심이라는 말과는 다른 신명神明이라는 전문 용어를 사용하기도 하였다. 신명이란 글자 그대로 신비하고 묘하며 모든 것에 밝게 통한다는 의미인데, 때로는 천지신명이라는 말과 같이 자연계의 그러한 능력을 가리키기도 하고 때로는 마음의 그러한 능력을 가리키기도 한다. 따라서 사람의 신명은 결국 사람의 생명활동 전체를 통괄하는 능력으로서 어느 한 장기나 조직에 얽매이지는 않지만 그 뿌리를 몸의 어디에 내리고 있다고 보아야 할 것인가 하는 문제는 생각해 볼 수 있다.

전통적으로도 신명은 『활인심』과 마찬가지로 심에 있다고 보았다.[4] 정신 질환이나 정서적 장애 같은 심리적 질환의 경우 뇌만을 다스려서는 치료에 한계가 있고 오히려 장부 특히 심장 계통을 함께 다스릴 때 좋은 효과를 보인다는 경험을 근거로 하는 입장이다. 그런데 근현대에 들어오면서 서양 과학의 분석적이며 기계론적인 연구방법에 따라서 생리학, 해부학, 의학이 발전한 결과 심장은 하나의 펌프에 불과하며 생명활동의 주요 부분은 뇌가 유지하고 조절, 지휘한다는 연구 결과들이 나왔다. 그에 따라서 동양 의학에서도 신명이 뇌에 있다고 보아야 한다는 입장이 생겨났다.

현재에는 전통과 현대, 경험과 과학을 종합하여 심과 뇌의 기능이 유기적으로 결합하여 신명을 이룬다거나 신명이 뇌와 심장의 유기적인 결합구조 속에 산다고 보는 입장이 연구되고 있다. 신명이 심장과는 좀 의미가 다른 '지름이 한 치 되는 곳'에 살고 있다는 『활인심』의 입장은 딱히 뇌를 말하고 있지는 않지만 그렇다고 심장이라고 못 박지도 않는다는 점에서 어쩌면 현대의 종합적 입장을 이미 표현한 것이 아닌지 모르겠다.

---

4) 이 견해의 근거로는 '심은 신을 통제하고 뇌는 신체를 통제한다'(神統於心, 形統於首)는 견해를 참고할 필요가 있다.(『易圖明辨』, 권3, 「周易參同契」 참조)

2) 내면의 갈등과 병리

'『활인심』상'에서 우리는 이미, 하늘과 땅과 내가 함께 살고 만물과 내가 하나니 나는 그저 무심히 자연의 조화에 맡길 뿐이라는 것이 도가의 인생관이라는 점, 『활인심』은 마음 다스리기(治心)를 질병 예방 차원에서 중시하고 있다는 점, 속에 참된 것이 가득 차면 내 몸의 도道가 저절로 이루어진다는 점, 신이 편안하고 고요해지면 질병의 원인이 작용할 수 없다는 점과 함께 심心과 신神과 성性 및 정情의 근본 모습, 상호관계와 작용을 간추려 보았다. 그리고 이어서 『활인심』의 내용을 구절구절 나누어 가면서 심신의 이치와 그 병리를 검토하여 요점을 정리하였다.

그런데 『활인심』은 여기서 다시 독립된 장을 마련하여 앞에서 언급한 내용을 거듭 강조할[5] 뿐만 아니라 상당히 철학적이면서 심리학적인 문제를 먼저 제기하고 있다. 이 문제는 마음이나 신명의 본질에 대한 철학적 관점과 그 본질을 기초로 한 심리적 갈등, 그리고 그런 심리적 갈등이 생리기능에 미치는 해로움을 알아야 하는데, 모두가 전문적 지식이 필요한 영역이다. 그 바탕에 깔려 있는 원리에 대해 이론적으로 설명하다 보면 철학이나 심리학적인 분량이 많아질 뿐만 아니라 내용이 어려워서 양생을 위한 마음 다스리기라는 『활인심』 본래의 초점이 흐려질 수 있다.

---

5) 원문에서 심이 고요하면 신명에 통한다거나, 고요하면 元氣를 굳게 보존할 수 있어서 만 가지 병이 생기지 않으므로 오래 살 수 있다거나, 만약 한 생각이라도 싹트면 神이 밖으로 달려 나가고 氣가 안에서 흩어지며 피가 기를 따라가서 질서가 깨뜨려지고 백 가지 질병이 서로 쳐들어온다는 표현에서 알 수 있다.

여기서는 '『활인심』상'에서와 같이 본문을 구절구절 나누어서 풀이하는 선에서 그치고 자세한 내용은 각 분야의 전문 서적으로 넘기도록 하겠다.

"일이나 물건에 마찰 없이 대응한다."

마음이라 해도 좋고 신명이라 해도 좋은데, 아무튼 그것의 창문은 눈·귀·코·혀·살갗 같은 감각기관이다. 바깥 세계의 일이나 물건은 이들 감각기관을 통하여 있는 그대로 사람에게 받아들여지는 것이 원칙이다.[6] 일반적으로 마음을 거울에 비유하고 바깥 세계를 그 거울에 비춰진 영상에 해당한다고 말한다. 이 문제를 좀 더 깊이 이해하려면 철학 분야의 인식론認識論, 심리학 분야의 인지론認知論과 불가의 유식론唯識論을 특히 연구하면 된다.

"마치 엉킨 실을 빗질하여 가다듬는 것처럼 하고 갑작스럽게 들이닥친 물을 건너는 것처럼 한다."

감각기관을 통하여 바깥 세계가 안으로 들어오면 그것을 정리하고 분석하며 판단하고 때로는 더 나아가서 대응방법을 찾는 과정이 진행된다. 보통 의식意識이라고 말하는 과정인데, 역시 인식론, 인지론, 유식론의 도움을 받아야 깊은 이해가 가능한 영역이다.

"때로는 두려운 듯 삼가고 때로는 지난 경험을 거울삼아 행동하며 때로는 기뻐하거나 화내고 때로는 깊은 생각이나 얕은 생각에 빠지느라, 하루 종일 한시도 한 치 지름의 공간이 끊임없이 불처럼 타오르지 않는 때가 없다."

모든 생명체는 모두 자기 보호의 기능을 본래부터 타고난다. 사람도

---

6) 눈병이 있는 경우처럼 감각기관에 이상이 있으면 왜곡현상이 일어나지만 그것은 어디까지나 예외다.

마찬가지라서 의식이 이루어지면 그 분석해서 판단한 결과가 자기 보호 본능을 자극해서 생리적으로 가슴이 뛰거나 귀가 빨갛게 될 뿐만 아니라 심리적으로도 원문에서 말한 것처럼 여러 형태로 반응하게 된다.

특별히 문을 닫아걸고 눈과 귀를 막고서 고요하게 수양을 하는 사람이 아닌 이상 알게 모르게 바깥 세계의 각종 파동과 입자가 끊임없이 감각기관을 통하여 들어오고 마음(신명)은 그에 대응하느라 쉴 틈이 없는 것이 보통사람의 하루하루다. 알고 보면 고요하게 수양하는 사람조차도 스스로의 내면 세계에서 일어나는 수많은 현상에 대응하느라 역시 마음(신명)이 쉴 틈 없기는 마찬가지일 뿐만 아니라 오히려 보통사람의 경우보다 더 치열할 수도 있다.

그래서 만약 마음(신명)이 뿌리를 내리고 있는 공간이 있다면 그곳은 마치 심장이 조금도 쉼 없이 피를 펌프질하듯이 순간 차갑다가도 순간 뜨거워지는 수많은 심리현상이 꼬리에 꼬리를 물고 이어질 것이다. 반드시 불만 타오르는 것은 아니고 찬물을 끼얹은 듯할 때도 있겠지만, 그 번거로운 형국을 비유하자면 불길이 타오르는 것 같다는 말을 써서 그려낼 수 있다. 특히 심의 기운이 오행 가운데 화火기 때문이다.

"신神이 머무르지 않으면 마음에 좀이 먹고, 밝음이 머무르지 않으면 사리에 어두워진다."

신이라는 말에는 계속되는 생명활동 속에서 이루어지는 모든 기능을 통괄하는 신비하고도 묘한 무의식적인 힘이 내재되어 있다. 앞에서도 여러 번 살펴봤듯이 신이 안정되면 질병을 방어하지만 신이 밖으로 나가 버리면 질병뿐만 아니라 생명 자체가 무너진다. 따라서 신이 그 있을 곳을 지키고 있으면 잡다한 감정과 생리적인 불균형처럼 인격과 건강을 좀먹는 잡동사니를 정리할 수 있지만, 지키지 못한다면 그 반대의 상황이 생길 수 있다.

마음이라 하든 신명이라 하든 그 말 속에는 세상현상뿐만 아니라 그 바탕에 깔려 있는 이치인 원리를 이해하고 옳고 그름을 판별하며 진리를 터득할 수 있는 지혜 또한 담고 있다. 일반적으로 이러한 지혜를 어둠을 밝히는 빛에 비유하곤 하는데, 아주 적절한 표현이다. 결국 마음이 안정되지 않으면 비록 신이 밖으로 나가 버리지 않더라도 지혜가 따라서 흔들리고, 지혜가 흔들리면 어지러워지며, 어지러워지면 어두워지게 되는 것이다.

"(신명은) 전혀 불평불만 하지 않고 항상 도道와 더불어 일을 꾀하지만 스스로는 깨닫지 못한다. 사람에 따라서는 선善하기 위하여 삼간다고 말하기도 한다."

앞에서 살펴봤듯이 마음(心), 성性, 신(神明)은 그 근본 바탕이 우주 자연의 근본 바탕과 같다. 우주 자연의 근본 바탕이 삼라만상을 품어 그 모든 것이 서로 얽히면 결국 커다란 하나의 전체 질서가 이루어진 채 나아간다. 그러면서 그 모든 일은 저절로 그러하게, 즉 말 그대로 자연自然이 된다.

사람의 신명 또한 우주 자연을 본받아 생명이라는 질서 안에서 모든 생리기능이 이루어진다. 그러면서도 그 모든 생리현상이 의식의 세계로 느껴지지 않고 이른바 무의식 상태에서 저절로 그러하게 진행된다. 이러한 신명의 역할 내지 기능은 신명이 본래 그러하도록 마련되어 있기 때문에 저절로 그렇게 되는 것이지, 사람이 의지를 가지고 희망하거나 조정해서 그렇게 하는 것이 아니다. 깊이 따진다면 신명이 그렇게 하는 데는 불평불만이라는 말 자체가 성립될 여지조차 없는 것이다. 구체적으로 예를 들면 심장이 뛰고 간이 독을 분해하며 호르몬이 분비되고 유전인자가 특정 물질을 만들어 내도록 정보를 모으는 모든 것이 무의식 속에서 자연스럽게 일어나는 것과 같다.

그런데, 이러한 생명현상 내지 신명의 기능과 역할에 대해 사람들이 해석을 붙일 때는 서로의 우주관, 가치관에 따라서 차이를 보인다. 요점만 말하면, 도가에서는 그냥 그대로 무위자연無爲自然이라 말하고, 불가에서는 실체가 없는 하나의 인연연기因緣緣起일 뿐이라고 말하는가 하면, 유가에서는 지선至善한 본성의 표현이라 말한다. 『활인심』에서 "사람에 따라서는 선善하기 위하여 삼간다고 말하기도 한다"고 할 때의 사람은 유가를 가리킨다고 보아도 틀리지 않다. 그런데, 오늘날의 정신분석학은 사람에게는 초자아超自我라는 것이 있어서 선을 행하도록 다스리고 있다고 한다. 따라서 정신분석학에서 본다면, 선을 하기 위하여 삼가는 신명이 바로 초자아를 가리키는 것이라고 풀이할 수 있다.

이 문제를 좀 더 깊이 이해하려면 유불도를 포함한 동양 철학의 본체론(우주관)과 심성론(인간관)과 정신분석학을 연구할 필요가 있다.

"만약 기호심이나 욕심이 한 번 싹트면 바로 선이 아니게 되는데, (사람이 그 책임을) 받아들이지 않으려 하는 것은 양심과 서로 다투기 때문이다. 반드시 원망스럽고 분하게 여기는 마음의 싹이 일어나서 나의 적이 되는 것이다. 나의 자존심과 훌륭해지고 싶은 마음이 저 원망스럽고 분하게 여기는 마음을 만나니 어떻게 싸우지 않겠는가?"

세상일의 선악을 따질 때도 이론적으로는 신명의 역할에서와 마찬가지로 가치관의 차이에 따라 세 입장이 생길 수 있다. 불가에서는 세상일 모두가 실체 없는 인연의 엮어짐이니 선악이 의미가 없다. 도가에서도 세상일 어느 것 하나 자연스레 그렇지 않은 것이 없다고 보기 때문에 선악을 따질 필요가 없다. 유가에서는 지선한 심성의 근본 바탕에 합치되는 방향으로 바르게 나가면 선이고 그 방향을 벗어나면 악이다.

실제 생활에서는 세상일을 볼 때 언제나 선이냐 악이냐를 구별하면서 보는 사람이 있는가 하면 대충대충 넘어가면서 별로 선악을 구별하지 않는 사람도 있다. 불가나 도가의 사람이라고 해서 선악에 무감각한 것은 아니고, 유가의 사람이라고 해서 아주 자연스러운 일까지도 사사건건 선악을 따지고 넘어가는 것도 아닌 게 보통사람이 사는 모습이다. 사람의 종교, 사상, 신념에 따라서 어느 정도 차이는 나겠지만 보다 중요한 것은 성격이다. 타고난 성격이 까다로운 사람도 있고 너그러운 사람도 있는 것이다.

그런데, 『활인심』은 대단히 심각한 문제를 여기서 제기한다. 사람의 인격 바탕에 깔려 있는 양심을 말하면서, 그 안에는 자존심과 훌륭해지고 싶어하는 마음이 들어 있어서 만약 행동이나 생각이 그렇지 못하면 스스로 분하고 원망스럽게 여긴다는 것이다. 다시 말하면 양심에 찔리는 일을 하거나 물건을 가지면 양심은 그것을 받아들이지 않고 오히려 분하고 원망스럽게 여기게 되며, 나아가 인격 안에서 갈등·투쟁이 일어난다는 것이다.

오늘날 정신분석학에서 말하는 사람의 초자아 이론이 이와 비슷하다. 초자아는 자아自我나 본능적 충동을 감시하고 있다가 잘못을 범하면 나무란다는 것이다. 보다 깊이 연구하면 할수록 흥미 있는 내용인데, 놀랍게도 『활인심』의 말을 증명이나 하듯 서로 일치하고 있다.

『활인심』은 양심에 어긋나는 일 가운데 하나로서 특별한 취미를 즐기고자 하는 기호심이나 욕심을 들어 말한다. 이러한 마음이나 행동의 선악 문제는 이론적으로는 그 사람의 가치관에 따라, 실제로는 그 사람의 성격에 따라 차이가 날 수 있음은 일반적인 경우와 같다. 그리고 도덕적 수양이 아니라 양생이라는 면에서만 보더라도 지나치지만 않다면 어느 정도의 취미생활이나 욕심은 오히려 도움이 될 때도 있다. 『활인심』에서 "한 번 싹트면 바로 선이 아니게 된다"라고 말하고 있는 것은 주권 자신이 대단히 엄격한 도덕수양의 입장이거나 아니면 그러한 사람들을 가리키는 것이라고 생각한다.

양생에는 좋은데 도덕수양에는 나쁜 경우처럼 양생과 도덕수양 사이에 서로 충돌하는 영역이 있는 건지, 아니면 도덕수양에 나쁘면 곧 양생에도 나쁜 결과를 가져오는 것처럼 둘 다 같은 원리 안에서 통제되는지. 양심의 가책 내지 갈등 문제에 대한 보다 정확한 해답은 현대 정신분석학의 발전에 기대를 걸어 보는 것이 좋을 듯하다.

"(속에서) 싸움이 그치지 않으니 해로움이 생기는 것이다."

아무튼 양심이 가책을 받거나 갈등하면 생리기능이 혼란을 일으키며 질병으로 발전하거나 자격지심, 우울증, 정신분열 같은 정신질환을 부를 수 있을 뿐만 아니라 원인 모를 재앙을 초래할 수도 있다. 이 부분 역시 보다 깊은 내용을 알기 위해서는 철학, 종교, 심리학, 특히 정신분석학의 도움이 필요하다.

"무릇 일곱 가지 감정이니 여섯 가지 욕심이니 하는 것들이 심心에서 생기는 경우도 모두 그러하다."

감정이니 욕심이니 하는 심리적 요소가 본질에 있어서는 취미를 즐기는 마음과 다르지 않다는 말인데, 그 내용에 대해 크게 반대할 이유는 없다. 다만, 감정과 욕심의 문제가 동양 의학이나 양생에서 이른바 칠정과 육욕이라는 용어로 많이 다루어지고 있을 뿐만 아니라 이 책 '『활인심』 상'에서부터 이 장에 이르기까지 일관해서 강조하는 것이 마음 다스리기이므로 일상생활에서의 마음을 대표하는 칠정을 좀 더 깊이 알아볼 필요가 있다.

덧붙이는 글 : 칠정七情

칠정의 본질에 관하여 철학에서는 성性이 바깥 세계의 일이나 물건을 느끼고서 반응하여 피어나는 정情이라고 보는데, 의학에서는 다섯 장부(五臟)마다 가지는 독특한 성질의 기가 바깥 세계의 일이나 물건을 느끼고서 반응하여 피어나는 정情이라 한다. 칠정의 원인을 한편에서는 성性으로 보고 다른 한편에서는 다섯 장부로 보고 있으므로, 글자에 따른 개념을 엄격하게 따지면 두 입장 사이에는 차이가 있을 수 있다. 그러나 '사람'이 바깥 세계의 일이나 물건을 느껴서 반응한다는 점에서 두 입장을 포괄해 버리면 이 둘은 같은 입장이라고 말할 수 있다.

칠정의 종류에 대해 철학에서는 주로 희喜·노怒·애哀·구懼·애愛·오惡·욕欲을 말하고 의학에서는 주로 희喜·노怒·우憂·사思·비悲·공恐·경驚을 말한다. 철학에서는 다른 한편으로 칠정 이외에도 희노애락喜怒哀樂을 정이라 하지만 칠정의 어느 것들이 서로 합쳐져 네 가지가 되는지는 단언하기 어렵고 다만 칠정을 희노애락으로 대체할 수 있다고 말한다. 의학에서는 우憂와 비悲를 하나로 묶고 공恐과 경驚을 하나로 묶어서 희·노·우·사·공 다섯 감정으로 요약한 다음, 희-심, 노-간, 우-폐, 사-비, 공-신으로 각 장기의 기능과 연결한다.

사람이 받는 모든 정서적 자극 곧 칠정은 각각 소속 장기의 생리활동에 영향을 미친다. 반대로 오장의 생리활동에 이상이 생기면 그에 따른 칠정의 표현이 일어난다. 그런데 동양 의학에서는 칠정을 주로 오장의 상황을 관찰하거나 그것이 오장의 건강에 미치는 영향을 말하기 위하여 언급한다.

칠정으로 인하여 생기는 질병은 외부의 병원인 이른바 육음六淫으로 생기는 질병과는 달라서 처음에는 속에서 병이 일어나 밖으로 피어나오는 형상을 띤다. 그래서 칠정 때문에 생기는 질병을 내상內傷이라 부른다.

기쁨이 지나치면 심장의 기운이 흩어지고 결국 신神이 흩어져 때로는 정신을 잃거나 미치는 지경에까지 이른다. 화냄이 지나치면 간의 기운이 위로 거슬러 올라가서 얼굴이 붉어지고 눈이 충혈되며 때로는 피를 토하고 기절하여 쓰러지기도 한다. 근심이 지나치면 폐의 기운이 상하여 가슴 윗부분에 이상이 생기고 정신적 피로감으로 힘이 없어지는 증상이 생긴다. 생각이 지나치면 비의 기운이 뭉치고 막혀서 소화불량이 오고 심장이 뛰며 건망증, 불면증, 꿈 등으로 뒤숭숭해진다. 두려움이 지나치면 신장의 기운이 상하여 대소변을 조절하지 못하기도 하고 유정 遺精을 하며 뼈마디가 쑤시기도 한다. 이렇게 칠정이 지나치면 직접 오장이 먼저 상하게 되어 눈에 보이거나 몸이 느끼는 질병으로 나타난다.

칠정도 취미를 즐기는 경우와 마찬가지로 어느 정도까지 양생에 도움이 되고 어느 정도를 넘어서야 양생에 해로운지, 아니면 칠정이 피어나면 곧바로 양심이 가책을 받아 결국 양생과도 충돌을 일으키는데 다만 각 사람의 그릇 크기에 따라 어느 정도까지 견딜 수 있는지 하는 문제는 역시 현대 정신분석학의 발전에 기대를 걸어 보는 것이 좋겠다.

5. 도인기공법[1]

5-1. 좌식팔단금

【번역과 주석】

◎ 눈을 감고 마음이 캄캄한 상태로 앉는다.

마음의 문을 닫고 가부좌를 틀고 앉는 것이다.

○ 주먹을 쥐고 조용히 신을 생각한다.[2] 어금니 마주치기를 36번 한다. 두 손으로 정수리[3]를 감싼다.

또한 두 손을 목 뒤로 돌려 감싸고 난 뒤에 숨쉬기를 9번 하는데 숨소리가 귀에 들리지 않도록 한다. 이 뒤로 들고나는 숨은 모두 숨소리가 귀에 들리지 않도록 한다.

○ 좌우로 하늘의 북[4]을 울리기를 24번 해서 그 소리를 듣는다.

두 손바닥을 옮겨서 두 귀를 덮고 먼저 집게손가락으로 가운뎃손가락을

---

1) 마음으로 몸속의 기를 이끌어서 필요한 곳으로 흐르게 하는 기공방법이라는 뜻으로, 중요한 기공의 한 분야다.
2) 앞에서 기공을 해설할 때 설명한 存思法을 실행하라는 말이다.
3) 원문에서 '崑崙'이라 했는데, 곤륜은 상단전을 가리킨다고 앞에서 주석으로 설명했다. 여기서는 신체의 동작을 설명하고 있으므로 정수리라고 풀이했다.
4) 하늘이란 머리를 가리킨다. 머릿속에서 울리는 소리가 마치 북소리처럼 들리기 때문이다.

눌렀다가 튕기면서 머리 뒤를 치는 것이다. 좌우 각 24번 한다.

◎ 천천히 하늘 기둥5)을 비튼다.

머리를 좌우로 돌려 어깨가 보이도록 하는데, 팔이 따라서 움직이기를 24번 한다. 먼저 반드시 손을 굳게 쥐어야 한다.

◎ 붉은 용이 물을 뒤흔들어서 진액으로 양치질하기(漱津)를 36번 한다.

붉은 용은 혀를 말한다. 혀로써 입 속의 이와 좌우 볼을 휘둘러서 진액이 생기기를 기다려 삼키는 것이다. 혹은 (양치질하기를) '고수鼓漱'라고도 한다.

○ 신비한 물6)이 입에 가득하게 되면 세 모금으로 똑같이 나누어 꿀꺽 꿀꺽 꿀꺽 삼킨다.

양치질한 진액을 세 번 나누어서 꿀꺽 소리를 내면서 삼키는 것이다.

○ 용이 내려가면 범은 저절로 달린다.7)

진액이 용이고 기가 범이다.

◎ 잠시 숨을 멈추고 손바닥을 아주 뜨거워질 때까지 비빈다.

코로 맑은 기를 들이마시어 닫아 놓고 잠시 있다가 손을 비비기를 아주 뜨겁도록 한다. 이때 코로 천천히 기를 내보내는 것이다.

○ 등으로 돌아가서 정문精門을 문지른다.

정문이란 엉덩이 위 곧 허리 뒤의 신장이 있는 바깥 부위다. 손바닥을

---

5) 목과 척추가 머리를 받치고 있는 모습이 기둥과 같기 때문에 붙인 말이다. 특히 목에 초점이 맞추어져 있는 말이다.
6) 침을 가리킨다. 침을 옥샘물이라고도 한다는 것과 그것을 포함한 몸속의 진액에 대해서는 앞에서 주석으로 설명하였다. 그 기능이 신비스럽다고 생각했기 때문에 판본에 '腎水'로 되어 있는 것을 '神水'로 고친 것이 아닌가 한다.
7) 『활인심』에 따라 용은 침(진액), 범은 기를 가리킨다. 용과 범(龍虎)은 원래 내단수양가들이 사용하는 용어로 性과 命의 특징을 비유하기 위하여 사용했다.

합쳐서 문지르기가 끝나면 손을 거두어서 주먹을 쥔다.

○ 동작을 마쳤으면 이어서 한 모금의 기를 머금고,

다시 숨을 멈추는 것이다.

○ 마음속으로 뜨거운 기운이 배꼽을 태운다고 상상한다.

입과 코의 기를 닫아 놓고서 심장의 화火 기운을 가지고 아래로 내려가 단전을 태운다고 상상하는 것이다. 열이 느껴지기가 극도에 이르렀다고 생각되면 바로 다음 방법으로 넘어간다.

◎ 왼쪽 오른쪽으로 도르래 장치를 돌리는 동작8)을 한다.

머리를 숙이고 두 어깨를 교대로 흔들며 돌리기를 36번 한 다음, 단전에서 불이 올라와서 척추를 뚫고 뇌 속으로 들어간다고 상상하고, 코로는 맑은 기를 들이마시어 잠시 닫아 놓는다.

◎ 두 다리를 천천히 뻗으면서,

두 다리를 곧게 뻗는 것이다.

○ 두 손을 깍지 껴서 천천히 허공을 밀어 올린다.

손을 서로 엇갈리게 깍지 끼고 허공을 받쳐 올리기를 3차례 또는 9차례 하는 것이다.

◎ 머리를 낮추어 발을 잡고 팽팽하게 당긴다.

두 손을 앞으로 향하여 발바닥을 잡고 13차례 당기는 것이다. 그런 다음 발을 거두어 단정히 앉는다.

---

8) '轆轤'를 풀이한 말인데, 도르래 하나를 가리키는 것이 아니라 하나의 기계 안에 여러 개의 움직도르래를 엮어서 움직이도록 만든 것을 가리킨다. 따라서 '도르래 장치를 돌린다'는 말은 그 기계에 달려 있는 손잡이를 잡고 크게 원을 그리며 돌려서 전체 도르래를 움직여 무거운 물건을 들어 올리는 모습을 그려내면 된다. 예를 들어 손잡이가 달린 엔진에 시동 거는 모습을 그려 보면 된다.

◎ 끝나고 나서, 물이 거슬러 올라오기를 기다린다.9)

입 속에 진액이 생기기를 기다리는 것이다. 만약 생기지 않으면 다시 마음을 써서 혀를 휘둘러 물을 만들어 내기를 앞의 방법과 똑같이 한다.

○ 다시 양치질하고 다시 진액(침)을 삼키는데, 이렇게 3번 거듭하기를 끝마치면 신비한 물을 결국 9번 삼키게 된다.

다시 양치질하기를 36번 하고 앞에서와 같이 한 입에 3차례씩 나누어 삼키니, 결국 9차례 삼키는 것임을 말한다.

○ 꼬르륵꼬르륵 침 내려가는 소리에 모든 경맥이 저절로 고르게 되는 것이다.

○ 물 푸는 수레10)가 실어 나르기를 끝마치면,

어깨와 몸을 24번 흔들면서 다시 도르래 돌리기를 24차례 하는 것이다.

○ 불을 피어나게 하여 몸을 온통 태우니,

단전의 불이 아래에서 위로 올라와서 몸뚱이를 골고루 태운다고 상상하는 것이다. 상상하는 동안 입과 코는 모두 잠시 숨을 멈추고 닫아 놓는다.

◎ 사특한 기운과 마귀가 감히 가까이 다가오지 못하고 꿈자리에서도 정신을 잃지 않을 수 있으며 춥고 더움(寒暑)이 침입하지 못하고 재앙과 질병이 기웃거리지 못한다. 자시 이후 오시 이전에 동작을 하는데, 그것은 자연계의 운행 변화가 건과 곤의 이치에 합치하기 때문이다. 차례를 따라 돌고 도는데, 8괘가 좋은 근본 원인이 된다.

---

9) 혀 밑에서 침이 솟아나는 모습을 그려낸 말이다.

10) '河車'를 풀이한 말이다. 농촌에서 개울의 물을 연속으로 퍼 올려 논밭에 관개하기 위하여 개울 또는 물도랑에 설치하는 기구다. 몸의 아랫부분 특히 하단전의 기를 퍼 올려서 머리로 옮겨 나르는 모습이 그와 같다고 하여 비유하는 말로 쓰인다. 또는 옛 증기선의 선체 양옆에 붙어 돌아가면서 물을 밀어 추진력을 얻는 큰 물레바퀴를 생각해도 좋다.

요령을 말하자면 다음과 같다. 그 방법은 갑자일 한밤중인 자시에 처음으로 시작하는 것이다. 실행할 때는 입 속의 기가 밖으로 나가서는 안 되고 오직 코로 알듯 모를듯 맑은 기를 풀어놓아야 한다. 매일 자시 이후 오시 이전에 한 차례씩 실행하거나 또는 낮과 밤을 합하여 3차례씩 실행한다.

오래 계속하면 모든 질병이 깨끗이 제거됨을 스스로 알게 되고 차츰 몸이 가벼워짐을 느낄 것이다. 만약 부지런하게 애쓰고 게으르게 하지 않으면 신선의 길도 멀지만은 않다.

導引法

閉目, 冥心坐,

    (冥心, 盤趺而坐)

握固, 靜思神, 叩齒三十六, 兩手抱崑崙,

    (又, 兩手向項後, 數九息, 勿令耳聞. 自此以後, 出入息, 皆不可使耳聞)

左右鳴天鼓, 二十四度聞,

    (移[11]兩手心, 掩兩耳, 先以第二指壓中指, 彈擊腦後, 左右各二十四次)

微擺撼天柱,

    (搖頭, 左右顧, 肩膊隨動二十四, 先須握固)

赤龍攪水渾,

    (赤龍者舌也. 以舌攪口齒并左右頰, 待津液生, 而嚥)

漱津三十六,

    (一云鼓漱)

神[12]水滿口, 勻一口, 分三嚥,

---

11) 판본에는 熱이라 쓰여 있다.

(所漱津液, 分作三口, 作汨汨聲, 而嚥之)

龍行虎自奔,

(液爲龍, 氣爲虎)

閉氣, 搓手熱,

(以鼻引淸氣, 閉之少頃, 搓手令極熱, 鼻中徐徐乃放氣出)

背摩後精門,

(精門, 腰後外腎也.13) 合手心摩畢, 收手握固)

盡此一口氣,

(再閉氣也)

想火燒臍輪,

(閉口鼻之氣, 想用心火, 下燒丹田, 覺熱極, 卽用14)後法)

左右轆轤轉,

(俯首, 擺撼兩肩三十六, 想火自丹田透雙關, 入腦戶, 鼻引淸氣, 閉少頃間15))

兩脚放舒伸,

(放直兩脚)

叉手雙虛托,

(叉手相交, 向上托空三次, 或九次)

低頭攀足頻,

(以兩手向前, 攀16)脚心十三次, 乃收足, 端坐)

以候逆水上,

(候口中津液生, 如未生, 再用急攪取水, 同前法)

再漱, 再呑津, 如此三度畢, 神水九次呑,

---

12) 판본에는 腎으로 쓰여 있다.
13) 판본에는 "精門者, 腰外腎也"라고 쓰여 있다.
14) 판본에는 有로 쓰여 있다.
15) 판본에는 閉氣頂間으로 쓰여 있다.
16) 판본에는 雙으로 쓰여 있다.

(謂再漱三十六, 如前一口分三嚥, 乃爲九也)

嚥下, 汨汨響, 百脈自調勻, 河車般運訖,

(擺肩幷身二十四, 及再轉轆轤二十四次)

發火遍燒身,

(想丹田火, 自下而上, 遍燒身體[17], 想時, 口及鼻, 皆閉氣[18]頃)

邪魔不敢近, 夢寐不能昏, 寒暑不能入, 災病不能迍. 子後午前作, 造化合乾坤, 循環次第轉, 八卦是良因.

訣曰, 其法, 於甲子日夜半子時, 起首. 行時, 口中不得出氣, 唯鼻中微放淸氣. 每日, 子後午前, 各行一次, 或晝夜共行三次.

久而自知, 蠲除疾疫, 漸覺身輕, 若能勤, 若不怠, 則仙道不遠矣.

---

1) 팔단금의 실제

『활인심』에 그려져 있는 그림과 그림에 대한 간단한 설명은 본문의 내용과 더불어 이른바 좌식팔단금坐式八段錦이라는 도인류 기공법을 이룬다. 따라서 여기서는 그림[19]의 순서에 따라 앞의 본문을 포함하여 좌식팔단금을 익히기 위한 실제 요령을 설명하고 이어서 그 외에 도움이 되는 지식을 소개하고자 한다.

---

17) 판본에는 存으로 쓰여 있다. 판본대로라면 遍燒身, 存想時로 읽어야 한다.
18) 판본에는 氣가 없다.
19) 좌식팔단금의 그림은 『修眞十書』, 『赤鳳髓』, 『三才會圖』, 『遵生八箋』과 여러 단행본에 나와 있고 최근 중국 李茂가 편집한 『古典養生氣功』에도 채색되어 실려 있으나, 여기서는 퇴계학연구원이 1973년 7월 영인 배포한 퇴계 필사본 『活人心方 退溪先生遺墨』에 있는 것을 인용하여 퇴계의 『활인심』이라는 특색을 살리고자 한다.

가) 준비 단계로서의 보건공

"눈을 감고 마음이 캄캄한 상태로 앉는다."

일반적으로 기공을 할 때는 눈을 반쯤 감아서 마치 발을 친 듯이 눈앞이 어슴푸레하게 보이도록 하는데, 『활인심』에서는 눈을 감는 방법을 택하고 있다. 어느 방법이나 괜찮지만 눈을 감으면 몸 안의 장부를 그리면서 그 신을 생각하기가 더 편하다. 혀는 윗잇몸에 살짝 붙도록 하는데, 역시 힘이 들어가지 않도록 한다.

앉는 방법은 한쪽 다리를 다른 쪽 다리 위에 단순히 포개어 얹어 놓는 이른바 반가부좌를 하거나 일반 책상다리를 한다. 정좌 기공과 달리 팔단금은 수시로 몸을 움직여야 하고 다리를 뻗을 때도 있기 때문에 결가부좌지는 않는다.

온 몸 특히 어깨와 허리에 힘이 들어가서 근육이 긴장되지 않도록 긴장을 푼다. 호흡은 가능한 한 천천히 가늘고 길게 끊어짐이 없이 깊이 하는데, 숨을 들이마실 때는 아랫배가 팽창되고 내쉴 때는 수축하는 이른바 복식호흡을 자연스럽게 하도록 한다. 물론 깊고 조용한 복식호흡을 하는 것을 노력해야 하지만 그렇다고 너무 호흡을 의식하는 건 좋지 않다.

"주먹을 쥐고 조용히 신을 생각한다."

주먹을 쥐는 방법은 엄지를 먼저 굽혀서 손바닥 이른바 노궁혈을 짚은 다음 나머지 네 손가락을 굽혀서 엄지를 덮는 모양으로 한다. 주먹을 쥐되 힘을 주지 않고 가볍게 감싸는 정도로 하고서 무릎 위에 가볍게 얹어 놓는다.

신神을 생각하는 존사법을 실행하는데, 이 경우 신은 오장육부의 신일 수도 있겠지만 가능한 한 원신을 생각하는 것이 좋다. 결국 마음의 파동을 가라앉히고 조용히 하여 생명력의 신령한 능력이 제대로 살아날 수 있게 하라는 뜻이다. 하지만 반드시 존사법을 해야 이 팔단금이 효과를 보는 것은 아니다. 무념무상일수록 더욱 좋다.

"어금니 마주치기를 36번 한다."

어금니를 마주치되 소리가 크게 들릴 정도로 강하게 하지 말고 가능한 한 마음속으로 이가 부딪친다고 생각하며 가볍게 한다. 턱에 긴장이 가지 않도록 힘을 뺀 상태로 부딪쳐야 기공의 참된 효과를 볼 수 있고 침이 우러나오는 데도 도움이 된다. 부딪치는 횟수를 반드시 36번 해야 하는 것은 아니지만 그렇게 수를 정해 놓고 지키면 정신집중에 도움이 된다. 이하 모든 경우에 횟수를 정하는 것도 같은 이치다.

36은 이른바 건괘의 수로서 양陽의 성질을 갖고 24는 곤괘의 수로서 음陰의 성질을 갖는다. 따라서 팔단금 동작을 36차례 하라는 경우에는 양 곧 신神이나 기氣와 관계가 있다고 생각하고, 24차례 하라는 경우에는 음 곧 피(血)나 정精이나 진액과 관계가 있다고 생각하면 본래의 의미에 크게 어긋나지 않는다. 이후에 9번이나 3번 하라는 것도 9와 3 또한 양의 수기 때문에 마찬가지 의미다.

"두 손으로 정수리를 감싼다."

두 손을 깍지 껴서 정수리를 덮고 지그시 누르며 숨을 들이마시고 손의 힘을 풀면서 내쉰다. 3번 반복한다.

처음의 마음 자세를 유지한 채 두 손을 깍지 껴서 조금 아래로 옮겨 뒤통수를 누른 상태로, 숨을 들이마시면서 고개를 뒤로 젖히고 팔

제1폭
叩齒集神三十六, 兩手抱崑崙, 雙手擊天鼓二十四

은 당기면서 팔꿈치를 서로 모아 좁히는데, 눈동자는 위쪽의 정수리를 치켜 보려고 한다. 바른 자세로 돌아가면서 숨을 내쉬고 팔꿈치를 벌리며 힘을 푼다. 이어서 두 손으로 뒤통수를 누르며 같은 방법으로 팔을 당기면서 팔꿈치를 모으며 고개를 아래로 숙이고 눈동자는 아래쪽의 단전을 본다. 같은 방법으로 고개를 왼쪽으로 돌리는 동작을 하고, 마찬가지 방법으로 고개를 오른쪽으로 돌리는 동작을 한다.

손으로 머리를 이끌어 움직일 때나 고개를 좌우로 돌리면서 손을 반대 방향으로 당길 때도 약간 누르거나 받치거나 당기는 힘을 주지만 어느 경우에도 그 힘이 느껴질 정도로 강하게 들어가면 안 되고 가능한 한 자연스럽게 하도록 한다. 온 몸의 근육이 긴장하면 안 된다는 것이 기공의 기본 법칙이다.

※ 고개를 숙이거나 젖히거나 양옆으로 돌리는 동작은 특히 뇌에 흐르는 기와 피의 흐름을 돕는 기공이다. 따라서 어지럼증, 두통, 눈병 같은 질병을 치료하는 효과가 있지만 고혈압이 있는 사람은 이 동작을 아주 가볍게 하는 것이 좋고 몸 상태에 맞지 않다고 느껴지면 생략하는 것이 좋다. 고혈압이 있는 경우에는 얼굴과 가슴이 같은 방향을 유지하면서 허리만 틀어 돌리면 된다.

"또한 두 손을 목 뒤로 돌려 감싸고 난 뒤에 숨쉬기를 9번 하는데 숨소리가 귀에 들리지 않도록 한다."

두 손을 포개서 안쪽 손으로 목덜미를 움켜쥐면서 숨을 들이마시고 손을 풀어 주면서 내쉰다. 9번 반복한다.

"좌우로 하늘의 북을 울리기를 24번 해서 그 소리를 듣는다."

두 손바닥을 옮겨서 두 귀를 덮고 먼저 집게손가락으로 가운뎃손가락을 눌렀다가 튕기면서 머리 뒤를 치는 것이다. 좌우 각 24번 한다.

집게손가락을 튕길 때 집게손가락이 때리는 곳은 뒤통수 아래쪽 목과 머리털의 경계선에서 조금 올라간 곳에 톡 튀어나와 있는 머리뼈 부위다. 왼쪽, 오른쪽 두 귀에서 들리는 소리가 쿵쿵거리는 북소리처럼 울리는 것이 좋다.

※ 이 동작은 뇌를 진정시키고 그 기능을 도우며 어지럼증, 두통, 귀울음 같은 질병을 치료할 수 있는데다가 지각 능력을 높이는 효과도 있다.

나) 천천히 하늘 기둥 비틀기

머리를 좌우로 돌려 어깨가 보이도록 하는데, 팔이 따라서 움직이기를 24번 한다. 먼저 반드시 손을 굳게 쥐어야 한다.

① 두 손을 굳게 마주잡은 다음 고개와 가슴과 허리를 함께 왼쪽으로 돌리며 숨을 들이마시는데, 동시에 맞잡은 두 손도 고개와 같은 쪽으로 천천히 따라 돌린다. 이어서 천천히 얼굴과 눈은 왼쪽 하늘을 비스듬히 올려다보면서 몸통 전체와 어깨를 눈을 따라 움직인다. 다시 숨을 천천히 내쉬면서 본래 자세로 조용히 돌아온다. 같은 방법으로 고개와 가슴과 허리를 오른쪽으로 돌리며 비스듬히 올려다보는 동작을 한다.

이어서 앞에서와 같은 방법으로 고개와 가슴과 허리를 다시 왼쪽으로 돌리되 얼굴과 눈이 왼쪽 땅을 비스듬히 내려다보는 동작을 한다. 또 마찬가지 방법으로 오른쪽 땅을 비스듬히 내려다보는 동작을 한다.

② 두 손을 굳게 마주잡은 다음 고개와 가슴과 허리를 함께 왼쪽으로 돌리며 숨을 들이마시는데, 동시에 맞잡은 두 손을 고개와는 반대쪽인 오른쪽으로 지그시 당기며 오른쪽 어깨와 오른팔이 천천히 위로 올라가서 뒤통수와 닿도록 한다. 얼굴과 눈은 왼쪽 하늘을 비스듬히

제2폭

左右手搖天柱 各二十四

올려다본다. 숨을 천천히 내쉬면서 본래 자세로 조용히 돌아온다. 같은 방법으로 고개와 가슴과 허리를 오른쪽으로 돌리고 팔은 왼쪽으로 당기며 왼쪽 어깨가 올라가고 얼굴과 눈은 오른쪽 하늘을 비스듬히 올려다보는 동작을 한다.

이어서 같은 방법으로 고개와 가슴과 허리를 다시 왼쪽으로 돌리고 팔은 오른쪽으로 당겨서 오른쪽 어깨를 약간 힘주어 내리며 얼굴과 눈은 왼쪽 땅을 비스듬히 내려다보는 동작을 한다. 마찬가지 방법으로 오른쪽 땅을 내려다보는 동작을 한다.

①에서는 마주잡은 손을 당기지 않는데 ②에서는 약간 힘주어 당기고, ①에서는 어깨도 자연스럽게 고개를 따라가는데 ②에서는 약간 힘주어 자연스런 자세와는 반대로 올리거나 내린다.

※ 가슴과 허리를 틀어 돌리는 동작은 오장육부를 운동시켜서 그곳에 흐르는 기와 피의 흐름을 돕고 결국 내장기관들의 기능을 높이는 효과가 있다.

다) 침 삼키기

"붉은 용이 물을 뒤흔들어서 진액으로 양치질하기(漱津)를 36번 한다."

붉은 용은 혀를 말한다. 혀로써 입 속의 이와 좌우 볼을 휘둘러서 진액이 생기기를 기다려 삼키는 것이다. 혹은 (양치질하기를) '고수鼓漱'라고도 한다.

진액이란 일반적으로 피까지 포함하여 임파액, 세포액, 정액, 땀, 콧물, 눈물, 가래, 침처럼 몸 안에서 분비되는 모든 분비물을 널리 가리키는 말로 쓰지만, 여기서는 그 가운데서도 침을 가리킨다. 『활인심』에서는 특히 침 삼키기를 중요시하여 앞 장에서는 연정(태식, 복식, 복기)이라는 개념으로 다루어 별도로 설명하기도 하였다.

제3폭
左右舌攪上齶 三十六, 漱 三十六, 分作三口, 如硬物嚥之,
然後方得行火(판본에는 火가 아닌 次로 쓰여 있다)

"신비한 물이 입에 가득하게 되면 세 모금으로 똑같이 나누어 꿀꺽 꿀꺽 꿀꺽 삼킨다."

양치질한 진액을 세 번 나누어서 꿀꺽 소리를 내면서 삼키는 것이다.

침을 삼키는 효과가 매우 신비하기 때문에 신비한 물이라고 말한 것이다. 삼킬 때는 두 손을 쥐고 주먹의 등이 등 뒤쪽을 향하도록 머리 위로 들어 올리면서 딱딱한 음식을 삼키듯이 꿀꺽 삼키고는 주먹을 내린다. 하나의 동작으로서 주먹을 들어 올릴 때 한 번씩 삼킨다. 삼킨 침이 속에서 꼬르르 소리를 내면서 내려간다고 느껴지면 더욱 좋다.

상식적으로는 침이 아무리 깊이 내려가도 위 속에 들어가는 것이 한계지만, 도인기공의 한 방법으로 실행할 때는 마음속으로 단전(아랫배)까지 이끌어서 내려간다고 생각하며 실제로도 그렇게 느끼도록 한다.

"용이 내려가면 범은 저절로 달린다."

진액이 용이고 기가 범이다.

여기서 말하고자 하는 뜻은 침이 ─더 정확히 말하면 침을 삼키면서 내려보내는 머리 부위의 형이상학적인 기가─ 아래로 내려가 단전에 이르면, 단전에서는 그곳에 갈무리되어 있던 정이 저절로 생리적인 기로 변하여 온 몸에 공급되어서 생명력이 높아진다는 것이다. 다시 말하여 정신적인 어떤 에너지가 단전에 이르면 그때야 비로소, 그러나 저절로, 도인이 이루어져 온 몸으로 이끌고 다닐 수 있는 기가 생긴다는 것이다.

그러나 용과 범(龍虎)이라는 용어는 본래 내단수양에서 사용하는 것으로서 일반 양생의 수준을 훨씬 뛰어넘는 경지까지를 은연중에 기대하는 말이라고 보아야 한다.

"그런 다음에야 비로소 불을 운행할 수가 있다."(方得行火)

용이 단전에 이르면 범이 저절로 달린다는 앞 구절의 뜻을 그림을 그리면서 붙여 놓아 다시 한번 풀이한 것이다. 따라서 여기서 불이란 기氣를 가리킨다고 보아야 한다. 다만 기 중에서도 따뜻하게 느껴지는 기라는 뜻이 강하다는 점은 유의해야 한다.

라) 허리 뒤 문지르기

"잠시 숨을 멈추고 손바닥을 아주 뜨거워질 때까지 비빈다."
코로 맑은 기를 들이마시어 닫아 놓고 잠시 있다가 손을 비비기를 아주 뜨겁도록 한다. 이때 코로 천천히 기를 내보내는 것이다.

바르게 앉아서 코로 맑은 공기를 들이마신 다음 잠시 숨을 멈추고 손바닥을 아주 뜨거워질 때까지 비빈 뒤 코로 천천히 탁한 기를 내보낸다. 결코 무리해서 얼굴이 벌겋게 될 때까지 해서는 안 된다. 숨을 잠시 멈출 때는 숨이 가빠지거나 심장이 쿵쿵거리지 않는 범위 내에서 자연스럽게 멈추도록 한다. 숨을 멈추는 경우는 모두 이와 같다.

"등으로 돌아가서 정문精門을 문지른다."
정문이란 엉덩이 위 곧 허리 뒤의 신장이 있는 바깥 부위다. 손바닥을 합쳐서 문지르기가 끝나면 손을 거두어서 주먹을 쥔다.

이어서, 뜨거워진 손바닥으로 정문을 36번 문지르고 난 다음, 손을 거두어 엄지를 감싸 쥐고 처음 시작할 때와 같은 자세로 돌아가서 잠시 조용히 신을 생각하는 정좌상태로 들어간다.
※ 이 동작을 오래 계속하면 신장이 강해지고 정精이 굳건해져서 정력이 증강되는 효과가 있으며 아울러 허리 부위의 통증이 치료된다.

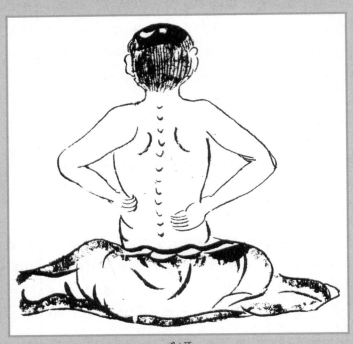

제4폭

兩手摩腎堂 三十六, 以數多更妙(판본에는 更이 없다)

라) ´ 잠시 정좌

"동작을 마쳤으면 이어서 한 모금의 기를 머금고,"
다시 숨을 멈추는 것이다.

천천히 숨을 들이마시고 잠시 멈춘다고 하지만 숨이 가빠질 정도
는 물론, 의식할 정도로 숨을 멈출 필요는 없다. 일상생활에서 말하는
것처럼 '숨을 죽인다'고 말하는 정도로만 가늘고 길게 쉬면 된다.

신을 생각하는 존사법을 행하는데, 머리 부위의 신을 생각했던 처
음과는 달리 이번에는 가슴과 단전 부위의 신령한 생명력을 생각한다.
특히 아랫배에 있는 단전이라는 곳은 모든 기공과 내단수양가들이 생
명력의 근원이라고 믿고 있을 정도로 사람 몸에서 중요한 곳이다. 단
전은 마치 몸 안에 설치된 용광로와 같아서 어떠한 상황의 탁하고 잡
된 기라도 그 속에 넣고서 정신집중을 하여 호흡으로써 제련하면, 그
모두가 함께 녹아 새롭고 참된 기로 바뀌는 신령한 능력을 가진 곳이
다. 그래서 단전을 이르는 신비한 별명만도 7백~8백 가지에 이른다.

"마음속으로 뜨거운 기운이 배꼽을 태운다고 상상한다."
입과 코의 기를 닫아 놓고서 심장의 화火 기운을 가지고 아래로 내려가 단
전을 태운다고 상상하는 것이다. 열이 느껴지기가 극도에 이르렀다고 생각
되면 바로 다음 방법으로 넘어간다.

배꼽이라고 말한 것은 아랫배 부위라는 뜻으로 정확하게는 단전을
가리킨다. 배꼽 자체도 중요하지만 단전에 마음의 초점을 맞추어 지키
는 것이 더 효과가 있기 때문이다.

입과 코의 기를 닫아 놓는다는 말 또한 글자 그대로 숨을 멈춘다는

뜻일 수도 있지만 입과 코로 쉬는 숨에는 마음 두지 말고 심장의 기운을 잡는 데 집중하라는 뜻으로 풀 수도 있다. 수양하는 사람이 스스로 편한 방법을 택하면 된다. 심장의 화火 기운이란 심장 본래의 기(心氣)를 가리킨다. 심장 본래의 기가 오행 가운데 화에 속한다는 내용은 앞에서 이미 설명하였다.

기운을 가지고 내려간다는 말은 도인기공 본래의 이치를 가리키는 것이다. 우선 기를 마음속으로 느껴야 그것을 잡아 가질 수 있는데, 기를 마음속으로 느끼는 요령은 마음의 초점을 일정한 지점에 맞추어 놓고 기다리는 일 이외에는 없다. 따라서 숨을 죽여서 조용히 가라앉힌 마음의 초점을 우선 심장, 실제로는 가슴 한복판의 강궁絳宮이라는 혈穴에 맞추어 지키면서 오행 가운데 화의 성질을 갖는 기운을 느끼게 될 때까지 기다리는 단계를 거쳐야 제대로 된 효과를 얻어 앞으로 진행할 수 있는 것이다. 이는 앞의 침 삼키기의 단계에서 침 삼키기가 잘 되어야 기의 운행(行火)을 제대로 할 수 있다고 염려했던 것이기도 하다.

아무튼 심장의 기를 느꼈으면 그것을 놓치지 않도록 확실히 잡고 지키면서 아래로 이끌고 내려가야 하는데, 그 요령은 "잊어서도 안 되고 부추겨서도 안 된다"(勿忘勿助)는 것 이외에는 없다. 잊지 않는다는 말은 잠시라도 마음의 초점이 그 기를 떠나서는 안 된다는 뜻으로서 참선하는 선객들이 화두를 놓지 말라는 경우와 같다. 부추기지 말라는 말은 그 기를 잡으려거나 밀어내려는 생각을 하지 말라는 뜻으로서 도가가 강조하는 무위자연을 믿는 것이다. 결국 느낀 기를 놓치지 않으면서 조금씩 마음의 초점을 아래로 옮겨 내려간 뒤, 기가 그곳까지 따라왔음이 확인되면 또 조금 더 내려가기를 계속하여 단전까지 이르는 수밖에 없다. 마음의 초점을 한곳에 맞추면 기는 따라와 저절로 그곳에 이른다는 것이 생리의 이치기 때문에 가능한 일이다.

심장의 기로 단전을 태운다는 말은 심장의 기가 단전이라는 용광로로 들어가면 허리 문지르기를 해서 기른 신장의 기운(水 또는 精)과 함께 녹인다는 뜻이다. 심장의 화火라는 용어를 썼으므로 그 말의 흐름을 살리기 위하여 태운다는 말을 쓴 듯하지만, 한편으로는 심장의 기가 단전에 이르게 되면 이미 상당한 기공 능력이 생긴 경지이므로 단전이 저절로 뜨뜻하게 될 것이라는 암시 또한 담고 있다.

문제는 심장의 기를 느끼지 못하는 경우다. 이때는 엄격하게 말하면, 다음 단계로 넘어가지 말고 이 단계까지만 계속 반복하다가 심장의 기를 느껴 잡은 다음에 비로소 다음 단계로 넘어가야 한다. 그러나 실제로는 잠시 조용한 마음으로 이 단계의 흐름을 생각하다가 마음을 단전에 머물게 한 뒤에 이어서 다음 동작을 진행하는 것이 보다 융통성 있는 방법이다. 이는 중화탕의 한 재료가 되는 '행방편行方便'의 뜻에도 맞다. 꾸준하게 부지런히 익히노라면 세월이 지나면서 어느 날인가 문득 심장의 기를 느끼는 순간이 찾아올 것이다.

열이 느껴지기가 극도에 이르렀다고 생각된다는 말은 못 견디게 뜨겁다는 뜻이 아니고 마음속으로 이만하면 만족하다는 느긋한 생각이 저절로 이루어지는 상태를 말한다. 따라서 지나치게 진도에 얽매여서 다음 단계로 넘어가기에 급급해서는 좋지 않다는 뜻으로 보면 된다. 마음이 평안하고 느긋한 것이 좋다.

마) 한 손으로 도르래 장치 돌리기

"왼쪽 오른쪽으로 도르래 장치를 돌리는 동작을 한다."
머리를 숙이고 두 어깨를 교대로 흔들며 돌리기를 36번 한 다음,

앉은 자세 그대로 이어서, 먼저 머리를 약간 숙이고 오른쪽 주먹은

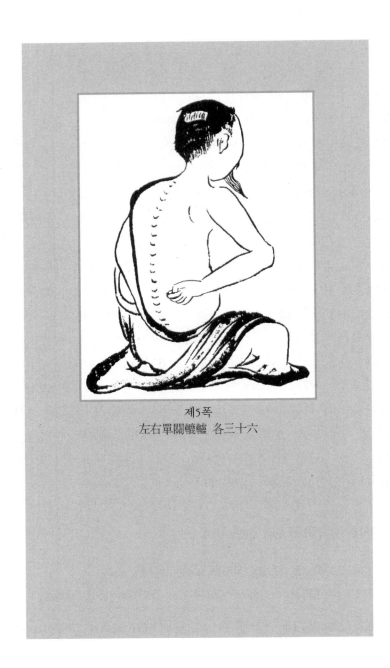

제5폭
左右單關轆轤 各三十六

그대로 둔 채 왼쪽 팔꿈치를 굽히며 손등을 허리 뒤에 붙이고 겨드랑이까지 천천히 올리면서 손바닥이 하늘을 향하도록 뒤집는다. 겨드랑이 밑으로 빠져 어깨 앞으로 나오면 다시 천천히 손을 뒤집어 손등이 하늘을 향하도록 틀면서 마치 수레바퀴를 돌리듯 배의 노를 젓듯 크게 원을 그리며 돌려서 주먹이 엉덩이를 지나 다시 허리 뒤로 돌아온다.

호흡은 주먹이 허리에서 겨드랑이로 올라갈 때 들이마시고 원을 그릴 때 내쉰다.[20] 주먹이 겨드랑이를 지나 앞으로 나갈 때 목 또한 자라처럼 길게 빼면서 따라 나가고 주먹이 몸으로 되돌아올 때 목도 또한 자라처럼 움츠리면서 따라 들어오도록 하면 더욱 좋은 효과를 얻을 수 있다.

이 동작을 36번 반복하고 다시 오른쪽 주먹(팔과 어깨 포함) 돌리기를 같은 방법으로 36번 반복한다.

바) 두 손으로 도르래 장치 돌리기

단전에서 불이 올라와서 척추를 뚫고 뇌 속으로 들어간다고 상상하고, 코로는 맑은 기를 들이마시어 잠시 닫아 놓는다.

한 손으로 도르래를 돌릴 때와 마찬가지 방법으로 이번에는 두 주먹으로 함께 원을 그리며 도르래 장치 감아 돌리기를 36번 한다.[21] 그런 다음, 마음속으로 아랫배(단전)에서 뜨거운 것이 등을 타고 올라와서 뒤통수를 거쳐 머리로 들어간다고 생각한다. 동시에 코로는 맑은

---

20) 사람에 따라서는 주먹을 허리에서 겨드랑이로 끌어올리는 동작 대신 그냥 완전한 원을 그리며 돌리는 경우도 있고, 팔은 허리 뒤에 붙인 채 어깨만 작게 원을 그리는 경우도 있다.

21) 『활인심』에서는 도르래 장치 돌리기를 한 문단으로 처리한 반면, 그림에서는 허리 뒤를 문지른 다음의 '잠시 정좌'에 대한 그림은 그리지 않고 '두 손으로 도르래 장치 돌리기'를 따로 하나 그려 놓았다. 모든 책에서의 좌식팔단금 그림이 이와 같은 차례로 되어 있다.

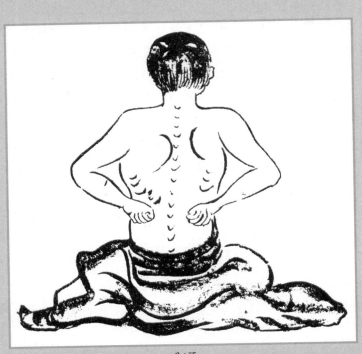

제6폭

雙關轆轤 三十六

공기를 소리 없이 들이마신 뒤 잠시 숨을 멈추면서 두 손을 비벼 뜨겁게 한다.

단전에서 불이 올라오는 상황을 상상한다고 하였으나, '잠시 정좌'에서 설명한 바와 같이 실제로는 단전에 생겨난 불 같은 무언가를 느끼면 그것을 잡고 지키면서 잊거나 부추기지 않는 도인기공 본래의 요령으로 이끌어서 척추 마디마디를 뚫으며 위로 올라간다. 뒤통수를 통과하여 머릿속에 있는 이른바 니환泥丸[22]이라는 혈穴까지 이른다면 이미 단순한 질병 치료나 양생의 단계를 넘어서서 신선의 길까지도 기대할 수 있다. 웬만한 질병은 모두 사라지고 생리상태가 소년처럼 원만하게 조화를 이루는 것은 물론이다.

실제로 기를 이끌고 단전에서 등—정확히 말하면 독맥—을 타고 머리로 올라가서 다시 앞 가슴과 배—정확히 말하면 임맥—를 따라 단전으로 돌아 내려오게 하는 기공을 소주천小周天 공부라 하는데, 이는 양생은 물론 내단의 기초 과정이다.

코로 맑은 기를 이끌어 들일 때는 역시 천천히 길고 가늘게 숨을 들이마시는데 맑은 하늘의 참된 기가 들어온다고 생각한다. 생각의 단계를 넘어서 실제로 느낄 수 있다면 이미 기공의 고수다. 이끌어 들인 기를 잠시 닫아 놓는 요령은 앞 단계에서 몇 번 설명한 바와 같이 숨을 멈추거나 숨을 죽이는 정도만 해도 된다. 어느 경우에도 억지로 해서 숨이 차거나 심장 박동이 빨라지는 일이 일어나서는 안 된다.

---

22) 대뇌 가운데 있는 매우 중요한 어떤 곳을 내단가들이 부르는 이름이다. 松果腺과 밀접한 관계가 있는 곳으로 생각되는데, 내단가들은 이곳을 다음과 같이 말한다. ① 머리에 있는 경혈 이름. 두 눈썹 사이에서 한 촌 들어간 곳이 明堂혈이고 세 촌 들어간 곳이 니환혈인데, 萬神이 드나드는 곳이다. ② 上丹田(『內丹訣』 참조). ③ 도교에서는 인체 각 부위에 신의 이름을 붙이는데, 니환은 뇌의 신이다(『黃庭內景經』, 「至道」 참조).

숨을 멈추거나 또는 숨을 죽이면서 마음의 초점을 단전의 불 기운이 들어 있는 니환혈에 맞추어 지킨다. 마음으로 니환혈을 지키는 시간은 어느 정도 여유로울 필요가 있다. 단전에서 험난한 관문들을 거치며 올라온 불 기운이 휴식을 취하면서 재정비하여 온 몸을 불사를 수있을 정도로 세력이 강해질 때를 기다린다는 마음가짐으로 기다리는 것이다.[23]

※ 도르래 장치 돌리기 동작은 척추와 그 속의 신경중추와 내장을 운동시키고 임독맥을 소통시키며 상체 대부분의 관절을 움직이기 때문에 각 해당부위의 생리기능을 원활하게 하여 많은 의료 양생의 효과를 볼 수 있다.

사) 하늘 받치기

"두 다리를 천천히 뻗으면서,"
두 다리를 곧게 뻗는 것이다.

니환 지키기가 무르익어 마음이 더욱 조용하게 가라앉고 새로운 기운이 난다고 느껴지면, 두 손을 마주 비비며 니환의 새로운 기운이 온 몸으로 흘러내려 묵은 때를 씻어낸다고 생각하면서 입으로 '커허—' 소리를 내어 불기를 5번 한다.[24] 이어서 가부좌를 풀고 두 다리를 앞으로 쭉 뻗으면서 몸 전체의 긴장을 푼다.

"두 손을 깍지 껴서 천천히 허공을 밀어 올린다."
손을 서로 엇갈리게 깍지 끼고 허공을 받쳐 올리기를 3차례 또는 9차례 하는 것이다.

---

23) 이처럼 수행한다면 퇴계 『활인심』에서는 '閉少頃間'이라 쓰고 있고, 판본에서는 '閉氣頂間'이라 쓰고 있는 두 글귀가 모두 같은 결과를 말하는 것이 된다.
24) 이때 다음 장에 소개되는 6글자 소리내기(六字氣訣)를 배합시켜 묵은 기운을 내보낼 수도 있다.

제7폭

兩手相搓, 當呵五呵, 後, 叉手托天, 按頂 各九次

이어서 두 손 열 손가락을 서로 하나씩 엇갈리게 깍지를 끼고 손바닥을 아래로 향하게 하여 머리 위로 올려 정수리를 덮고서 잠시 동안 가볍게 누른다. 이때 마음속으로 몸 안에 남아 있는 나쁜 기운이 발가락 끝을 통하여 밖으로 밀려 나간다고 생각하고 믿는다.

이어서 깍지 낀 두 손을 천천히 뒤집어 손바닥이 하늘을 향하게 하고 계속 천천히 위로 하늘을 받치듯 밀어 올린다. 손등은 정수리와 일직선상에 놓이게 하고 손은 할 수 있는 한 젖히며 팔과 허리는 곧게 펴는 것이 좋다. 그러나 처음 하는 사람이나 몸놀림이 부자유스런 사람은 무리하지 말고 능력에 맞게 하면 된다. 억지를 부릴 필요가 없다. 오히려 억지가 들어가면 나쁜 결과를 가져온다는 것이 기공의 기본 이치임을 잊지 말아야 한다.

곧 이어서 다시 손을 천천히 뒤집어 손바닥이 땅을 보게 하면서 내려 정수리 위를 다시 덮는다. 처음부터 마지막 동작까지 계속 반복하는데 온 몸의 긴장을 풀고 호흡은 하늘을 받칠 때 들이마시고 손을 내릴 때 내쉬면 된다. 3번 내지 9번을 반복하고 나면 손을 내려 자연스럽게 다리를 뻗고 앉아 있는 자세를 취한다.

※ 이 동작은 삼초三焦의 기능을 원활하게 하고 어깨와 목의 기혈이 순환하는 것을 도와서 어깨, 목, 허리의 질환을 치료하는 효과가 있다.

아) 발 당기기

"머리를 낮추어 발을 잡고 팽팽하게 당긴다."
두 손을 앞으로 향하여 발바닥을 잡고 13차례 당기는 것이다. 그런 다음 발을 거두어 단정히 앉는다.

'하늘 받치기' 동작을 끝낸 다음, 두 다리를 편 자세 그대로 몸을

제8폭
以兩手如釣, 向前攀雙脚心 十二, 再收足, 端坐

앞으로 굽히고 팔을 뻗어 두 손으로 발바닥을 잡는다. 이때 무릎은 곧게 펴고 발은 잡아당기며 몸은 굽히고 다리를 편다. 가능하다면 머리와 항문이 같은 수평선 위에 놓이도록 몸을 굽히는 것이 바람직하지만, 사정에 맞게 적당한 선에서 만족하는 것 또한 잊어서는 안 되는 기본 이치다. 무리하지 말고 몸이 굽는 데까지만 굽히노라면 차차 깊이 굽혀지게 된다. 무리하지 않도록 한다는 것은 얼굴이 붉어지지 않고 호흡이나 심장의 박동이 처음 시작할 때의 평정상태를 잃지 않도록 한다는 뜻이다.

몸을 굽히고 다리를 당긴 채 잠시 멈추었다가 천천히 처음의 앉은 자세로 돌아온다. 온 몸에 긴장이 생기지 않도록 천천히 느긋하게 움직이며 호흡은 몸을 굽힐 때 들이마시고 발을 당길 때 멈추며 제자리로 돌아올 때 조용히 내쉰다.

같은 요령으로 12번 반복하고 나서,[25] 발을 거두어들여서 다시 가부좌 자세로 앉는다.

> ※ 이 동작은 온 몸의 경맥이 원활하게 운행되도록 돕고 오장육부와 팔다리에 피가 잘 순환되도록 돕는다. 그래서 혈관을 강화하고 당뇨병, 풍습성 관절염, 손발 마비, 소화기 계통의 질병을 예방 치료하는 효과가 있다. 어떤 책에서는 이 동작을 오래 하면 감기에 걸리지 않는다고도 말한다.

자) 마무리

『활인심』에서 "끝나고 나서, 물이 거슬러 올라오기를 기다린다"는 구절부터 "불을 피어나게 하여 몸을 온통 태운다"까지는 좌식팔단금

---

25) 『활인심』 원문에서는 '十三次'라 쓰고 그림에서는 '十二'라 쓰고 있는데, 반드시 어느 것을 따라야 하는 것은 아니지만 이 동작은 일반적으로 12차례 반복하는 것으로 전해진다.

을 마무리하는 요령을 가르치는 대목이다.

　　앞 동작들에는 신체의 움직임이 있는데 특히 '발 당기기'에는 스트레칭까지 있어서 실행하고 나면 아무래도 정좌상태보다는 호흡이 빨라지고 마음이 흔들리게 된다. 그래서 처음 단계로 다시 돌아가 '침 삼키기'와 '마음 가라앉히기'를 하여 단전으로 기를 돌려보내는 것이다. 신체의 동작이 없는 상태에서 다시 한번 단전의 기를 독맥을 따라 머리(하늘)로 올려서 몸 전체로 퍼지게 한다. 결국 팔단금 과정에서 미처 제거하지 못하고 아직 남아 있던 것뿐만 아니라 팔단금 동작으로 말미암아 생겨날 수 있는 쓸데없는 찌꺼기까지 한 번 더 씻어내고 태워 버리는 과정을 거쳐서 마무리하는 것이다.

　　꼬르륵꼬르륵 침 내려가는 소리를 듣는 과정에는 마음을 가라앉히고 기를 단전으로 돌려보내는 일이 포함되어 있다. 이와 같이 단전에서 생겨난 기가 독맥을 타고 머리로 올라갔다가 다시 목구멍을 거쳐 단전으로 돌아오는 소주천 기공을 하면, 그 효과는『활인심』에서 말하고 있는 바와 같이 백맥이 저절로 정상화될 뿐만 아니라 나아가서는 신선의 길까지 바라볼 수 있을 만큼 놀랍다.

　　물 푸는 수레가 실어 나르는 과정에 대해『활인심』에서는 '도르래 장치 돌리기'를 하라고 설명하지만 가능한 한 몸을 움직이지 말고 도인기공 본래의 요령에 따라 마음으로 기를 이끌어 니환으로 올리는 것이 더욱 좋다.

차) 효과

　　『활인심』의 "불을 피어나게 하여 몸을 온통 태운다"에서 "재앙과 질병이 기웃거리지 못한다"까지는 좌식팔단금을 제대로 실행하였을 때 얻을 수 있는 효과다.

카) 기타 실행 요령

『활인심』은 좌식팔단금을 실행하는 데도 천인감응 사상에 영향을 받아서 갑자甲子일에 시작하고 자子시 이후 축丑시 이전, 곧 양기가 살아나는 시간을 기본으로 하고, 추가로 오전 또는 낮과 밤에 동작을 하라고 말한다. 그대로 지킬 수 있다면 더 말할 나위 없이 좋겠지만, 그렇다고 반드시 그대로 따라야만 하는 것은 아니다. 개인 사정에 맞게 적당한 시기에 시작하고 적절한 시간을 틈타서 실행할지라도 호흡이 가라앉고 마음으로 기를 잡을 수 있어서 기공의 일반 원칙을 지키며 제대로만 하면 훌륭한 효과를 얻을 수 있다.

또한 한자리에서 반드시 팔단금의 모든 동작 과정을 거쳐야 하는 것도 아니다. 사정이 허락하지 않는다면 몇 가지 동작만을 가려 뽑아서 실행해도 된다. 다만 준비 단계로서의 보건공과 마무리 동작은 항상 대표적인 것 몇 가지를 함께해야 뜻하지 않게 일어날 수 있는 폐단을 줄일 수 있다.

2) 도인기공법이란

가) 양생법으로서의 도인기공법

힘줄과 관절을 굽혔다 펴는 각종 운동과 호흡 조절, 기의 운행, 안마, 침 마시기 등을 함께함으로써 신체에 피와 기를 잘 통하게 하고 생리기능을 조화롭게 하여 건강을 촉진시키는 양생법의 일종을 도인기공(導引法 혹은 道引法)이라 한다.

　　도인을 행하면, 영(營氣)과 위(衛氣)의 운행을 조화롭게 하고 음식물의 소화를 도우며 병의 원인을 제거하여 생명력을 길러서 병을 예방 또는 치료할 수 있다.

나) 용어와 유래

　　각종 자료를 보면 상고시대부터 이미 도인의 원시 형태인 기공방법을 사람들이 알고 있었던 듯하다. 예컨대, "몸을 움직여 추위를 피한다"[26], "백성의 기가 단단히 뭉쳐서 운행을 못하여 근골이 오므라들고 펴지지 않으므로 춤을 추게 하여 그것을 펴도록 하였다"[27], "유부라는 의사가 있어서 병을 탕액이나 술로 고치지 않고 돌침, 안마, 뜸 등을 가지고 단번에 병을 고치는 효과를 보았다"[28]는 기록이 그것이다.

　　직접 '도인導引'(혹은 道引)이라는 용어가 나타난 예를 찾아보면 다음과 같다.

　　전국시대에 쓰였다고 생각되는 『장자』 외편 「각의刻意」에서는 "호흡으로 묵은 것을 토하고 새것을 받아들이며 곰과 새를 흉내 내니……이들은 도인을 하는 선비요, 몸을 기르는 사람들이다"[29]라고 지적하고 있다. 『황제내경』 『소문』 「이법방의론異法方宜論」에서는 "…… 그 병이 대부분 위궐痿厥, 한열寒熱인데, 그 치료에는 도인, 안마가 적당하다"[30]

---

26) 『黃帝內經』, 『素問』, 「移精變氣論」, "動作以避寒."
27) 『呂氏春秋』, 「古樂篇」, "民氣郁閼而滯着, 筋骨瑟縮不達, 故作爲舞以宜導之."
28) 『史記』, 「扁鵲傳」, "醫有兪跗, 治病不以湯液醴酒, 鑱石·撟引·案抓·毒熨, 一拔見病之應……."
29) "吹呴呼吸, 吐故納新, 熊經鳥伸,……此, 道引之士, 養形之人……."

라는 기록이 있다. 전한시대(BC 206~AD 8)의 고분인 마왕퇴馬王堆에서 1973년에 백서본 「도인도導引圖」가 발굴되었는데, 이 「도인도」에는 도인 동작 44종이 그려져 있었다. 위진시대(265~420)의 『포박자』「미지微旨」에서는 "굽히고 펴는 방법을 아는 사람이 '도인만이 노화를 방지할 수 있다'고 말한다"[31]고 하고 「별지別旨」에서는 "펴고 굽히며 내려다보고 올려다보며 걷고 누우며 기대거나 바로 서고 발을 들거나 밟으며 천천히 걷고 소리 내어 호흡하는 모든 것이 도인이다"[32]라 하였다. 『제병원후론』에는 260여 종의 도인치료법이 실려 있다. 『운급칠첨』권32~34에는 도인기공법이 독립된 장으로 엮어져 상세히 기술되어 있다.

도인기공법은 일반 양생가와 의가, 종교가들도 행했지만 특히 도교에서 중요시하여 거의 모든 수도자가 이를 행함으로써 무병장수를 얻고자 하였다. 도교의 경전에 산재해 있는 도인기공법은 1천 가지가 넘는다.

다) 대표적 도인기공법

① 오금희五禽戲

화타(145~206)는 다섯 가지 동물의 동작을 이용하여 최초로 연결된 동작으로 엮어진 한 편의 도인 법식을 만들어 내고는 스스로 오금희라고 이름 붙였다. 이 동작은 범(虎), 사슴(鹿), 곰(熊), 원숭이(猿), 새(鳥)의 동작을 본뜬 것이다.

당시 오금희의 자세한 동작들이 어떠하였는지 글로 남겨진 것은 없

---

30) "其病多痿厥寒熱, 其治宜導引按蹻."
31) "知屈伸之法者則曰, 唯導引可以難老矣."
32) "伸屈, 俯仰, 行臥, 倚立, 躑躅, 徐步, 吟息, 皆導引也."

다. 그저 입으로 마음으로 전해 오다가 남북조시대에 이르러서야 도홍
경陶弘景(456~536)33)이 지은『양성연명록養性延命錄』에 비로소 문자로 기
록된다. 송대 이후로는 단행본으로 된『오금희』가 여러 가지 형태로 유
행하게 되고 계속 변화 발전하여 오늘날에는 아주 많은 오금희 유파가
생겨나 있다.

　② 『포박자』에 소개된 도인기공법
　『포박자』에는 침 삼키는 법, 이 마주치는 법, 동물 흉내 내는 법 등
이 있다. 동물 흉내 내는 기공법은 용, 범, 곰, 거북, 제비, 뱀, 새, 원숭
이, 토끼 같은 동물을 대상으로 삼고 있다.

　③ 당나라 손사막孫思邈의 도인기공법
　손사막이 그때까지의 도인기공법을 정리하여 후세사람들에게 전한
「노자안마법」은 모두 49가지의 동작으로 이루어져 있다. 몸 동작과 함
께 두드리는 법을 제시하고 있는 것이 특색이다.

　④ 송나라 때의 도인기공법
　송대의 도인기공은 중국 의학의 이론과 밀접하게 결합되어 치밀하
게 고안된 동작들로 엮어지고 동물을 모방한 기공의 형식을 찾아내거
나 새롭게 만들어진다. 여태까지의 도인방법들은 대부분 하나하나의 구
분 동작들을 모아 놓은 형식이었는데, 송대에 들어오면 여러 구분 동
작을 고도로 치밀하게 고안하여 복합적이면서도 간결한 하나의 동작으
로 녹여서 합친다. 다시 그러한 동작들에 순서를 매겨 하나의 흐름으

---

33) 丹陽 秣陵(현재 南京) 사람으로 자는 通明이며 貞白先生으로 불렸다. 의학가이
　　면서 도교 사상가로서『陽性延命錄』외에도『上淸握中訣』,『眞誥』등의 저술이
　　있다.

로 엮어서 품세 한 마당을 만드는 경향이 짙어진다. 대표적인 것이 '문무팔단금文武八段錦'과 '이십사기좌공도인치병도二十四氣坐功導引治病圖'다.

덧붙이는 글 : 문무팔단금

① 문팔단금文八段錦

지은 사람의 이름을 따서 종리팔단금鍾離八段錦, 두은청팔단금竇銀靑八段錦, 소최선생팔단금小崔先生八段錦, 증조팔단금曾慥八段錦이 있다.

종리팔단금은 여암呂嵒이 석벽에 써 놓은 뒤부터 세간에 전해지게 되었는데, 책으로는『수진십서修眞十書』*에 처음으로 그림과 함께 나타나고 있다. 방법이 대체로『활인심』의 좌식팔단금과 같아서 좌식팔단금의 원형이라고 추측하는데, 동작을 8폭의 그림으로 그려 놓았기 때문에 팔단금(여덟 폭의 비단)이라 부르게 된 듯하다.

두은청과 소최선생의 팔단금은 이미 없어져 확인할 수 없다. 다만 증조의 팔단금은 소최선생의 것을 기초로 하여 활쏘기, 육자기결六字氣訣 등을 보태서 만든 것으로, 역시『수진십서』에 실려 있다.『활인심』이 좌식팔단금에 이어서 육자기결을 소개하고 있는 것으로 보아 주권은『수진십서』의 팔단금을 종합한 듯하다.

② 무팔단금武八段錦

증조의『도추道樞』「중묘편衆妙篇」에 소개되어 있는 무팔단금은 주로 앉은 자세로 수행하는 문팔단금과는 달리 선 자세로 수행하도록 한다. 역시 8폭의 그림과 해설로 되어 있고 힘이 들어가는 동작이 많다.

송대 철학자 주희朱熹는 '참동계'를 용을 잡는 기술이라 하고 팔단금을 돼지를 모는 기술이라 했지만 늘그막에는 오히려 팔단금을 더 절실하게 생각했다고 한다.

송대 팔단금 도인기공법은 당시에 큰 기세로 유행한 후부터 이제까지 7백~8백 년간 기공 발전에 끊임없이 깊은 영향을 주고 있다. 명·청시대에 생겨난 12단금이나 16단금 모두 팔단금이 발전하면서 늘어난 것이며, 근·현대에 이르러 여러사람과 여러 학파가 만들어 낸 팔단금 내지 백단금 어느 것이나 송대 원시 팔단금의 영향을 받지 않은 것이 없다.

* 원나라 이전 도교의 수양법을 전체 60권으로 모아 놓은 방대한 내용을 담은 책으로 송나라 말부터 원나라 초 사이에 편찬된 듯하나 저자가 누군지는 알 수 없다.

이 도인기공법과 그림은 '안절좌공도案節坐功圖', '진희이좌공도', '좌공도'라고도 부른다. 한 절기마다 그 형식의 도인 자세가 짝지워져 모두 24자세로 이루어져 있다. 자세 하나하나가 해당 절기의 이름을 갖고 그 절기의 기운에 해당하는 장부의 도인을 맡으며 그에 따른 병을 치료한다고 한다.

⑤ 명·청시대의 도인기공법

명·청시대에는 도인기공이 크게 세를 떨쳐서 기존의 방법이 널리 퍼졌을 뿐만 아니라 그때까지의 도인기공법을 기초로 하여 형식은 간결하나 효과는 높은 도인기공법이 적잖게 새로 만들어졌다.

문팔단금에서 발전한 '12단금', '12단 동공動功', 문무팔단금을 종합한 '16단금'과 다섯 글자가 한 구절로 되어 있는 노래 형식의 글로 이루어진 '각병연년십육구술却病延年十六句術', 오금희의 뒤를 이어서 주로 동물의 자세를 모방하는 '바라문도인십이법', 인체 각 부위의 기능과 병이 생기는 특징을 잘 살펴서 그에 맞추어 각 공법을 엮어 놓은 '분행외공결分行外功訣', 모두 9가지 그림으로 된 '연년구전법延年九轉法', 일종의 보건공 모음으로서 80여 자세로 이루어져 있는 '존생도양편尊生導養編'과 '역근경易筋經' 등이 그것이다. 역근경은 이 시기에 유행한 도인기공법 가운데 뒷날에 가장 큰 영향을 끼친 기공법으로서 일종의 스트레칭 기공이다.

라) 도인기공법의 요령

① 기공의 3대 요령과 그 수칙
일반적으로 도인기공법은 신체, 호흡, 마음 3가지의 조화를 요령으

로 삼는다. 그래서 조신調身, 조식調息., 조심調心(調神)을 기공의 3대 요령이라 한다. 조신은 몸의 자세를 바르게 하라는 것이고 조식은 호흡을 요령에 맞게 하라는 것이며 조심은 마음가짐을 원리에 맞게 하라는 것이다.

아래에 이 3대 요령을 융합하여 실천에 활용할 수 있는 방법을 설명함으로써 기공 일반에 대한 이해와 함께 『활인심』에서 소개하고 있는 좌식팔단금(문팔단금)을 실행하는 데도 도움을 받고자 한다.

② 저절로 효과를 보인다

긴장을 푼다

도인기공법을 수양하는 동안에는 마음속으로 생각을 잘 조절해서 스스로 정신세계에 있는 모든 불필요한 정서적 긴장을 풀어야 할 뿐만 아니라 생리세계에서 일어나는 모든 육체적 긴장도 풀어놓아야 한다.[34]

이러한 긴장을 자기 최면 암시와 비슷한 요령으로 녹이고 풀어놓는 것이 도인기공법 수양의 요령인데, 암시를 거는 정도가 자연스러움을 지나서 인위적이고 억지스러운 단계에까지 이르러서는 안 된다. 불

---

34) 정신세계에서 일어나는 긴장으로는 다음과 같은 것이 있다. 어떤 일이나 물건 혹은 시간, 장소를 생각 속에서 느끼거나 그럴 때, 그것이 저절로 떠오르게 내버려두지 못하고 자꾸만 문제를 삼는 것이다. 어떤 생각을 할 때도 자연스럽고 느긋하게 생각하지 못하고 자꾸만 자기 나름대로 어떻게든 하려 한다. 생리적 세계에서 일어나는 긴장으로는 다음과 같은 것이 있다. 호흡이 고르지 못하고 거칠다. 자세는 자연스럽게 중심을 잡지 못하고 기울어진다. 이렇게 목이나 몸통이 전후좌우 어느 쪽으로든 기울어지는 것은 어느 한쪽 근육이 긴장되어 있다는 것이며 그에 연관된 경락과 중추신경 등 생리기관이 긴장되어 있다는 것이다. 팔다리의 근육이 뭉치거나 당기는 증상도 나타난다. 팔다리의 길이가 서로 다르다거나 신체 어느 부위 특히 목이나 허리 부위의 근육이 단단하게 뭉쳐 있는 것은 결국 해당 부위의 경락과 중추신경 등 생리기관이 긴장되어 있다는 것을 말해 준다.

필요한 긴장을 제거한다는 정도까지만 암시하고 그 나머지는 타고난 생명력에 맡겨서 저절로 일어나는 대로 내버려둔다.

마음의 움직임을 여읜다(靜)

도인기공법을 수양하는 동안에는 어떠한 파동도 일어나지 않도록 해야 한다. 공연히 기뻐하거나 노여워하고 슬퍼하거나 즐거워하며 걱정하거나 두려워하고 탐내는 마음이 오락가락하거나, 이런저런 이유로 누군가를 불쌍히 여기거나 미워하며 스스로를 부끄러워하거나 어떤 일의 옳고 그름을 따지는 마음이 피어오르는 것은 정서적인 파동이다. 마음의 초점을 어디엔가 매어 두어야 하는데 자꾸만 한눈을 팔며 이리저리 왔다갔다 하는 것은 의념의 파동이다.

이러한 파동을 가라앉혀서 마음을 잠잠하게 하여 잠자는 호수처럼 유지하는 것을 가리켜 '마음의 움직임을 여읜다'고 말한다. 도인기공법 수양에서는 마음의 움직임을 여의는 정도가 잠에서 막 깨어난 순간과 같은 상태면 좋다. 이 상태에서 뇌파를 측정해 보면 알파(α)파가 많이 나타난다.

이 밖에도 외부 환경에서 긴장이나 파동을 일으키는 영향을 받지 않도록 한다. 눈에 어떤 대상이 보이는 것은 물론 시끄러운 소리나 신경을 건드리는 작은 소리뿐만 아니라 자율신경을 긴장시키는 모든 외부적 자극과 마음의 파동을 일으킬 사건의 영향을 받지 않도록 하는 것 또한 도인기공법 수양의 요령이다.

긴장을 푸는 요령과 마음의 움직임을 여의는 요령은 서로가 서로를 촉진시키는 관계를 갖고 있다. 정신적인 것이든 생리적인 것이든 긴장이 잘 풀리면 정서적인 파동도 의념의 파동도 잠재우기 쉬워진다. 결국 도인기공법에서 요구하는 자연스럽고 부드러운 호흡과 자세와 마음상태가 이루어지는 것이다.

③ 움직임(動)과 움직임을 여읨(靜)을 결합시킨다.

도인기공법 수양에는 팔다리를 움직이지 않고 신체 내부를 단련하는 정공靜功과 팔다리를 움직이며 신체 외부부터 단련하는 동공動功이 있다. 그러나 어느 하나만을 고집하지 말고 두 가지를 잘 결합시켜서 수양하면 보다 뛰어난 효과를 얻을 수 있다.

보통 정공을 수양하기 전에 먼저 신체의 여러 관절을 움직이는 동공을 함으로써 마음의 초점을 신체의 동작에 집중시키는 준비를 한 뒤 정공으로 들어가면 마음의 파동을 가라앉히기가 더 쉽다. 또 정공이 끝난 다음에 다시 관절을 움직이는 동공을 하면 정공으로 다져진 내부의 기능을 기초로 더욱 뛰어난 활동 능력을 단련할 수 있다.

한편, 신체를 움직이는 동공을 하는 동안에도 마음의 파동은 가라앉아 있어야 하고, 마음의 초점은 동작 하나하나에 집중되어야 한다. 동공을 하면서 호흡을 헤아리거나 숫자를 헤아려야 한다는 의미에서도 움직임과 움직임을 여의는 상태가 결합되어야 한다.

또한 신체를 움직이지 않는 정공을 수양하는 동안에도 마음의 움직임을 여의어야 하는 것은 물론이며 그 정도가 높으면 높을수록 신체 내부의 자율적인 신진대사가 왕성하게 일어난다. 구체적으로는 혈액의 순환을 방해하던 장애물이 제거되고 소화액이 왕성하게 분비되며 중추신경계의 교감신경과 부교감신경이 흥분과 안정을 주고받으며 생명력을 증가시키는 방향으로 부지런히 조화점을 찾아간다. 특히 경락 속에서는 기가 자유롭게 흐르며 막힌 곳을 뚫는 작업을 왕성하게 수행한다. 여기서도 도인기공법 수양에는 움직임과 움직임을 여의는 요령이 어우러져 있는 것이다.

④ 단련과 배양이 함께 이루어지도록 한다.

단련이란 도인기공법을 수양하는 동안에 정해진 목적과 방법을 따라 의식적으로 신체를 움직이거나 조정해서 일정한 자세를 잡으려고 노력하는 것이다. 또한 신체의 긴장을 풀고 호흡을 다스리며 마음의 초점을 한곳에 집중시키고 잡념을 멀리하거나 쓸어버리려 노력하는 것을 가리킨다.

배양이란 도인기공법을 수양해서 생명력을 증가시키는 것을 가리킨다. 배양의 자세한 효과로는 몸이 가벼워진 듯이 느껴지고 긴장감이 사라지며 느긋함이 생긴다. 몸과 마음은 편안해지고 호흡은 길고 순탄해지며 마음 씀씀이는 탁 트인 경지에 이를 수 있다.

단련과 배양은 도인기공법을 수양하는 동안에 엇바뀌며 이루어지기도 하고 서로가 서로를 촉진시키기도 한다. 단련을 잘함으로써 좋은 배양의 효과를 얻기도 하고 좋은 배양이 이루어짐으로써 더욱 고도의 단련을 할 수 있는 것이다. 따라서 수양자는 언제나 단련과 배양을 함께 염두에 두어서, 단련을 하는 동안에도 배양을 잊지 말아야 하고 배양을 하는 동안에도 단련을 잊지 말아야 한다. 따라서 단련을 하는 동안에 단련이 잘 된다고 해서 너무 심하게 의식을 단련에만 쏟아서는 안 되며, 배양을 목적으로 한다고 해서 마냥 배양만 붙들고 시간을 끌어서도 안 된다. 수양은 밀도 높은 효과를 보도록 노력해야 하는 것이다.

⑤ 기의 흐름 속에 마음의 초점을 맞추어야 한다

도인기공법을 수양하는 동안에는 호흡으로 들어오고 나가는 공기뿐만 아니라 몸 안에서 느껴지는 기의 흐름을 잠시라도 놓치지 말고 의식하면서 그에 초점을 맞추어야 한다. 그래서 호흡과 기의 흐름과 마음의 초점이 서로서로 의지하면서 한 덩어리를 이루며 떨어지지 않도록 유지해야 한다. 원래 기는 마음의 초점이 확실하게 잡혀 있으면 그곳으로 모여들기 때문에 예로부터 의식하는 곳에 기가 따라간다고 말하였다.

서로 의지하는 것이므로 어느 한쪽으로 기울어져서는 안 된다. 마음의 초점을 움직여서 호흡을 다스리기를 강조한다거나 기를 어느 곳으로 이끌고 가기를 강요한다면 그것은 이미 서로를 의지하는 것이 아니다. 따라서 의식적으로 호흡의 길이를 길게 하려고 마음 쓴다거나 호흡을 멈추는 것은 추천할 수 없는 방법이다. 수양하는 동안에는 가늘고 길게 그리고 깊고 고르게 호흡해야 하지만, 그것은 수양으로 인해 정서적인 파동이 잠잠해지고 마음의 초점이 잡혀서 마음이 움직임을 여의게 된 결과로 자연스럽고 천천히 이루어지는 효과기 때문에 결코 억지로 잡아 늘려서 만들어서는 안 된다. 주의할 점이다.

마음으로 기를 이끌고 다스리기만 해서는 안 될 뿐만 아니라 마음의 초점이 자꾸만 기를 쫓아다니기만 해서도 안 된다. 도인기공법을 수양하는 동안에는 여러 가지 느낌이 몸속에서 일어나게 마련이다. 이것을 기감氣感이라 하는데, 이때는 아주 신기하고 경이로운 경험을 많이 겪는다. 수양하는 사람이 이러한 기의 현상을 즐기게 되면 결국 기의 장난에 마음이 말려들어 모든 관심이 특이한 기 현상을 추구하는 방향으로만 기울어져 참으로 지켜야 할 것에는 마음의 초점을 맞추지 않게 된다. 심하면 정신 이상을 초래할 수도 있다. 도인기공법 수양 과정에서 일어나는 모든 현상과 느낌은 저절로 일어났다가 저절로 스러지게 두어야 하는 것이다. 억지로 얻으려 해서도 안 되고, 한 번 일어났다고 해서 계속 일어나기를 바라며 미련을 버리지 못해서도 안 된다.

어떤 현상이나 결과를 억지로 얻으려 하거나 한 번 일어난 신기한 현상에 계속 집착하는 것은 특이한 재능이나 초능력을 수양하는 데서 즐겨 사용하는 방법일 뿐 도인기공법 수양의 원리에서 본다면 바른 길을 벗어난 것이다.

⑥ 정확성과 유연성을 지킨다.

동공을 하기 위하여 팔다리를 움직이거나 스스로 안마를 하여 특정 부위를 두드릴 때는 몸의 자세가 정확해야 하고 동작이 정해진 규칙에 맞아야 한다. 올리고 내리는 동작, 그 동작의 높고 낮음이나 가볍고 무거움, 느리고 빠름이나 힘을 얼마만큼 주고 빼야 하는지의 모든 요구 조건에 확실히 맞도록 분명하게 구별해야 한다. 또한 몸놀림이나 마음의 초점을 두는 부위, 손을 움직이는 방법이나 동작의 횟수, 정신상태, 마음 쓰는 요령이나 호흡 등이 하나하나 분명하게 바라는 조건에 맞아야만 좋은 결과를 얻을 수 있다.

도인기공법에서는 이러한 정확성과 함께 유연성을 강조하는데, 유연성이란 모든 움직임이 뻣뻣하거나 막히지 않도록 한다는 뜻이다. 그래서 몸놀림이 전체적으로 부드럽고 신령스러우면서도 활력에 차 있어야 한다는 것이다.

이 외에도 동작의 얕고 깊음이라든가 가볍고 무거움이라든가 동작의 종류와 분량이나 횟수 등도 스스로의 신체 조건에 맞추어 무리하지 말고 차츰차츰 차례를 밟으며 앞으로 나아가야 한다. 높은 효과를 얻으려고 갑자기 무리해서는 안 된다. 정공을 할 때도 비록 눈에 보이는 동작을 하지는 않지만 정공을 하기 위한 자세의 조건에 정확하게 맞도록 분명하게 익혀야 한다. 그 자세나 마음 씀씀이가 어느 한쪽으로 기울어지거나 부자연스러워서 기의 운행이 막혀서는 안 된다. 그래서 동작에 요구되는 요령이 신령스럽고 활력이 있으면서도 부드럽게 몸에 푹 배어들어야 제대로 된 효과를 얻을 수 있다.

⑦ 차례를 밟아서 차츰차츰 나아간다.

도인기공법을 수양하는 사람은 자칫하면 자기 나름대로의 흐름을 지어내 옆길로 빠져나가기 쉽다. 물론 도인기공법은 스스로의 판단과 스스로의 의지로 자신의 생명력을 닦고 길러 나가는 공부이므로 주관적이고 능동적으로 수양해야만 무엇인가 진전이 있게 마련이다. 하지만 그렇다고 제멋대로 고집만 부리며 마치 사이비 종교에서 하는 의식처럼 되어서는 안 된다. 결국 경건한 마음 자세를 가져야 한다는 뜻이다.

그리고 도인기공법에는 오랜 역사를 거치면서 앞서 간 현인들이 찾아 놓은 훌륭한 규칙과 차례가 있다. 따라서 무언가 조금 알게 되었다고 조급하게 선배들이 이루어 놓은 규칙과 차례를 가볍게 보아 넘기지 말고 겸손한 마음으로 앞서 간 분들이 닦아 놓은 발자취를 한발한발 따라 밟으며 나아갈 필요가 있다. 오래도록 그렇게 하다 보면 저절로 자기 나름대로 깨닫는 바가 있어서 그야말로 백척간두에서 진일보하는 날이 오게 된다.

다시 말하면, 수양하는 동안에 요구되는 원칙과 방법, 요령을 그 이유까지 확실하게 이해하면서 익혀 나가되 동시에 자신의 상황을 잘 파악하여 현 시점에서 스스로 할 수 있는 수준만큼만 실천해 나가야 한다는 것이다. 수없이 많은 동작이나 마음 쓰는 법의 요령을 현재 자신의 형편과 수준에 맞춰 어떠한 것을 어느 정도까지 익힐 것인가를 판단하여 하나하나 완전히 나의 것이 되도록 익숙하게 익혀야 한다. 그렇게 끈기와 신념을 가지고 익혀 나가면서 얻은 경험을 바탕으로 또다시 다음 계획을 세워서 한 단계 높은 수준을 실천하는 것이다.

물론 스승처럼 그때그때 지도해 주는 사람이 있어서 수양의 상황을 서로 검토하고 의논하거나 지적·지도 받을 수 있다면 더할 나위 없이 좋을 것이다.

3) 소주천론

주천周天이란 말은 본래 하늘의 황도黃道 360도를 한 바퀴 도는 일을 가리킨다. 그래서 해와 달의 운행을 주천이라고 말하기도 한다.

사람의 몸 또한 작은 우주로 그와 같이 순환하는 길이 있다. 그 길을 순환하는 일을 작은 우주에서의 주천이라는 의미로 소주천小周天이라 부른다. 사람 몸에서 황도에 해당하는 길로서 기가 순환하는 길은 다름 아니라 임독맥이다. 임독맥은 8개의 기경 가운데 2개인데, 3절 '양생의 대표적 방법들'의 '경락론'에서 간략하게 소개하였으나, 여기서 좀 더 설명하고자 한다.

기경 8맥과 기공 단련은 아주 밀접한 관계를 맺고 있는데, 내단수양 특히 성명쌍수性命雙修 수양에서는 임독 2맥을 가장 중요하게 생각한다. 내단에 관한 경전들에서는 독맥은 미려尾閭(회음 포함)에서 시작되어 척추를 지나 옥침을 거친 뒤 니환까지 올라갔다가 윗입술에 이른다 하고, 임맥은 회음에서 시작하여 배를 따라 몸 앞쪽 정중선을 타고 올라가서 입술 아래 승장혈에 이른다고 한다.

이시진의 『빈호맥결瀬湖脈訣』에서는 "임독 2맥은 사람 몸의 자오선이요, 내단가들이 기나 단을 올리고 내리는 일을 행하는 길이며, 감괘에 해당하는 곳의 물과 이괘에 해당하는 곳의 불이 서로 어우러지는 공간이다. 사람이 이 2맥을 통하게 할 수 있으면 모든 맥이 다 통하게된다"라고 말하였다.

보통사람의 경우, 임독 2맥은 어머니 뱃속에 있을 때는 서로 완전히 통하는 상태를 유지하여 어머니 몸에서 탯줄을 통하여 들어오는 모든 기운을 순환시키는 통로가 된다. 그러다가 탯줄을 끊음으로써 어머니 몸에서 떨어져 나갈 때 점차 임독 2맥도 머리와 회음 부위에서 막혀서 성인이 되면 2맥이 따로 떨어져 그 사이에 통하는 길이 없는 것처럼 나타난다.

내단가들은 보통사람의 상태를 초월하여 신선의 길을 가려는 사람이므로, 그들이 내단수양의 기초 작업으로서 가장 먼저 해야 할 일은 임독 2맥을 열어 서로 통하게 함으로써 기가 그 속을 따라 마치 어머니 뱃속에서와 같이 몸의 아래위로 순환하도록 하는 것이다. 임독 2맥을 다시 열어서 서로 통하게 하는 일은 내단수양에서 겪어야 할 어려운 일이다. 이렇게 기를 운행하여 임독맥을 순환하게 하는 일을 가리켜 임독맥통 또는 삼관문통三關門通 또는 소주천이라고 말한다.

이상이 소주천이라는 용어의 본래 의미인데, 때로는 내단 이외의 일반 기공수양에서 단전의 기를 머리로 올리고 다시 머리의 기를 단전으로 내리는 일을 거듭하는 것을 가리키는 말로도 쓰인다. 『활인심』의 좌식팔단금이 담고 있는 뜻은 일단은 기를 단전에서 머리로, 머리에서 단전으로 순환시키는 것으로 여기지만, 그 저자인 주권의 보다 깊은 뜻은 이 좌식팔단금에 힘입어서 내단수양에서의 소주천 경지까지도 기대한 것이 아닌가 한다. 『활인심』의 "신선의 길도 멀지만은 않다"는 말이 그 속뜻을 보여준다.

4) 용호론

내단수양가들이 말하는 용龍은 생리학적으로는 신神, 철학적으로는 성性을 가리키고 범(虎)은 생리학적으로는 기氣, 철학적으로는 정情을 가리킨다. 그들은 또한 용을 수은(汞), 범을 납(鉛)이라 부르기도 한다. 결국 용은 사람이 지니는 형이상학적인 본질이고 범은 형이하학적인 본질이다. 따라서 내단수양에서 성과 명을 함께 닦는다는 관점에서 성명쌍수를 강조할 때는 용이 성, 범이 명을 대표한다.

내단이 이루어지기 위해서는 이 용과 범이 마치 남녀가 합쳐지듯 합쳐져서 한 몸이 되어야 하는데, 그 이치나 과정 및 그 과정에서 경험하게 되는 현상들은 여러 단경도서丹經道書에 소개되어 있다. 내단 본래의 특성상 의학이나 일반 양생처럼 과학적인 뒷받침을 가지고 체계 있게 정리되어 있진 않지만, 대체로 다음과 같이 요약할 수 있다.

사람은 어떤 양한 것과 음한 것이 어우러져서 태어나고 그것이 나누어지면 죽는다. 그런데 어떤 양한 것 가운데 밖은 양이되 속은 음으로 용이라고 부르는 것은 주역의 괘 중에서 이괘離卦에 해당하고, 음한 것 가운데 밖은 음이되 속은 양으로 범이라고 부는 것은 감괘坎卦에 해당한다. 따라서 사람이 태어날 때 양한 것과 음한 것이 어우러지는 모습을 주역의 괘로 그려내면 이괘와 감괘가 하나로 합쳐지는 형국인데, 이괘와 감괘가 하나로 합쳐지면 각각의 음과 양이 서로 맞붙어 녹아합쳐져 태극이 된다. 따라서 사람이 태어나는 첫 순간을 태극상태라 한다. 그러나 사람이 성장하면서 정신과 신체가 분화하면 그에 따라서 태극의 상태도 몸 안에서 다시 양과 음으로 쪼개진다. 결국 또다시 이괘와 감괘의 상태를 몸 안에 품는 것이며, 용과 범을 몸 안에 동시에 지니는 것이다.

단을 닦는 사람은 자기의 몸 상태를 태어난 처음의 태극상태로 돌이키고자 하는 것이므로 몸속에 나뉘어 있는 이괘와 감괘 곧 용과 범을 하나의 솥 속으로 들어가게 하여 합쳐지게 하지 않으면 안 된다. 그러나 용과 범을 몸 안에서 합치는 일이 누구에게나 가능한 것은 아니다. 이 일을 성공하려면 모든 신선과 부처가 거쳤던 험난한 과정을 무사히 통과해야 하는데, 그 과정이나 통과방법은 비록 말이나 글로 써 있기는 하지만, 말이나 글로 전할 수 없는 것이기도 하다. 실제로 수양의 길을 걸어가면서 마음속 세계에서 마음과 마음끼리 전해 주고 전해 받을 수밖에 없는 것이다.

5-2. 6글자 소리내기(六字氣訣)

【번역과 주석】
질병을 제거하고 수명을 늘리는 여섯 글자 비결(去病延壽六字訣)
그 방법은 입으로 토하고 코로 들이마시는 것이다.

◎ 전체적 지침
간이 만약 휴(噓)- 할 때는 눈에 정精을 모으고, 폐가 스슷(呬)- 기를 다스릴 때는 두 손을 들어 올리며,
심이 회(呵)- 할 때는 정수리 위에서 손깍지를 끼고, 신이 취(吹)- 할 때는 무릎을 머리와 수평 되게 끌어안는다.
비의 병으로 후(呼)- 할 때는 반드시 입을 오므리고, 삼초에 떠도는 열이 있을 때는 누워서 히(嘻)- 히(嘻)- 한다.

◎ 신장의 기를 취(吹)- 소리 내어 불기
신장은 오행의 수에 속하는 병이 들고 생명력이 드나드는 문을 주관한다. 질병이나 나쁜 일이 있으면 몸이 여위고 기의 색깔이 어두워진다.

눈썹이 찌푸려지고 귀울음이 있으며 피부가 검게 되고 마른다. 취(吹)- 소리를 내며 숨을 내쉬면 사특하고 망녕된 질병의 원인들이 그 즉시 달아난다.

◎ 심의 기를 회(呵)- 소리 내어 불기

심의 근원이 괴롭고 메마르면 급히 회(呵)- 소리 내어 숨을 내쉬어야 하는데, 이 방법이 신의 영역에 통하니 더 이상 좋은 방법이 없다.

목구멍 속이나 입에 부스럼이 생기면서 열이 나고 통증이 있으면 이 방법에 의지하는데, 날이 갈수록 편안하고 부드러워질 것이다.

◎ 간의 기를 휴(嘘)- 소리 내어 불기

간은 용이 다니는 길을 주관하는데[35] 그 담당하는 기능의 위치가 심이라 부를 만하다.[36](여기 본문의 心자는 운이 맞지 않는 것이 아닐까? 운을 따지지 않으면 이 내용대로 볼 수도 있겠다)[37] 병이 들어오면 시거나 매운맛을 좋아함을 더욱 느낀다.

눈 속이 붉어지고 눈물이 많이 흐른다. 휴(嘘)- 소리 내어 병 기운

---

35) 일반적으로 동양 의학에서는 간이 筋을 주관하고 魂을 갈무리하며 오행 가운데 木에 속한다고 본다. 그런데, 오행의 목이나 혼을 이른바 청룡 · 백호 · 현무 · 주작 4신으로 말할 때는 蒼龍 또는 靑龍에 해당한다고 한다. 이러한 입장에서 보면 간이 주관하는 筋을 용이 다니는 길이라 말할 수 있다.
36) 원문의 '位號心'을 오장육부의 기능이 모두 중요하지만 특히 간의 기능이 중요해서 오장육부의 임금이라는 心君만 하다는 뜻으로 풀이한 것이다. 位자는 職位의 뜻이고 號자는 이름 대신 부르는 字號의 뜻으로 보았다.
37) 원문이 이른바 칠언절구라는 한시 형식이므로 퇴계가 이 구절의 韻을 따져 본 말이다. 원문이 心 · 辛 · 神자를 쓰고 있는 것으로 보아서 眞자 韻으로 쓴 절구인 것 같은데, 그렇다면 侵자 韻에 속하는 心자는 어울리지 않다. 하지만 운을 따지지 않고 내용만을 본다면 별로 틀리지 않다는 퇴계의 의견을 작은 글씨로 주석해 놓은 것이다.

을 불어 버리면 병이 제거됨이 확실하기가 마치 신과 같다.

◎ 폐의 기를 스슝(呬)- 소리 내어 불기

스슝(呬)- 소리를 여러 번 내면 침이 생긴다. 가슴과 횡격막이 답답할 정도로 가득 차고 상초上焦에 가래(痰)가 생긴다.

폐에 병이 들면 급히 스슝(呬)- 소리 내어 불어야 한다. 그렇게 하면 눈 아래 부위38)가 자연스럽게 편안해진다.

◎ 비의 기를 후(呼)- 소리 내어 불기

비의 병은 오행으로 토에 속하고, 비는 태창太倉39)라 불린다. 이곳에 기가 뭉치면 모든 방법을 다 찾아보아도 어떻게 하라 가르치기가 어렵다.

설사하고 창자가 소리 내어 울며 물을 토한다. 급히 숨을 고르며 후(呼)- 소리 내어 불면 단丹을 이루는 것에 버금가는 효과가 있다.

◎ 삼초의 기를 히(嘻)- 소리 내어 불기

삼초에 병이 있으면 급히 히(嘻)- 소리 내어 불어야 한다. 옛 성인께서 남긴 말씀이 최상의 의사다.

만약 혹시라도 이를 통하여 꽉 막힌 것을 제거할 줄 알다면 이 방법으로 인하지 않고 어떻게 가능하겠는가.

◎ 네 계절 양생의 노래(四季養生歌)

봄에는 휴(噓)- 하여 눈을 밝히니 목木 기운이 간을 돕고, 여름 되어

---

38) 원문 '目下'의 풀이로 코를 가리키는 듯하다.
39) 본래 한나라 때 국가에서 설치한 창고를 가리키는 말이었는데, 후에 胃의 별명으로도 쓰였다. 여기서는 위와 비를 같은 소화기관으로서 함께 보는 입장에서 비 또한 태창이라 부르고 있는 듯하다.

회(呵)- 하니 심의 기운이 저절로 한가로우며,

가을에는 스슷(呬)- 하여 금金 기운을 안정시켜 거두니 폐가 윤택해지는데, 신이 취(吹)- 하는 것은 오직 감괘坎卦⁴⁰⁾의 속을 편안케 하고자 함이다.

삼초가 히(嘻)- 하면 답답하고 열나는 것이 제거되며, 네 계절 내내 후(呼)- 하면 비가 음식물을 소화시킨다.

소리를 내지 않아서 입과 귀에 들리지 않게 힘써 지키면, 그 보람이 신단神丹을 보존하는 것보다 더욱 훌륭하다.

去病延壽六字訣

其法, 以口吐, 鼻取

總訣

肝若噓時目爭精　肺知呬氣手雙擎
心呵頂上連叉手　腎吹⁴¹⁾抱取膝頭平
脾病呼時須撮口　三焦客熱臥嘻嘻

취- 吹腎氣

腎爲水病主生門　有疾厄羸氣色昏

---

40) 겉은 陰의 모습을 가졌지만 속에는 陽한 기운이 차 있는 괘로, 몸의 장부에서는 腎이 이에 해당한다. 다만, 이때의 신 또한 心의 경우와 마찬가지로 노폐물을 거르는 기능에만 제한하지 않는다. 오행 가운데 水에 속하고 精을 간직하며 나아가 생명의 뿌리를 맡고 있는 폭넓은 장기다. 기능에서도 오히려 단전이라는 용어와 밀접해서 단지 해부학적인 신장에만 한정되지 않는 개념이다.
41) 필사본에는 耳로 쓰여 있고 옆에 작게 吹라고 쓰여 있는데, 耳자를 吹자로 고쳐 쓴다는 뜻으로 보인다.

眉蹙耳鳴兼黑瘦　吹之邪妄立逃奔

쉬- 呵心氣

　　心源煩燥急須呵　此法通神更莫過
　　喉內口瘡幷熱痛　依之日下便安和

휴- 噓肝氣

　　肝主龍塗位號心（心字恐誤, 韻不叫, 亦可見）病來還覺好酸辛
　　眼中赤色兼多淚　噓之病去立如神

스으 呬肺氣

　　呬呬數多作生涎　胸膈煩滿上焦痰
　　若有肺病急須呬　用之目下自安然

후- 呼脾氣

　　脾病屬土號太倉　有痰難教盡擇方
　　瀉痢腸鳴幷吐水　急調呼字次丹成

히- 嘻三焦

　　三焦有病急須嘻　古聖留言最上醫
　　若或通知去壅塞　不因此法更[42]何如[43]

四季養生歌

　　春噓明目木扶肝　夏至呵心火自閑
　　秋呬定收金肺潤　腎吹唯要坎中安
　　三焦嘻却除煩熱　四季長呼脾化飡

---

42) 판본에는 又로 쓰여 있다.
43) 판본에는 知로 쓰여 있다.

切忌出聲聞口耳 其功尤勝保神丹

1) 6글자 소리내기의 유래

6글자 발성법은 각병육자기결却病六字氣訣, 거병연수육자결去病延壽六
字訣 또는 단순히 육자결六字訣이라고 하는데,(이하 '육자결'이라 한다) 그
근원을 찾다보면 춘추시대까지 거슬러 올라갈 정도로 역사가 아주 오
래되었다.

『도덕경』에 "때로는 呵- 하고 때로는 吹- 한다"는 기록이 있고『장
자』「각의」에 "吹- 呵- 하는 호흡으로 묵은 것을 토하고 새것을 받아
들인다"는 기록이 있다. 다만 이때까지는 아직 여섯 가지 호흡법이 묶
어져서 하나의 체계로 완성되지는 못했던 것으로 생각되며 따라서 특
별한 이름 또한 붙어 있지 않았다.

여섯 가지 호흡법을 하나로 체계화한 사람은 남북조시대 도홍경이
다. 도홍경의『양성연명록』에서는 "무릇 기의 운행에서는 코로 기를 받
아들이고 입으로 토하는데, 아주 가늘게 한다. 그것을 장식長息이라 부
르는데, 기를 받아들이는 요령은 하나지만 토하는 요령은 여섯이다. 받
아들이는 요령이 하나라는 것은 흡吸 한 가지라는 말이고, 토하는 요
령이 여섯이라는 말은 吹, 呼, 呵, 嘻, 呬, 嘘 여섯 가지라는 것이다"라
고 말하고 있다.

같은 시대에 불교 천태종을 창시한 지의智顗(538~597)[44]는 그의 저

---

44) 수나라 초기 潁川(현재 河南 許昌) 사람이며 속성은 陳, 자는 德安으로, 불교에
출가하여 천태종의 창시자가 되었다. 법호를 智者라 하고 세간에서는 天台大

술『수습지관좌선법요修習止觀坐禪法要』[45]에서 병을 치료하는 방법으로서 여섯 가지 호흡 요령을 말하였다. 그 뒤로 수나라 때 소원방의『제병원후론』, 당나라 때 손사막의『비급천금요방』에 소개되기에 이르렀다. 특히 손사막은 여섯 가지 숨 내쉬기가 질병을 치료하는 효과뿐만 아니라 각 장기와의 관계, 실제 실행할 때의 순서, 계절 변화와의 관계 등을 오행 상생상극의 원리와 천인감응의 관점 아래에서 총정리하여 오늘날의 육자결을 완성하고「위생가衛生歌」와『비급천금요방』「양성養性」‘조기법調氣法’ 속에 엮어 넣었다.

그 뒤로『성제총록』을 비롯하여 많은 양생서에 이 육자결이 나타나는데, 남송 때의 추응박鄒應博[46]과 그의 조카 추현은『태상옥축육자기결太上玉軸六字氣訣』에서 들이마시는 숨뿐만 아니라 내쉬는 숨의 소리도 또한 귀에 들리지 않도록 가늘게 해야 한다고 주장하여 큰 호응을 얻었다.

『활인심』에서 쓰고 있는 ‘거병연수육자결’이라는 용어는『수진십서』,『이문광독吏門廣牘』[47] 등에 나타난다.

2) 호흡방법과 마음가짐

호흡은 끊임없이 이어지지만 육자결을 실행하는 시간만을 끊어서 말한다면, 먼저 여섯 글자 가운데 각각 한 글자씩 그 글자의 음을 귀에

___

師라 불렀다. 그가 말로써 전한『摩訶止觀』,『法華玄義』,『法華文句』 등을 제자들이 정리하여 책으로 간행하였다.
45)『童蒙止觀』또는『小止觀』이라고도 부른다.
46) 자는 樸庵 · 黃庭山人이며『太上玉軸六字氣訣』외에『炎詹集』을 썼다.
47) 명나라 때 周履靖이 역대 野史, 詩文 및 기공자료들을 모아 158권으로 엮은 총서 형태의 책이다.

들리지 않을 정도로 마음속으로 소리 내어 내쉰다. 그런 다음에 들이마시는 숨은 의식하지 말고 자연스럽게 한다. 모든 글자 소리내기가 같은 요령이다.

내쉴 때는 몸 특히 해당 장부와 그 경락에 쌓인 탁한 기운을 모조리 내보낸다는 믿음을 갖고 실행하며 들이마실 때는 숨은 자연스럽되 마음으로는 맑고 새로운 생명의 기운이 들어온다고 생각한다. 가능한 한 숨을 내쉬기 시작할 때는 해당 경락의 출발점에서부터 시작하여 그 경맥을 타고 입과 그 경맥의 끝 지점까지 묵은 기운을 쭉 훑어 밀어서, 내쉬는 숨이 완전히 끝나기 전에 다 내보닐 수 있도록 한다. 이렇게 할 수 있으려면 자연 숨의 길이가 길어야 하는데, 처음에는 잘 안 되더라도 꾸준히 계속하노라면 익숙해지는 날이 온다.

3) 소리내기의 실제 요령

이 육자결은 주로 오장과 그에 연결되어 있는 각 경락의 탁한 기를 내보내기 위하여 이용한다. 그래서 각 글자의 소리내기가 상당히 중요한 의미를 갖는데, 각 글자의 소리내기를 우리말로도 할 수 있는지, 아니면 반드시 중국말로만 해야 하는지는 아직 결론이 나지 않아서 앞으로 더욱 연구가 필요한 부분이다.

육자결이 실려 있는 옛 문헌이나 『활인심법』의 판본에는 모두 여섯 개의 한자만 쓰여 있을 뿐, 그 구체적인 소리내기를 따로 제시한 것이 없는데, 퇴계『활인심』에는 위의 번역에서 본 바와 같이 소리내기가 한글로 제시되어 있다. 따라서 자료의 정황으로 미루어 보건대, 우리말 소리내기는 퇴계가 손수 붙인 것으로 추측해도 크게 잘못이 없을 것 같다. 그리고 퇴계가 붙인 소리내기가 각 글자에 대한 옥편의 소리내기와는 다른 점으로 미루어 보면, 퇴계가 알고 있던 중국말 소리내기라고 추측할 수 있다. 다시 말하면, 퇴계는 각 글자를 중국말 소리내기로 그대로 소리 내자는 취지였던 것이다.

인도의 옴- 소리내기를 비롯하여 특수한 음성을 내는 기공방법이 많은데도 육자결에서 이 여섯 글자를 굳이 채택한 이유가 무엇인지는 충분한 연구 설명자료를 찾을 수 없었다. 그러나 장기의 오행과 그 글자 소리의 오행 사이에는 밀접한 관련이 있을 거라는 추리는 상당한 합리성이 있다. 따라서 장부와 경락과 그 오행을 그에 해당하는 글자와 그 소리내기뿐만 아니라 일반적인 소리의 오행과 함께 살펴보는 것은 그 자체로도 의미가 있다. 현재 중국 기공가들이 여섯 글자를 소리내는 방법 또한 함께 고려하여 그 관계를 도표로 그리면 다음과 같다.

五行	소리와 五行	臟腑와 經絡		漢字	기공가의 실제 소리내기	퇴계 『활인심』
木	角	肝	足厥陰	噓	[Shī], [ㄕ]	휴-
		膽	足少陽			
火	徵	心	手少陰	呵	[Kē], [ㄎㄜ] ([Hē], [ㄏㄜ])	회-
		小腸	手太陽			
土	宮	脾	足太陰	呼	[Hū], [ㄏㄨ]	후-
		胃	足陽明			
金	商	肺	手太陰	呬	[θī], [ㄒ]	스ㅅ
		大腸	手陽明			
水	羽	腎	足少陰	吹	[Chuī], [ㄔㄨㄟ]	취-
		膀胱	足太陽			
		心包	手厥陰	嘻	[Xī], [ㄒㄧ]	히-
		三焦	手少陽			

① 噓([Shī], [ㄕ])

우리말 소리내기로는 '허'자인데, 아랫입술과 윗입술을 가깝게 붙을락 말락 하면서 약간 가로로 힘을 주어 당긴다. 혀끝을 약간 앞으로 내미는데 혀 양옆이 중간을 향하게 약간 말린다. 탁한 기를 내쉬는데, 스- 내지 쉬-로 들린다.

② 呵([Kē], [ㄎㄜ] / [Hē], [ㄏㄜ])

우리말 소리내기로는 '가'자인데, 입술을 반쯤 열고 혀끝을 아랫잇몸에 붙인 채 뺨에 힘을 주며 혀 전체를 아래로 내려 붙인다. 탁한 기를 내쉬는데, 커허-로 들린다.

③ 呼([Hū], [ㄏㄨ])

우리말 소리내기로는 '호'자인데, 입술을 둥글게 만들고 혀끝은 평평하게 하여 힘을 주면서 앞으로 내밀어 약간 위쪽으로 만다. 탁한 기를 내쉬는데, 후우-로 들린다.

④ 呬([Θī], [ㄒ])

우리말 소리내기로는 '희'자인데, 아랫입술과 윗입술을 약간 뒤로 당기는 듯하고 위아래 이를 닿을락 말락 하게 하며 혀끝을 이 사이 약간 밖으로 내민다. 공기가 입의 양쪽 가장자리를 빠져나가게 한다. 탁한 기를 내쉬는데, 영어의 스(Θ)- 또는 시(Θi)-로 들린다.

※ 呬자에 대해 사전에는 Xī, Tì로 소리 낸다고 되어 있으나 실제 기공가들은 위와 같이 Θ소리를 낸다.

⑤ 吹([Chuī], [ㄔㄨㄟ])

우리말 소리내기로도 '취'자인데, 입술을 살짝 열고 입가는 조금 뒤쪽으로 힘을 주어 당기며 혀는 약간 위쪽으로 올리면서 뒤쪽으로 거두어들이되 오히려 조금 앞으로 내미는 듯 힘을 준다. 탁한 기를 내쉬는데, '츄이-'로 들린다.

⑥ 嘻([Xī], [ㄒㅣ])

우리말 소리내기로는 '희'자인데, 아랫입술과 윗입술을 살짝 열되 약간 뒤덜미 쪽으로 당기며 오므리는 듯하고 혀는 평평하게 펴며 혀끝은 약간 아래로 내리면서 역시 약간 움츠리는 듯한다. 위아래 이는 맞닿을 듯하되 꽉 붙이지는 않는다. 탁한 기를 내쉬는데, '스히-'로 들린다.

4) 실행 횟수

손사막은 전통적으로 전해 내려오던 육자결을 정리 발전시키며 『비급천금요방』 '조기법' 속에서 호흡의 횟수와 시간 등에 관하여 자세하게 설명하고 있다. 그러나 그 내용이 실제 응용하기에는 지나치게 번거롭기 때문에 생략하고 여기서는 『태상옥축육자기결』에 제시된 내용을 소개한다.

6글자를 각각 6번 거듭하는 것을 소주小周라 한다. 따라서 소주 전체는 모두 6×6=36번이 된다. 36번을 실행하고 나면 장부의 독기가 차차로 소멸되고 병의 뿌리가 조금씩 제거되며 생명의 기가 천천히 원만함을 회복하게 된다. 그 다음으로는 어떤 장부에 병이 들었는가를 살펴서 육자결을 응용한다. 예컨대, 눈병이면 또다시 噓([Shī], [ㄏ])와 嘻([Xī], [ㄒㅣ]) 2자 요령을 각각 18번 내쉬고 들이마시기를 하여 모두 36번을 실행하는데, 이것을 중주中周라 한다(어떤 병이든 그 병에 해당하는 장부의 소리를 내쉬고 다시 삼초의 탁기를 내쉬면 36번이 된다는 점에서 요령이 같다).

소주와 중주를 합하면 72차례가 된다.

그 다음으로 다시 앞에서와 같이 6글자마다 각각 6번씩 탁한 기를 내보내고 새로운 기를 들이마시기를 하면 세 번째 36번이 된다. 이것이 대주大周인데, 느긋하면서도 정밀하고 경건하며 게으르지 않게 계속해야 하는 것은 물론이다.

소주와 중주와 대주를 합하면 모두 108번이 된다.

5) 경험과 효과

① 噓([Shī], [ㄕ])

이 소리내기를 오래 하다 보면 눈에 이상한 느낌이 온다. 처음에는 눈이 빵빵하게 붓는 듯하고 때로는 찌르는 듯 아프기도 하며 눈물이 나고 엄지손가락이 탱탱하게 붓기도 하지만, 다른 점에서 잘못되지 않는 한 차차로 간과 담의 기능이 살아나고 눈이 맑아지며 시력도 좋아진다.

구체적으로 눈병, 간화肝火의 왕성, 간허肝虛, 간의 종류腫瘤, 간경화, 간의 질병 때문에 생기는 식욕부진, 소화불량, 어지럼증 등을 치료하는 데 도움이 된다.

② 呵([Kē], [ㄎㄜ] / [Hē], [ㄏㄜ])

이 소리내기를 하다 보면 손가락이 마비되는 듯하거나 탱탱하게 붓는 듯하고 가려운 느낌이 온다. 동시에 심 경맥과 관련된 혈穴이나 장기에 어떤 느낌이 올 수 있으나, 다른 점에서 잘못되지 않는 한 차차로 심과 소장의 기능이 살아난다.

구체적으로 가슴 두근거림, 심장 조임, 불면증, 건망증, 땀 많이 나는 증세, 혓바늘, 혀 굳음, 말더듬 등을 치료하는 데 도움이 된다.

③ 呼([Hū], [ㄏㄨ])

이 소리내기를 하다 보면 呵([Kē], [ㄎㄜ]) 소리내기에서와 같은 현상과 기 느낌을 경험하게 된다.

구체적으로 비와 위의 기능이 차차로 살아나고, 비허脾虛, 배부름증, 설사, 피부 물집, 근육 위축, 비·위 불화不和, 소화불량, 식욕부진, 대변 피 섞임, 팔다리 무력증 등을 치료하는 데 도움이 된다.

④ 呬([Cu], [ㄒ])

이 소리내기를 하다 보면 호흡기 계통에 기 현상을 느끼게 되면서 차차로 폐와 대장의 기능이 살아난다.

구체적으로 기관지염, 폐기종, 천식, 해수, 가슴 가득함, 어깨나 등이 결리고 아픔, 감기, 풍한을 원인으로 하는 질병같이 주로 호흡기 계통을 치료하는 데 도움이 된다.

⑤ 吹([Chuī], [ㄔㄨㄟ])

이 소리내기를 하다 보면 손바닥, 가운뎃손가락 끝에 기 느낌이 올 수 있으나, 차차로 신腎과 방광의 기능이 살아난다.

구체적으로 허리나 넓적다리의 무력감·시림·아픔, 눈이 침침하고 건망증이 있음, 열이 오락가락함, 식은땀 흘림, 어지럼증, 귀울음, 남성의 양위陽萎·유정遺精·조루, 여자의 몽교夢交·자궁허한子宮虛寒, 이 흔들림, 머리카락 빠짐 등을 치료하는 데 도움이 된다.

⑥ 嘻([Xi], [ㄒ ㅣ])

이 소리내기를 하다 보면 특히 약손가락에 기의 느낌이 올 수 있는 데 그것은 삼초와 심포心包가 차차로 살아나고 장부의 기와 피의 운행이 막혔다가 다시 원활하게 되는 느낌이다.

구체적으로 삼초가 시원스레 통하지 못하기 때문에 일어났던 귀울음, 어지럼증, 인후 아픔, 인후의 종기, 가슴이나 배의 가득함과 답답함, 소변 불순 등을 치료하는 데 도움이 된다.

6) 다른 도인기공과의 배합

육자결은 다른 도인기공을 실행하고 난 다음에 이어서 실행하면 더욱 좋은 효과를 얻을 수 있다. 『활인심』에서와 같이 좌식팔단금을 해서 온 몸을 태우고 씻은 다음에 육자결을 실행하면 한 가지만을 했을 때보다 훨씬 좋은 효과를 얻는다.

5-3. 장부 도인기공

【번역과 주석】

◎ 심心

바르게 앉아서 한다. 두 손을 주먹 쥐고 왼쪽 주먹 오른쪽 주먹 교대로 힘껏 포개며 다지기를 각각 6번 (모두 12번) 한다.

다시 바르게 앉아서 한 손으로는 팔뚝 위를 누르고 다른 한 손은 아래로 향하게 하여 마치 무거운 돌을 주워 올리듯 허공을 잡아 쥐는 동작을 (각각 6번 모두 12번) 한다.

또다시 두 손을 깍지 끼고 한 발로 손바닥 밟기를 각각 5×6번 (모두 60번) 한다.

(이 기공은) 심장과 가슴 사이에 들어 있는 풍사風邪로 인한 여러 질병을 제거할 수 있다. 숨을 멈추어 동작을 하고 나서 한참을 조용히 있다가 눈을 감고 3번 침 삼키기를 하고 3번 이 마주치기를 한 다음에 끝낸다.

◎ 간肝

바르게 앉아서 한다. 두 손으로 각각 넓적다리를 무겁게 아래로 누르고서 천천히 몸의 긴장을 풀기를 각각 3×5번 한다.

다시 바르게 앉아서 두 손을 깍지 끼고 서로 끌어당기며 가슴을 향하여 뒤집기를 3×5번 한다.

(이 기공은) 간 계통에 쌓여 있는 풍사와 독기를 제거할 수 있다. 그 나머지 방법은 위의 경우와 같다.

◎ 담膽

평평하게 앉아서 한다. 두 발바닥이 머리를 들고 두 손으로 발목을 잡아당겨서 다리를 들어 올리며 흔들기를 3×5번 한다.

또한 크게 앉아서도 하는데, 두 손으로 땅을 짚어서 몸을 들어 올리며 허리와 척추가 굽도록 힘쓰기를 3×5번 한다.

신腎 계통의 풍사와 독기를 제거할 수 있다.

◎ 비脾

크게 앉아서 한다. 한 다리는 뻗고 한 다리는 굽힌 채 두 손을 뒤쪽으로 당겨 몸을 젖히기를 각각 3×5번 (모두 30번) 한다.

또한 무릎을 꿇고 앉아서도 하는데, 두 손으로 땅을 밀며 고개를 힘주어 돌려 범이 노려보듯 (오른쪽 왼쪽 보기를) 각각 3×5번 (모두 30번) 한다.

비장에 쌓여 있는 풍사를 제거하고 음식을 좋아하게 된다.

◎ 폐肺

바르게 앉아서 한다. 두 손으로 땅을 짚고 몸을 웅크려 척추를 굽도록 하였다가 (몸을 펴면서 손을 들어) 위로 향하게 하기를 3번 한다.

폐 계통의 풍사와 피로가 쌓인 것을 제거할 수 있다.

또한 주먹 등으로 척추 위를 두드리기를 오른쪽 왼쪽 각각 3×5번 (모두 30번) 한다.

이렇게 하면 가슴과 갈비뼈 사이의 풍사와 독기를 제거할 수 있다.

숨을 멈추어서 그러한 동작을 하고 나서 한참을 조용히 있다가 눈을 감고 (3번) 침 삼키기를 하고 3번 이 마주치기를 한 다음에 끝낸다.

◎ 신腎

바르게 앉아서 한다. 두 손을 올리고 귀를 따라서 왼쪽 오른쪽으로 옆구리 당기기를 3×5번 한다.

또한 손을 뒤집어 가볍게 쥐고(着竦48)) 포물선 그리기를 왼쪽 오른쪽 같게 하고 몸을 풀어 느슨하게 하기를 3×5번 한다.

---

48) 『활인심』에는 '着凍'으로 쓰여 있으나 『수진십서』에는 '着竦'으로 쓰여 있다. 『수진십서』를 따르는 것이 옳다고 생각한다.

또한 발로써 앞뒤로 넘기기를 왼쪽 오른쪽 각 수십 차례 한다.
허리와 신장, 방광 사이에 풍사가 쌓여 있는 것을 제거할 수 있다.
그 나머지는 앞의 방법과 같다.

心
可正坐, 以兩手作拳, 用力左右互相築, 各六度.
又, 可正坐, 以一手按腕上, 一手向下, 拓空如重石.
又, 以兩手相叉, 以脚踏手中, 各五六度.
能去心胸間風邪諸疾, 關炁[49]爲之, 良久, 閉目, 三嚥, 三叩齒, 而止.

肝
可正坐, 以手兩相重, 按胜下, 徐緩身, 左右各三五度.
又, 可正坐, 兩手拽相叉, 翻覆向胸, 三五度.
此能去肝家積聚風邪·毒氣, 餘如上.

膽
可平坐, 令兩脚掌昻頭, 以兩手挽脚腕起, 搖動, 爲之三五度.
亦可大坐, 以兩手拓地, 擧身努腰脊三五度.
能去腎家之風邪·毒氣[50].

脾
可大坐, 伸一脚, 屈一脚, 以兩手向後反掣, 各三五度.

---

49) 판본에는 閉氣로 쓰여 있다.
50) 판본에는 風毒邪氣로 쓰여 있다.

亦可跪坐, 以兩手拒地, 回顧, 用力虎視, 各三五度.
能去脾藏積聚風邪喜食.

肺
可正坐, 以兩手據地, 縮身曲脊, 向上三擧.
去肺家風邪積勞.
亦可反拳搥脊上, 左右各三五度.
此法去胸臆間風毒.
閉氣爲之, 良久, 閉目, 嚥液, 三叩齒爲止.

腎
可正坐, 以兩手上, 從耳, 左右引脇, 三五度.
亦可反[51]手着凍, 抛射, 左右同, 緩身, 三五度.
亦可以足前後踰, 左右各十數度.
能去腰·腎·膀胱間風邪積聚.
餘如上法.

1) 장부 도인기공

『활인심』의 이 부분은 글의 제목이 없고 다만 오장과 담膽 각각에 대한 일종의 도인기공법을 제시하고 있는데, 같은 내용의 글이『수진십서』 안에 실려 있는「황정내경오장육부도黃庭內景五臟六腑圖」에서 각 장부의

---

51) 필사본에는 及으로 쓰여 있고 옆에 작은 글씨로 "反이 되어야 옳을 듯하다" (恐當作反)라고 적혀 있는데, 그것이 옳다고 여겨 원문에 反자를 택하였다.

'도인법'으로 다루어져 있다. 또한『중국기공공법대전中國氣功功法大全』52) 에서는 '거오장풍사적취법去五臟風邪積聚法'이라는 제목 아래에 소개되어 있고,『만수선서萬壽仙書』53)에서는 역시 전체 제목 없이 '치심기법治心氣法', '치간기법治肝氣法', '치비기법治脾氣法', '치폐기법治肺氣法', '치신기법治腎 氣法'이라는 개별 제목으로 소개되어 있다.

　여기서 '장부 도인기공'이라고 새롭게 이름 붙인 것은 내용이 도인기공 에 해당하고 오장뿐만 아니라 담부膽腑까지 포함하였기 때문이다.

2) 실행 요령

① 심장 도인기공
바르게 앉는다는 말은 가부좌 자세를 한다는 뜻이다.

　두 손을 주먹 쥐고 주먹 등을 바깥쪽으로 향하게 하여 왼쪽 주먹과 오른쪽 주먹을 교대로 하나는 아래에 하나는 위에 포개어 놓고 힘을 주 어 서로 반대 방향으로 민다.

　다시 한 손으로는 팔뚝 위를 누르고 다른 한 손으로는 손바닥을 아 래로 향하여 마치 무거운 돌을 주워 올리듯 허공을 잡아 쥐고는 서로 반대 방향으로 민다.

　또다시 두 손을 깍지 껴서 손바닥이 가슴을 향하도록 하고서 한 발 로 손바닥을 밟듯 서로 반대 방향으로 민다.

---

52) 1993년 북경의 中醫古籍出版社에서 발간한 책으로 중국 기공 전반을 모아 엮 은 것이다.
53) 명나라 때 강서 吉水 사람인 羅洪先(1504~1564, 자 達夫)이 지은 것을 청나라 때 曹若水가 증보 편집한 것으로 전체 3권인데, 주로 양생과 선도수양에 관한 내용이 담겨 있다.

밀 때는 숨을 들이마시고 힘을 뺄 때는 숨을 내쉰다.

② 간장 도인기공

가부좌 자세로 실행한다.

두 손바닥으로 각각 넓적다리를 누르고서 숨을 들이마시며 왼쪽 오른쪽 교대로 꾹 힘주어 아래로 누른 다음 숨을 내쉬며 몸에서 힘을 빼며 천천히 긴장을 푼다.

다시 두 손을 깍지 끼고 가슴 높이에서 먼저 숨을 들이마시며 손바닥이 바깥쪽을 향하게 하여 팔을 뻗음으로써 손가락이 가능한 한 젖혀지게 한 다음 이어서 숨을 내쉬며 손바닥이 가슴을 향하도록 뒤집고서 다시 숨을 들이마시는데 손가락이 빠지지 않게 하면서 두 손을 서로 좌우 반대 방향으로 당긴다.

③ 담부 도인기공

평평하게 앉는다는 말은 두 다리를 포개지 않고 뻗은 상태로 다 같이 바닥에 붙이고 앉는다는 뜻이다.

두 발을 세워서 발가락 끝이 하늘로 향하도록 머리 들고 두 손으로 하나의 발목을 잡고서 숨을 들이마시며 다리를 뻗은 채 위쪽으로 당겨 들어 올려서 좌우로 천천히 흔든다. 숨을 내쉬며 동작을 풀고 다리를 내려놓는다. 다리를 바꿔서 같은 방법으로 반복한다.

이어서 두 손으로 각각 한 다리씩 잡고서 마찬가지 방법으로 들어 올리고서 천천히 좌우 반대 방향으로 흔든 다음 내려놓는다.

또한 크게 앉는다는 말은 두 다리를 뻗고 앉는다는 뜻인데, 의자에 걸쳐 앉아도 좋다. 두 손으로 땅 또는 의자를 짚고 숨을 들이마시며 힘을 주어 누르면서 몸을 들어 올리고 계속 배를 내밀어 허리와 척추가 안에서 활처럼 굽도록 힘을 쓰는 것이다. 숨을 내쉬며 동작을 푼다.

④ 비장 도인기공
다리를 뻗거나 의자에 걸쳐 앉는다.
한 다리는 뻗고 한 다리는 굽혀서 바닥을 밟고 숨을 들이마시며 두 손을 들어 머리 뒤쪽으로 당기는 듯 넘기며 그에 따라서 몸을 힘껏 젖히는 것이다. 잠시 멈추었다가 숨을 내쉬며 동작을 푼다.
이어서 무릎을 꿇고 앉아서 두 손으로 무릎 옆의 땅을 짚고서 숨을 들이마시며 팔을 뻗어 땅을 밀듯이 누르고 고개를 천천히 힘주어 돌려 범이 노려보듯 눈을 크게 뜨고 왼쪽과 오른쪽을 번갈아 본다.

⑤ 폐장 도인기공
가부좌를 틀고 앉는다.
숨을 들이마시며 몸을 굽히고 두 팔을 뻗어 두 손으로 머리 위의 땅을 짚고 가능한 한 몸을 웅크려 척추를 밖으로 향하여 활처럼 굽도록 하고서 잠시 멈추었다가 숨을 내쉬며 몸을 편다.
이어서 다시 숨을 들이마시며 손을 들어 손바닥이 하늘을 향하고 손가락 끝이 등 뒤쪽을 향하게 젖히면서 머리 위로 넘겨 몸을 젖힌다. 숨을 내쉬며 동작을 푼다.
이어서 주먹을 쥐고 등 뒤로 돌려서 주먹 등으로 척추를 타고 올라가면서 척추 위를 가볍게 두드린다. 오른쪽 왼쪽 교대로 한다.

⑥ 신장 도인기공
가부좌를 틀고 앉는다.
두 손을 올려 손가락 끝이 하늘을 향하게 손바닥으로 귀를 감싸서 가볍게 누르고 숨을 들이마시며 왼손은 위로 밀고 오른손은 아래로 당기듯 하면서 머리와 몸을 함께 오른쪽으로 굽혀서 가능한 한 옆구리를 당긴다. 잠시 멈추었다가 숨을 내쉬며 동작을 풀고 이어서 왼쪽 오른쪽으로 바꾸어 가며 옆구리 당기기를 반복한다.

이어서 숨을 들이마시며 한 손을 뒤집어 손바닥이 하늘을 향하게 하여 달걀을 잡듯 가볍게 쥐고서 어깨 위로 올렸다가, 숨을 내쉬며 귀 뒤에서부터 앞쪽 공중으로 포물선을 그리며 마치 손을 멀리 던지듯 허리와 함께 휘둘러서 내린다. 같은 방법으로 왼쪽과 오른쪽을 하고 몸의 긴장을 풀어 느슨하게 한다.

다음으로 앉은 자세는 그대로 가부좌만을 풀어서 두 발과 다리가 모두 바닥에 같이 닿도록 한 자세에서 발끼리 서로 앞뒤로 교차하여 넘기기를 왼쪽 오른쪽 번갈아 한다.

5-4. 마무리 보건공

【번역과 주석】

어떠한 수양이든지 그것을 하려면 반드시 깨끗한 방에서 향을 피우고 온도의 변화에 적절히 대응하며 습도의 차이에 밝아야 한다. 매일, 밤이 반 이상 지나서54) 생기生氣55)가 이루어지는 때나 오경五更56)에

---

54) 하룻밤을 五更으로 나누는데, 三更이 그 반에 해당한다. 삼경은 子時, 곧 오후 11시부터 오전 1시 사이이다. 따라서 밤의 반이 지난다는 말은 자시가 넘었다는 뜻이다.
55) 글자의 뜻은 생명이 살아나는 기운이라는 뜻으로서 가득 찬 陰氣 속에서 陽氣가 새로 생겨나는 때의 기운을 가리킨다.

잠에서 깨어나서 한다. 먼저 呵([Kē], [ㅋㄜ] / [Hē], [ㅎㄜ])하며 뱃속의 탁한 기를 내보내기를 9번 또는 5×6번 하고서 그친다.

마음을 안정시키고 눈을 감은 채 이 마주치기를 36번 하며 마음과 신神을 모은다. 그런 다음, 엄지손가락의 등으로 눈 비비기를 크게 작게 9번 하고 그와 함께 코의 양옆 누르기를 7번 한다. 다시 두 손을 비벼서 매우 뜨겁게 하고서 입과 코의 기를 멈춘 다음, 얼굴 비비기를 횟수에 관계없이 하면 진인眞人의 일상생활 방법이 되는 것이다.

이어서 혀를 윗잇몸에 붙이고 입 속에서 안팎으로 양치질하듯 휘둘러 진액(침)이 입에 가득해지면 3번 나누어 삼켜서 아래로 내려 위胃에 들어가게 하면 위의 신神이 그것을 받는다.

이렇게 하기를 세 번, 결국 침 삼키기 9번을 하면 다섯 장기의 깊은 곳까지 진액이 공급되고 얼굴과 눈이 빛나고 윤택해진다. 매우 효과가 있으니 가볍게 지나쳐서는 안 된다.

凡欲修養, 須淨室, 焚香, 順溫凉之宜, 明燥濕之異, 每夜半後生氣時, 或五更, 睡覺, 先呵出腹內濁氣, 或一九止, 或五六止.

定心, 閉目, 叩齒三十六通, 以集心神, 然後, 以大拇指背, 拭目大小九過, 兼按鼻左右七過, 以兩手摩, 令極熱, 閉口鼻氣, 然後, 摩面不以遍數, 爲眞人起居法.

次以舌拄上齶, 漱口中內外, 津液滿口, 作三嚥, 下之, 令入胃存, 胃神承之. 如此者之作, 是三度九嚥. 庶得深漑五臟, 光澤面目, 極有力, 不可輕忽.

---

56) 寅時 곧 오전 3시부터 오전 5시 사이를 가리킨다. 일반적으로 해뜨기 전을 가리키는 말로 사용하기도 한다.

1) 마무리 보건공

이 부분의 글 또한 『활인심』에 아무런 제목이 없는데, 같은 내용의 글이 『수진십서』「잡저첩경雜著捷徑」에 '여진인소성도인법呂眞人小成導引法'이라는 제목으로 실려 있고, 『만수선서』에서는 '도인각병요결導引却病要訣'이라는 이름으로 다루어졌다. 대체로 간단한 도인기공이라는 뜻으로 다루고 있다. 이러한 자료를 참고하여 이 글이 『활인심』에서 놓여 있는 위치나 그 내용을 보면 다른 기공, 곧 육자결이나 장부 도인기공을 실행한 뒤에 마무리할 때 적합하다. 그래서 여기서는 제목을 '마무리 보건공'이라 붙였다.

내용이 대체로 좌식팔단금을 처음 준비할 때나 마무리할 때와 비슷하지만 굳이 좌식팔단금만의 마무리는 아니다. 장부 도인기공에는 각 동작마다 조그만 마무리가 있기는 하지만 그 전체를 마무리하는 경우에는 이 글대로 하는 것이 좋다. 육자결에는 별도의 마무리가 없으므로 그때도 이 글대로 마무리하는 것이 좋다.

2) 실행 요령

이 부분의 실행 요령은 좌식팔단금 해설에서 설명한 내용대로 따르면 된다. 다만, 엄지손가락 등으로 눈을 문지를 때는 튀어나온 엄지손가락 첫째 마디로 눈동자를 보호하고 있는 아래위 뼈의 모서리를 코 양옆에서부터 차례로 지압해 나가면 된다. 작게는 눈 아래위만을 돌아가면서 지압하고, 크게는 눈초리 부위에서 더 나아가 귓바퀴까지 직선으로 지압해 나가면 된다.

기공을 실행할 때는 원래 자연계의 기운이 변화하는 리듬과 맞추도록 노력하는 것이 원칙이다. 다시 말하면 양기陽氣가 새롭게 살아나는 때로서, 하루에 있어서는 자시에서 묘시, 특히 해뜨기 직전, 일 년에 있어서는 봄철, 특히 새싹이 돋을 무렵에 기공을 실행하면 가장 효과가 좋은 것으로 생각되어 왔다.

그러나 그렇다고 반드시 그때가 아니면 기공을 할 수 없다는 말은 아니다. 가장 큰 효과는 얻지 못하겠지만 방법에 맞게 착실히 실행한다면 실행한 만큼의 효과를 얻을 수 있다는 점은 기공 또한 예외가 아니다. 스스로 형편을 고려하여 가장 편한 때와 가장 효율적인 때 사이에서 조화점을 찾으면 된다.

6. 정신을 보존하고 기르기

【번역과 주석】

정精이라는 것은 신神의 근본이고 기氣라는 것은 신의 원천이며 형체(形)라는 것은 신이 살고 있는 집이다. 그러므로 신을 지나치게 써 버리면 (그 집이) 비게 되고 정을 지나치게 써 버리면 (근본이) 말라 버리며 기를 너무 지치게 하면 (원천이) 끊어진다. 이러한 까닭으로 사람으로 생명이 있다는 것은 신이 비지 않았다는 말이고 형체가 유지되고 있다는 것은 기가 끊어지지 않았다는 말이 된다.

만약 기가 쇠약해지면 형체가 줄어들게 되는데, (그러고서도) 오래 살기를 바랐다는 사람은 아직 들어보지 못했다.

무릇 유有인 것은 무無를 원인으로 하여 생기고[1] 형체는 신이 있어야만 성립되니, 유인 것이 무가 깃들이는 집이듯이 형체라는 것은 신이 사는 집이다.

혹시라도 집을 온전하게 하여서 삶을 평안히 하고 육신을 보수하

---

1) 이는 존재(有)와 無의 문제로서 존재의 근본 바탕을 어떻게 보느냐 하는 이른바 존재론, 우주관 내지 본체론의 문제다. 무척 난해한 철학이론이 무성한 문제지만, 간추려 말하면 ① 존재(有)가 無에서 생긴다. ② 처음부터 존재가 그렇게 있는 것이다. ③ 처음부터 존재와 무가 묘하게 엉겨 있는 것이다. 세 가지 생각으로 가닥을 잡을 수 있다. 본문은 ①의 입장에 서 있다.

여서 신을 기르지 않는다면, 기가 흩어져 허공으로 돌아가서 떠돌아다니는 혼魂으로 변하였다가 촛불에나 찾아가게 됨을 면할 수 없을 것이다. 초가 다 타면 촛불이 살아 있을 수 없듯이, 이것을 제방에 비유하자면 제방이 무너지면 물이 보존될 수 없다는 것이다. 육신이 지치면 신이 흩어지고 기가 지치면 생명이 끝나며 형체가 메마르면 신이 쓰러지는데, 신이 쓰러지면 정령精靈이 되어 떠돌게 된다.

이미 떠돌게 된 것은 돌아올 기약이 없고 이미 썩어 버린 것은 새로 살아날 이치가 없다. 그러므로 떠돌게 되는 것을 혼魂이라 하는데 그것은 양에 속하고, 썩어 버리는 것을 백魄이라 하는데 그것은 음에 속한다.

신은 기를 마셔서 약으로 삼는 능력이 있고 형체는 음식을 먹어서 기를 얻는 능력이 있으니, 기가 맑으면 신이 맑고 밝아지지만 형체가 지치면 기가 흐려진다. 기를 마셔서 약으로 삼는 것은 천이든 백이든 죽지 않으므로 육신조차 하늘을 날게 되지만 곡식을 먹는 것은 천이든 백이든 모두 죽으므로 형체가 땅으로 돌아가는데, 사람의 죽음이 그러하다. 그러므로 형체는 땅으로 돌아가고 혼은 하늘로 날아가며 백은 우물로 떨어져 내린다. 물과 불이 나누어 흩어져서 각각의 근본 되는 곳으로 돌아가니, 살아서는 같은 몸이었지만 죽어서는 밀치고 버리게 된다. 날아가고 가라앉음이 각각 다름은 타고난 대로 저절로 그렇게 가는 것인데, 비유하자면 한 그루의 나무를 불로써 태우자 연기는 위로 올라가고 재는 아래로 가라앉음이 또한 저절로 그렇게 되는 이치인 것과 같다.

무릇 신명神明이라는 것은 삶과 변화의 근본이고 정精·기氣라는 것은 만물의 바탕이니, 그 형체를 온전하게 하면 살고 그 정·기를 기르면 본성과 생명이 오래 보존된다.

保養精神

精者神之本, 氣者神之主, 形者神之宅也. 故, 神太用則歇, 精太用則竭, 氣太勞則絶. 是以, 人之生者, 神也, 形之托者, 氣也.

若, 氣衰則形耗, 而欲長生者, 未之聞也.

夫, 有者因無而生焉, 形須神而立焉, 有者無之館, 形者神之宅也.

倘, 不全宅而[2]安生, 修身以養神, 則不免於氣散歸空, 遊魂爲變, 方之於燭, 燭盡則火不居. 譬之於堤, 堤壞則水不存矣. 身勞則神散, 氣勞則命終, 形瘦則神斃, 神斃則精靈遊矣.

已遊者, 無返期, 旣朽者, 無生理. 故, 魂者陽也, 魄者陰也.

神能服氣, 形能食味, 氣清則神爽, 形勞則氣濁. 服氣者千百不死, 故, 身飛於天, 食穀者千百皆死, 故, 形歸於地, 人之死也. 故形歸於地, 魂飛於天, 魄落於水[3]. 水火分散, 各歸本源. 生則同體, 死則拍捐, 飛沈各異, 稟之, 自然行者. 譬如, 一根之木, 以火焚之, 烟則上升, 灰則下沈, 亦, 自然之理也.

夫神明者生化之本, 精氣者萬物之體, 全其形則生, 養其精氣則性命長存矣.

1) 정기신론

정精·기氣·신神은 동양의 양생·의학·내단 분야에서 가장 기본이 되는 개념으로 인체 생명활동의 전 과정에 걸쳐 핵심이 되는 3대 요소로 인정되고 있다. 도교에서는 정·기·신을 인체 생명의 3대 요소로서 삼보三寶[4]라 부른다. 동양에서는 전통적으로 이 세 개념을 가지

---

2) 판본에는 以로 쓰여 있다.
3) 판본에는 泉水로 쓰여 있다.

고 인체의 다양한 생명활동을 설명하며 양생·보건·의료·내단의 이론체계를 세웠는데, 과학이 발달한 현재도 그 중요성은 감소되지 않은 채 의연하다.

가) 정

글자의 뜻은 껍질을 깔끔하게 벗기고 남은 곡식 알맹이라는 뜻이다.[5] 따라서 사람에게 있어서는 인체의 속 알맹이라는 뜻을 지닌다. 고대에는 속 알맹이, 만물을 낳는 영기靈氣, 정력, 정신, 정액, 신령, 귀신 등을 뜻하기도 하였는데, 양생학이 발전하면서 차츰 생명력의 근본 요소라는 뜻으로 정립되었다.[6] 양생에서 정이라고 할 때는 신장 사이에 갈무리되어 형체가 있으며 피·진액에 속하지 않는 것으로서, 기의 알맹이라는 뜻이 짙다.[7] 그래서 신腎을 정해精海라고 부르기도 한다.

이 정이 양관陽關 곧 정관精管 밖으로 나오지 않는 상태를 선천의 정 또는 원정元精이라고 하고, 이미 양관을 통하여 나온 상태를 후천의 정, 음정淫精 또는 정액이라 부르는 경우가 많다. 때로는 오장육부마다 각각 정이 있다고 하듯이 넓은 뜻으로도 쓰인다.

정은 피·진액과 근원이 같다. 둘 다 소화된 음식과 호흡된 기가 융합한 종기宗氣라는 것을 근원으로 하는데, 정이 충족하면 피·진액

---

4) 여러 분야에서 사용되는 용어인데, "慈, 儉, 不敢爲天下先"(『道德經』), "農, 工, 商"(『六韜』), "民, 土地, 政事"(『孟子』), "道, 經, 師"(道敎), "佛, 法, 僧"(佛敎), "耳, 目, 口"(『參同契』), "(元)精, (元)氣, (元)神"(內丹論) 등을 가리킨다. 특히 남송시대에 이르러서 정·기·신을 耳目口 外三寶에 견주어서 內三寶라 부르게 되었다.(『重陽眞人授丹陽二十四訣』, 『海瓊白眞人語錄』)

5) 『莊子』, 「人間世」, "鼓莢播精, 足以食十人"

6) 『道敎大辭典』, 984면 참조.

7) 魯兆麟, 『精 氣 神』(北京: 科學普及出版社, 1988).

이 충족해지고 피·진액이 충족하면 정이 충족해지는 관계를 이룬다. 또한 정이 쌓이면 일정 조건 아래에서 기로 변화하고 기가 쌓이면 일정 조건 아래에서 신으로 변화하며, 그 반대로 신이 쌓이면 기가 생기고 기가 쌓이면 정이 우러나는 관계 또한 맺고 있다.

　양생 곧 건강을 지키려는 사람은 결국 정을 잘 생성하고 지켜서(최소한 과도히 소모하지 말고) 충족하게 된 피가 몸의 각 기관에 영양을 잘 공급하여 순환과 신진대사가 잘 일어나게 함으로써 결과적으로 원정을 보존하여 원기와 원신이 훼손되지 않게 해야 한다. 양생을 목적으로 하는 호흡이나 마음의 고요함과 초점을 모아 지키기나 도인체조 같은 수련방법들은 기를 기르고 신을 맑게 하기도 하지만 결국은 바로 이 정을 잘 생성해서 지키려는 노력이기도 하다. 더 나아가서 내단을 이루려는 사람은 정이 누설되는 것을 막고 원정을 쌓아 질적인 변화를 일으켜서 원기를 기른다. 원기를 길러서 원신을 기를 뿐 아니라 원신과 원기와 원정을 하나로 융합할 수 있어야 한다.

　정의 별명은 80종이 넘는데, 흔히 쓰이는 것은 다음과 같다.

감坎, 경庚, 사四, 구九, 금金, 월백月魄, 토지兎脂, 노랑老郎, 진연眞鉛, 백설白雪, 금액金液, 수호水虎, 옥예玉蕊, 흑귀정黑龜精, 담저일홍潭底日紅, 소련낭군素練郎君, 북방하거北方河車, 감무월정坎戊月精, 생우임계生于壬癸, 상현上弦, 금반근金牛斤……8)

나) 기

　글자의 뜻은 어떤 기운이라는 것으로 일반적으로는 공기, 수증기,

---

8)『中國道教氣功養生大全』, 507면 참조.

암흑기, 기후, 기색, 기세 등과 같이 쓰인다. 고대부터9) 철학가들에 의하여 '모든 물질과 현상에서 궁극적인 기초가 되는 어떤 것'10)이라는 개념으로 사용되었다. 후한 때 도교가 성행하면서 그 내용이 크게 풍부해졌으며 의가나 양생가들도 대체로 비슷한 의미로 인체에 적용하여 사용하였다.

의학이나 양생학에서는 당연히 인체 생명의 궁극적 근본이 되는 어떤 것을 가리키는 용어로 썼는데,11) 때로는 오운육기, 사기, 독기 같이 생명활동의 환경이 되는 자연계의 기운을 가리킬 때도 있다. 결국 정과 내용이 비슷한 용어지만 정은 물질 곧 알맹이라는 뜻이 강한 데 비하여 기는 존재하기는 하지만 그 자체는 인식될 수 없고, 인식되는 기의 작용은 곧 어떤 현상의 원동력이라는 뜻이 강하다. 따라서 생명활동의 각종 표현을 기의 작용이라고 이해하는데, 그렇게 이해하는 경우 기의 작용에는 각종 메커니즘을 움직이게 하기(推動), 따뜻하게 기르기(溫養), 외부 침입에 저항하기(防禦), 굳고 뭉치게 하기(固攝) 등이 있음을 알 수 있다.

인체의 기는 인체에 있는 경락을 따라서 가장 말단의 세포핵에서부터 중추신경계의 골수나 오장육부의 속에 이르기까지 몸 전체를 흘러 다니면서 모든 생명활동 곧 순환계의 순환과 신진대사, 세포의 생성 소멸을 가능하게 한다. 기는 한편으로는 이러한 생명활동 속에서 소모되지만 한편으로는 그 생명활동으로 다시 보충된다. 소모가 보충보다 많으면 허약해지고 보충보다 적으면 왕성해진다.

---

9) 『國語』「周語」에서는 서주(BC 11세기~BC 771) 때 이미 기라는 용어가 쓰였다고 한다.

10) 『莊子』「知北遊」, "萬物負陰而抱陽, 沖氣以爲和", "人之生, 氣之聚, 聚則爲生, 散則爲死,⋯⋯故曰, 通天下一氣耳."

11) 『難經』(전국시대 편작이 지었다 함), "氣者人之根本也. 根絶則莖葉枯也."

이러한 기의 흐름을 그 운동형식에 따라 분석하면, 올라가거나(升 : 커지거나 펴짐) 내려감(絳 : 작아지거나 굽혀짐, 배설됨), 나가거나(出 : 밖으로 흩어짐) 들어감(入 : 안으로 거두어짐)으로 나눌 수 있는데 인체의 생리작용도 이와 같은 틀에 따라 설명할 수 있다. 살아 있다 함은 이들 기의 운동 형식이 서로 균형과 조화를 잘 이루어 생명현상을 유지한다는 말이다. 따라서 기 흐름의 각 형식에 과불급이 일어나거나 각각의 형식 사이에서 부조화와 불균형이 일어나면 질병이 생긴다.

기도 선천과 후천의 기로 나눌 수 있다. 선천의 기는 태어나기 이전 상태의 기를 말하는데, 어머니에게 잉태되기 이전 상태는 우주 자연의 기와 같고, 잉태된 뒤부터 태어나기 이전까지의 상태는 임독맥이 완전히 원만하여 그를 따라 흐르는 상태다. 후천의 기는 태어난 뒤의 상태 즉 보통사람과 같이 12정맥의 경락을 따라 흐르는 상태다. 내단수련에서는 선천의 기를 炁, 후천의 기를 氣라고 구별하여 표기하기도 한다.

또한 인체의 기를 원기와 종기로 나누기도 한다. 원기란 부모의 두 기가 합쳐져서 나에게 이어진 것으로 내 기의 근원이라는 뜻이다. 생명력과 성품의 가장 근본 바탕이 되어, 성장함에 따라 왕성해졌다가 노쇠함에 따라 쇠약해진다. 뒤집어 생각하면, 원기가 왕성해지는 것이 성장이며 쇠약해지는 것이 노쇠라고 할 수 있다. 이 원기 역시 소모되기도 하고 보충되기도 하는데, 신장 및 신경腎經과 주된 관련을 맺고 특히 명문(右腎 또는 腎間)에 갈무리되어 있다. 종기란 태어난 뒤에 몸 밖에서 들어와 받아들여지는 기 가운데 가장 으뜸이라는 뜻인데, 공기와 음식물로 말미암아 이루어진다. 결국 물, 산소, 단백질, 지방, 탄수화물, 미네랄, 비타민과 기타 요소들이 화합하여 우러나온 종기는 혈맥을 따라 몸 구석구석까지 에너지원으로 공급된다. 특히 폐가 호흡하고 심장이 혈액을 공급할 수 있게 하면서 결국 모든 장부가 각자의 기능을 수행하게 한다. 원기와 종기의 관계를 보면, 원기가 종기를 형성하면서 소모되면 형성된 종기가 다시 원기를 보충하고 왕성하게 하는 밀접한 연결고리를 이루고 있다.

인체의 기에는 생명현상을 일으키는 각 기관과 조직에 영양을 공급하여 기르는 기 곧 영기營氣와, 생명현상을 해치는 모든 요소(병원체 등)나 환경으로부터 그것을 방위하고 보존하는 기 곧 위기衛氣로 구별할 수 있다. 이 영기와 위기도 물론 원기를 근원으로 생겨나지만 태어난 뒤로는 종기에게 끊임없이 보충받는다.

이 외에도 인체의 기를 맡아 움직이고 있는 장부 조직에 따라서 각 장부의 기, 경락의 기 등으로 구별하기도 한다. 이것 역시 원기를 가장 근원으로 하고 태어난 뒤에는 종기를 근원으로 한다. 양생은 이러한 각종 기를 왕성하게 할 뿐만 아니라 정상적으로 작용하도록 노력하는 일이다. 기가 아무리 왕성해도 그 기의 움직임이 정상적이지 못하거나 다른 기들과 조화를 이루지 못하여 몸 전체가 제대로 움직이지 못한다면 질병과 같은 비상사태가 일어나는 것이다.

내단수련은 양생에서 좀 더 근원에 가깝게 나아가 원기를 길러 그것과 원정·원신을 하나로 합치는 노력이라 할 수 있다. 그런데 원기, 원정을 기르기 위해서는 역시 종기에 힘입지 않을 수 없다. 인체 안에서 기는 눈에 보이는 각종 기관과 조직(形이라는 개념을 쓴다)으로 변화하거나 그러한 기관이나 조직의 작용에 이용되면서 소모되며, 호흡과 음식에서 얻어진 기 곧 종기에게 보충받아 유지된다. 때로는 인체의 어떤 조직이 눈에 보이지 않는 기로 변화하기도 한다.

인체의 기를 여러 가지 방법에 따라 종류별로 구별해 보았지만, 이들은 본질적으로 서로 다른 것이 아니다. 단지 그 작용에 서로 다른 특징이 있을 뿐, 생명현상의 근원인 어떤 원동력이라는 의미에서는 하나의 같은 기일 뿐이다. 기는 또한 도道의 발현인 덕德과 같은 개념으로서 성정性情이나 심리현상에서도 근본이 되며, 음양오행 이론에 따라서 분화된다고 일반적으로 인정한다.

인체의 모든 질병현상은 외부의 병원체(병균 같은 淫邪) 또는 환경(寒暖燥濕)에 감염되거나 감정(七情인 喜怒憂思悲驚恐)에 교란이 일어나거나 생리적인 무리(飮食, 起居, 勞動)가 생길 때 일어난다. 이는 결국 기의 정상적인 생리작용(昇降出入)이 손상되어 파괴되는 현상이라 할 수 있다. 따라서 질병을 치료하거나 예방하기 위해서는 조기調氣 곧 기의 승·강·출·입이 정상화를 유지하는 것이 중요하다. 조기를 위해서는 양정養精이 먼저 되어야 하고 나아가서 신神이 순수하게(청정하게) 유지되어야 한다.

다) 신

글자의 뜻은 귀신, 신령 또는 영혼이라는 뜻이다. 사람의 입장에서는 이해할 수 없는 능력을 갖고 있는 신령한 주재자라는 의미를 내포하고 있다. 원시시대에 이미 생겨난 개념인 듯한데 "은(BC 16세기~BC 11세기) 및 서주시대에 상제, 산천, 백신百神에게 제사지냈다"는 기록이 있다.12) 이 외에도 미묘한 변화, 인간의 정신과 의식을 통괄하는 개념으로서 육체 조직을 의미하는 형形에 대립하는 어떤 것, 생리·병리 현상을 포함한 생명활동의 총칭, 뇌의 생리작용, 마음, 대단大丹을 이룬 경지 곧 양신陽神 등을 뜻하기도 한다.13)

의학이나 양생에서 신이란 정을 근원 물질로 하고 기를 원동력으

---

12) 『國語』, 周襄王 18년 참조.
13) 『道敎大辭典』, 768면 참조.

로 하여 이루어지는 생명현상을 그 유기적 전체로 파악하여 일컫는 개념이기도 하고, 또는 이러한 생명현상을 주재하는 무엇이라는 뜻으로도 사용한다.

신도 역시 부모에게 받는 선천의 원신과 태어난 뒤에 나타나는 후천의 식신識神으로 구별할 수 있다. 정·기가 그 기초며 종기가 유지해 주고 있음은 물론이다. 신도 기와 마찬가지로 인체의 모든 장부와 관절에서 각각 독특한 기능을 하고 있어서 때로는 장부의 신, 관절의 신으로 분류하기도 하지만, 그 가운데 으뜸인 것은 어느 경우에나 원신이다.

또한 고대부터 신은 심에 주로 연관한다고 설명되어 왔기 때문에 신의 작용현상을 심(마음)이라는 용어로 설명하기도 하였다. 그러나 생명현상을 현대 생리학에서 분석해 보면 원신이란 대뇌의 최고 조절 능력14)을 가리키는 것이 아닌가 할 정도로 중추신경계와 밀접한 관련을 갖는다. 현대에는 정신작용이 대뇌 특히 대뇌피층과 주로 연관되어 있다고 설명한다. 물론 대뇌의 능력은 오장육부뿐만 아니라 몸 전체의 각종 복잡한 기능을 유기적으로 결합해서 작용하는 것이기도 하다. 두 이론(입장)의 연결관계는 앞으로의 연구 과제임을 앞에서도 잠깐 언급하였다.

신을 다시 그 작용의 과정이나 특징에 따라서 신神(좁은 의미), 혼魂, 백魄, 의意, 지志, 사思, 려慮, 지智로 구별하기도 하는데, 주로 관련되는 장부가 있어서 각각 오장에 나누어 속하게 한다.15) 따라서 이들 정신작용을 정상적으로 조절하면 장부의 기를 조화시킬 수 있다. 이 중에서도 가장 중요한 정신작용은 신(좁은 의미)이고 가장 중요한 장부는 심장

---

14) 張文江, 『中國傳統氣功學詞典』(太原: 1989), 91면 참조.
15) 神=心, 魂=肝, 魄=肺, 意思慮=脾, 志智=腎.

이다. 심장을 몸 전체의 임금이 되는 기관으로 삼는다는 것 또한 앞에서 살펴보았다.

신의 별명도 아주 많아서 『오진직지상설삼승비요悟眞直指詳說三乘秘要』[16]에는 89종이 실려 있는데, 중요한 것은 다음과 같다.

이리離, 갑甲, 삼三, 팔八, 목木, 일혼日魂, 오수烏髓, 청아靑娥, 진홍眞汞, 황아黃芽, 옥액玉液, 화룡火龍, 수은水銀, 적봉수赤鳳髓, 산두월백山頭月白, 청의여자靑衣女子, 태양유주太陽流珠, 이기일광離己日光, 생우병정生于丙丁, 하현下弦, 수반근水牛斤……

라) 혼과 백

정신작용의 일부 내용을 가리키는 용어로 쓰는데, 정과 신에서 파생된 것이다. 원래는 몸 곧 감각기관과는 별도로 존재할 수 있는 정신(꿈속의 환각 등)을 가리켜 혼이라 하고, 몸 곧 감각기관에 붙어서 존재하는 본능과 동작 등의 표현(청각, 시각 등)으로 이해되는 정신을 가리켜 백이라 하였다. 하지만 철학이나 종교에서는 사람에 따라 각양각색의 내용으로 사용할 뿐 일관된 사용법은 없다.

마) 의와 지 등

역시 정신활동의 일부 내용을 가리키는 용어로 쓰는데, 글자 자체는 마음의 발동이라는 의미를 지니는 '뜻'이다. 의意는 사물에 접촉해서 가장 먼저 생겨나는 의식, 생각, 헤아림 또는 의심해 보는 마음의

---

16) 송나라 때 翁葆光이 쓴 『悟眞篇』의 해설서다.

작용을 포함하는 개념이다.[17] 지志는 의가 이루어진 다음 그것이 모여서 어떤 곳을 향하는 방향성을 갖게 된 경우의 마음작용을 포함하는 개념이다. 지志로부터 사思(살펴 생각함)가 나오고 사로 말미암아 려慮(멀리 헤아림)가 가능해지며 려로 말미암아 지智(사물을 처리함)가 이루어진다고 말한다.

내단수련에서는 '진의眞意'라는 용어를 자주 쓰는데, 이는 수련하는 과정에서 법에 제대로 맞아서 빗나가지 않는 바른 생각을 갖는 경우에 그 마음가짐을 말한다. 결국 앞에서 설명한 원신과 같은 내용이다.[18]

바) 정·기·신의 관계

고대 저술에서는 정기精氣(『管子』), 정신精神(『莊子』, 「列禦寇」), 신기神氣(『莊子』, 「天地」)처럼 두 단어씩 함께 쓰다가 『회남자淮南子』[19]에서 비로소 셋을 함께 쓴 것 같다.

기체가 액체로 변할 수 있듯이 기가 충족되면 정이 생기고, 반대로 액체가 기체로 변하듯이 정이 왕성해지면 다시 기가 자라게 된다. 신은 정이나 기가 충족되면 자란다. 정과 기는 신을 얻으면 그를 받들고 따른다. 그렇게 되면 저절로 각각 그 있을 곳을 찾아서 정상적인 기능을 맡아 하게 된다.

일반적으로 생명현상에서 작용하는 현실의 정·기·신을 촛불에 비유하는데, 초의 파라핀 덩어리는 정, 불꽃은 기, 불꽃에서 나오는 빛

---

17) 필자는 마음의 초점이라고 이해한다는 점을 본서 '『활인심』 서문'과 '『활인심』 상'에서 언급하였다.

18) 張文江, 『中國傳統氣功學詞典』(太原: 1989), 550면 참조.

19) 전한시대 유방의 손자 劉安(BC 179~BC 122)이 쓴 철학·양생관계 책이다. 「原道訓」, "夫精神氣志者, 靜而日充者以壯, 躁而日耗者以老……."

은 신이다.

정·기·신 삼보 사이의 관계를 그림으로 그리면 다음과 같다.

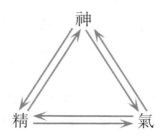

사) 정·기·신을 불림

'『활인심』 상'에서 우리는 심성과 생명력을 함께 수양하는 도가 내
단수양의 각 단계를 마음을 불리는 관점에서 살펴보았다. 이것은 심성
과 생명력을 구성하는 3대 요소인 정·기·신을 중심으로 해서도 살
펴볼 수 있다. 정·기·신에 대한 촛불의 비유에서 보듯이 정·기·신
을 정에서 신으로 나아가는 방향에서 잡는다면, 물질적인 것에서 정신
적인 것으로, 유형적인 것에서 무형적인 것으로 변화하는 과정이 된다.
이것이 바로 내단수양의 과정이다.

내단수양의 기초 과정인 후천 단계에서 마음을 거두어 모은 뒤 후
천의 기를 찾아 길을 닦으며 새로운 어떤 물질을 얻는 일들이 결국 정
精을 우려내서 그것을 불리는 과정이다. 정을 불리면 선천의 기로 변화
한다. 신선세계에 들어가서 신성한 태아를 이루기까지가 대체로 선천
의 기를 불리는 과정의 몇 단계에 해당한다. 선천의 기를 불리면 신으
로 승화한다는 것은 신성한 태아가 자라 진리의 몸이 되어 육신 밖으
로 독립하여 나가는 과정을 양신을 기르는 일이라 부르는 대목에서도

깨달을 수 있다. 마지막으로 신이 된 진리의 몸은 우주를 품기 위하여 스스로를 허공과 같이 불려서 마침내 허공 자체로 돌아가 비로소 더 이상 갈 수 없는 곳에 이르게 된다.

이러한 도가 내단수양의 과정을 간추려서 연정화기煉精化氣 → 연기화신煉氣化神 → 연신환허煉神還虛라는 단계로 정리한다.[20] 그리고 연신환허의 과정 가운데서 완전히 우주 자연의 허무虛無한 진리로 돌아가는 마지막 단계만을 더욱 세분하여 연허합도煉虛合道 또는 허공분쇄虛空粉碎의 단계라고 말하기도 한다. 「무극도」[21]에서는 복귀무극復歸無極이라고 표현하였다.

2) 생사론

사람들은 살아 있음을 좋아하고 죽음을 싫어하지만 죽음과 태어남에 대해 아는 것은 없다. 그저 태어나면 죽을 때까지 주어진 만큼만 살다가 끝내 어디론가 사라진다. 사라진 뒤에 어떻게 되는지, 그냥 서서히 흩어져 소멸된다고 생각하는 사람도 있고 끝없이 윤회의 굴레에 떨어져 돌고 돈다고 생각하는 사람도 있다.

---

20) 이 내단수양의 세 단계는 북송 때의 도사 陳搏(871~987)이 華山의 어느 석벽에 그려 놓았다는 「無極圖」에 제시된 후 내단가들의 수양에서 기본 지침이 되었다.

21) 「無極圖」는 연정화기에서 복귀무극으로, 물질적인 단계에서 정신적인 단계를 거쳐 진리 자체인 우주 근본 바탕으로 거슬러 돌아가는 과정을 그리고 있다. 북송 때의 周敦頤(1017~1073)가 그린 「太極圖」는 우주의 근본 바탕에서 음양과 오행을 거쳐 삼라만상이 생기는 흐름을 나타내고 있다. 학자들 중에는 「太極圖」가 「無極圖」의 영향을 받았다고 말하는 사람도 있다. 아무튼 이 두 그림은 우주의 근본 바탕에서 복잡다단한 삼라만상으로 흘러 내려오는 과정과 그 반대로 거슬러 돌아가는 과정을 잘 표현하고 있다.

이 때문에 태어남과 죽음이라는 문제가 중요한 과제 가운데 하나가 된다. 『주역』「계사전」에서는 "시초의 근원을 캐고 종말을 따져서 밝혀내면 죽음과 태어남에 대한 설명을 알게 된다"고 하였다. 무릇 시작 없는 시초를 억지로 이름 붙여 건원乾元[22]이라 부르니 불가에서 말하는 '본래부터 있었고 헤아릴 수 없게 묘한 깨달음'(本來妙覺)이라는 것이다. 끝남 없는 종말을 억지로 이름 붙여 진리의 저 언덕(道岸)[23]이라 부르니 곧 불가에서는 '남김 없는 열반'(無餘涅槃)이라 말한다.

태어나고 또 태어나는데 그 태어나게 되는 까닭이 참으로 이 철학 속에 있고, 죽고 또 죽는데 그 죽지 않는 까닭도 여기에 있다. 이를 모른다면 태어남을 따라 존재하다가 죽음을 따라 없어져서 서서히 소멸하거나 윤회의 나쁜 길에 빠져, 때 없이 나왔다 사라지곤 하지 않는 사람이 없을 것이다.

『활인심』에서는 태어남도 죽음도 모두 원신이 깃들여 사느냐 아니냐에 달려 있는 문제라고 말한다. 원신이 깃들여 살던 집을 비우면 죽는데, 이때는 몸을 이루고 있던 네 가지 요소인 흙과 물과 불과 바람이 각각 나뉘어 흩어진다.

한편, 태어남은 어떠한가? 하나의 인연이 맺어지면 원신이 어머니의 몸 가운데로 들어가 기를 받고 바탕이 되는 재료를 얻는다. 기를 받으면 한편으로는 단박에 몸을 이루는 네 가지 요소를 갖추어 차차로 몸의 기관이 생겨나 형체를 갖게 된다. 또 한편으로는 마음의 근본 바탕 또한 단박에 자리 잡아 구체적으로 마음을 이루는 여건이 갖추어진다.

열 달 동안에 태가 자라 완전해진다. 때가 되면 땅과 하늘이 뒤집

---

22) 『周易』「乾卦」에 나오는 말로 건괘의 첫 번째 덕이라는 뜻이며 만물이 이에 힘입어 시작된다고 한다.
23) 『詩經』「大雅」의 주에 나오는 말이다.

어지고 사람이 놀라며 아기집이 터져서 마치 산등성이를 걷다가 발을 잘못 디뎌 떨어지는 것 같은 모습으로 머리는 공중에 매달리고 발로는 노를 젓듯 하면서 세상으로 나온다. 이때부터 사람이라 부르는데, 이 뒤로 성장하는 과정을 『성명규지性命圭旨』[24]에서는 다음과 같이 말하고 있다. 『활인심』과 마찬가지로 도가의 사상 위에 서 있는 이론이기 때문에 참고할 만하다.

'으앙' 하는 한 소리에 하늘이 내려 준 생명의 참다운 근본은 태어나기 전부터 있던 어떤 터널에 가서 붙는다. 낮에는 두 눈에 살면서 니환에 감추어져 있고 밤에는 두 콩팥에 잠기어 있으면서 단전丹田[25]에 쌓여 있게 된다. 젖으로 그 다섯 장기臟器를 기르니 기운이 여섯 부腑를 채운다. 뼈는 솜처럼 약하고 살은 엿처럼 미끄러우니 정精이 지극한 상태다. 아무리 보아도 눈 깜박거리지 않고, 아무리 큰소리로 울어도 목쉬지 않으니 기의 조화로움이 지극하다. 이것이 바로 갓난아기의 태초 상태며 순수하게 변화와 움직임을 여의어서 알음알이가 없는 상태다. 순전히 음으로 된 곤괘坤卦[26]에 속한다. 한 살부터 세 살까지 몸속에 으뜸 되는 기운이 64수銖[27] 자라나니 하나의 양이 생겨서 복괘復卦[28]가 된다. 그로부터 다섯 살까지 또 64수 자라나니 두 양이 생겨서 임괘臨卦[29]가 되고 여덟 살까지 또 64수 자라나니 세 양이 생겨서 태괘泰卦[30]가 되고 열 살까지 또 64수 자라나니 네 양이 생겨서 대장괘大壯卦[31]가 되고 열세 살까지 또 64수 자라나니 다섯 양이 생겨서 쾌괘夬卦[32]가 되고 열여섯 살까지 또 64수 자라나니 여섯 양이 생겨서 건괘乾

---

24) 尹眞人의 제자가 쓴 도가 내단수양에 관한 책이다. 윤진인과 그 제자의 인적 사항은 알 수 없다.
25) 하단전을 가리킨다.
26) 6효 전체가 음인 상태다. ䷁로 표상한다.
27) 아주 작은 무게의 단위로, 1냥의 24분의 1이다.
28) 6효 가운데 초효 하나가 양인 상태다. ䷗로 표상한다.
29) 6효 가운데 1·2효 둘이 양인 상태다. ䷒로 표상한다.
30) 6효 가운데 1·2·3효 셋이 양인 상태다. ䷊로 표상한다.
31) 6효 가운데 1·2·3·4효 넷이 양인 상태다. ䷡로 표상한다.

卦[33])가 된다. 이렇게 하여 하늘과 땅의 바른 기운 360수를 훔치고 원래 태어날 때 부모에게 받았던 기운 24수를 합하여 384수를 얻어서 하늘의 괘도를 완전히 한 바퀴 도는 우주의 운행 변화와 같은 원리를 이루니 한 근斤이 되는 셈이다.[34])

이때는 순수하게 양만 있고 조그만 음도 아직 싹트지 않았으며 정과 기가 꽉 들어차 있는 상태다. 만약 스승의 가르침을 받아 본성과 생명을 닦고 불린다면 그대로 성공할 수 있다.

이제부터 탐욕의 감정이 한 번 움직이면 으뜸 되는 기운이 곧바로 흘러나가게 된다. 그것을 멈추고 삼갈 줄 모르면 탐욕과 애욕이 끝이 없게 된다. 그러므로 열여섯 살부터 스물네 살에 이르면 으뜸 되는 기운을 64수 써 없애서 구괘姤卦[35])의 상태가 되니 하나의 음이 처음 생기는 것이다. 만물이 모두 밝게 드러나지만 순박함이 얇아지거나 흩어진다. 근본에서 별로 멀리 떨어져 있지 않지만 이미 서리를 밟으면 얼음이 얼 것을 알아야 한다는 교훈이[36]) 첫째 효에서부터 나타나고 있는 것이다. 만약 부지런히 보수하고 단련한다면 머지않아 다시 순수했던 양으로 돌아갈 수 있다.

서른두 살까지 또 64수를 써 없애서 둔괘遯卦[37])의 상태가 되니 두 음으로 커져서 양의 덕이 점점 줄어들며 욕심과 염려가 찌르고 올라오며 참된 근원이 흘러 나가게 된다. 그러나 힘쓰는 기운은 이제야 굳세지고 의지력은 과감해진다. 만약 부지런히 보수하고 단련한다면 단의 기틀을 세우는 데 역시 크게 힘들이지 않을 수 있다.

마흔 살까지 또 64수를 써 없애서 비괘否卦[38])의 상태가 되니 하늘과 땅이 어우르지 못하고 두 기운이 각각 제자리로 돌아가 버려서 음은 속에서 일을 꾸미고 양은 밖에서 있을 자리를 잃는다. 만약 부지런히 보수하고 단련

---

32) 6효 가운데 1·2·3·4·5효 다섯이 양인 상태다. ☰로 표상한다.
33) 6효 가운데 여섯 효 전체가 양인 상태다. ☰로 표상한다.
34) 1斤=16兩, 1냥=24銖이다. 따라서 1근=384수이다.
35) 6효 가운데 초효 하나가 음인 상태다. ☰로 표상한다.
36) 곤괘 초효의 효사를 참조.
37) 6효 가운데 1·2효 둘이 음인 상태다. ☰로 표상한다.
38) 6효 가운데 1·2·3효 셋이 음인 상태다. ☷로 표상한다.

한다면 위태롭던 것이 안전해질 수 있고 없어지려던 것이 보존될 수 있다.
마흔여덟 살까지 또 64수를 써 없애서 관괘(觀卦[39])의 상태가 되니 양한 기운
은 바깥에 있게 되어 양의 덕이 가벼워지고 음이 위로 기어올라 음한 기운
이 힘차게 된다. 만약 부지런히 보수하고 단련한다면 바야흐로 왕성해지
려는 음하고 부드러운 기운을 누르고 미약해지려는 양의 덕을 부축할 수
있다.

쉰여섯 살까지 또 64수를 써 없애서 박괘(剝卦[40])의 상태가 되니 다섯 음이
힘을 합하여 위로 치밀어 올라오는데 하나의 양이 밑으로 향하여 반항하려
는 모습으로서 음한 기운이 한껏 문드러지고 양한 힘은 겨우겨우 남아 있
게 된다. 만약 부지런히 보수하고 단련한다면 마치 땔나무가 다 떨어져 갈
때 불을 살려 내는 것과 같고 시들어 버린 어린 싹에 비를 뿌리는 것과 같
게 된다.

예순네 살까지 이르면 괘의 기운이 이미 한 바퀴 되돌아오게 되니 얻었던
하늘과 땅과 부모의 으뜸 되는 기운 384수 곧 한 근이나 되는 수량을 모조
리 다 써 없애고 다시 곤괘로 돌아가게 된다. 순전한 음만이 일을 맡아 처
리하고 양기는 싹도 보이지 않는다. 만약 부지런히 보수하고 단련하여서
때때로 몸속의 선약을 캐어 그때그때 새순을 접붙여 나간다면 음이 끝까지
간 곳에서 양을 생기게 할 수 있고 더 올라갈 데 없이 올라간 곳에서 되돌
아 내려올 수 있어서 부드러운 것을 바꾸어 굳센 것이 되게 하고 늙은 것을
되돌려 힘 있게 할 수도 있다. 이때 지극한 사람을 만나서 재빨리 보수하고
단련하지 않으면 비록 몇 년 더 산다고 하여도 그것은 모두 음식의 정에
힘입어 후천의 정과 기를 기르는 것일 뿐 선천의 으뜸 되는 기운을 다시 찾
을 수는 없다. 어찌 오래 살고 죽지 않을 수 있겠는가?

이와 같이 하여 텅 빔에서 신으로 변화되고 신에서 기로 변화되고 기에서
피로 변화되고 피에서 형체를 갖춘 몸으로 변화되고 생김새가 있는 몸에서
갓난아기로 변화되고 갓난아기에서 어린이로 변화되고 어린이에서 젊은이
로 변화되고 젊은이에서 어른으로 변화되고 어른에서 늙은이로 변화되고

---

39) 6효 가운데 1·2·3·4효 넷이 음인 상태다. ䷓로 표상한다.
40) 6효 가운데 1·2·3·4·5효 다섯이 음인 상태다. ䷖로 표상한다.

늙은이에서 죽음으로 변화되고 죽음에서 다시 텅 빔으로 변화되었다가 다시 텅 빔에서 신으로 변화되고 신에서 다시 기로 변화되고 기에서 다시 물질로 변화되어 마치 굴렁쇠가 끝없이 굴러가듯 변화와 변화 사이에 틈이 없다.

만물은 태어나려고 해서 태어나는 것이 아니라 (인연이 맺어지면) 어쩔 수 없이 태어나는 것이고 죽으려 해서 죽는 것이 아니라 어쩔 수 없이 죽는 것이다. 되는 대로 티끌처럼 생겼다가 티끌처럼 사라지는 것이다. 수없이 태어나고 수없이 죽어도 그 괴로움의 바다를 벗어나지 못하고, 겁에 겁을 더하도록 태어나고 태어나서 윤회를 그치지 않아, 끝도 없고 처음도 없이 다람쥐 쳇바퀴 돌 듯한다. 길을 잃고 윤회하는 세계에 들어 있는 모든 사람은 이에 빠지지 않는 이가 없다.

그러므로 세상 사람들은 어디에서 태어났는지도 모르면서 부모에게서 태어나기 전부터 있던 세계에 들어 있게 되는데, 죽음이 어디에서 오는지 그 오는 곳을 알면 태어나는 곳을 알 수 있을 것이다. 또 세상 사람들은 죽음이 어디로 가는 것인지 묻지도 않고 혼이 떠돌고 백이 내려가 버린 뒤의 세계에 들어 있게 되는데, 태어남이 어디로 돌아가는지 그 가는 곳을 알면 죽는 곳을 알 것이다. 죽음의 기틀은 태어남에 말미암고 태어남의 기틀은 죽음에 근원을 두니, 죽음의 기틀이 없으면 죽지 않고 태어남의 기틀이 없으면 태어나지 않을 것이다.

태어남과 죽음의 기틀을 서로 어떤 관문이 가로막고 있는 까닭에 세상 사람들에게 죽음과 태어남이 있는가 하면, 그 사이에 가로막는 아무런 관문도 없는 까닭에 지극한 사람들이 죽음과 태어남을 뛰어넘기도 한다.

죽음과 태어남이 있는 것은 몸이고 그것이 없는 것은 마음이다. 양陽한 상태로 돌아가기에 착실하면 마음이 살고 그것을 하지 못하여 길 잃고 헤매면 마음이 죽는다. 그러므로 신선과 부처께서는 그러함을 어여삐 여겨 모든 태어난 것은 본래부터 있었고 하나며 신령한 참된 깨달음을 갖추고 있다고 설명하였던 것이다.

다만 어두움 속에서 눈이 어두워 보지를 못하여 하늘이 맡겨 준 본성으로 하여금 안 가는 곳 없이 흘러 다니게 하면서 굽이굽이에서도 깨치지 못하고 경계境界를 거칠수록 아래로 떨어져 내려간다. 몸은 다른 종류들이 빼앗

아 가 버리고 신령한 혼은 다른 껍질 속으로 던져져서 지극히 참되었던 본
성의 뿌리가 다시는 사람에게 돌아오지 못하게 되고 마는 것이다.

3) 성명론

본성과 생명에 관한 이론을 성명론性命論이라 한다. 동양 철학뿐만
아니라 유가, 불가, 도가 모두에서 가장 중요한 과제로 다루는 문제라
서 내용이 난해하고 복잡하며 분량 또한 매우 많다. 역시 『활인심』과
맥락이 통하는 『성명규지』에서 따로 장을 만들어 설명한 글이 있으므
로 아래에 소개하면서 참고하고자 한다.

무엇을 본성(性)이라 하는가? 가장 근원 되는 시초부터 영원까지 참으로 그
러하게 변함이 없으면서 어떤 신령함이 빛나는 것이 바로 그것이다.
무엇을 생명(命)이라 하는가? 태어나기 전부터 있던 지극한 정精이요 만물
에 꽉 차 있는 어떤 기운이 바로 그것이다.
그런데 본성이 있으면 생명이 있게 되고 생명이 있으면 본성이 있게 되어
본성과 생명은 본래 나누어 놓을 수 없다. 다만 그것이 하늘에 있으면 생명
이라 하고 사람에 있으면 본성이라 하는 것일 뿐, 그것의 내용은 두 가지가
아니다. 더구나 본성은 생명 없이 존재할 수 없고 생명은 본성 없이 또한
보존될 수 없어서 그 둘의 이치는 완전히 하나로 녹아 있다. 그러므로 『역
경』에서는 "건乾41)의 이치가 변화하여 각각의 본성과 생명이 바르게 된다"
고 하였고 『중용』에서는 "하늘이 명한 것을 본성이라 한다"라고 하였다.
도가에서는 그저 기氣를 생명이라 하고 생명을 수양하는 것을 최고로 알아

---

41) 모든 효가 陽으로만 이루어져 있으며 모두 음으로만 이루어진 坤과 반대면서
짝을 이루어 나머지 62괘의 부모 노릇을 한다. 元·亨·利·貞과 강건함을
의리로 삼고 天, 君, 馬, 首, 父, 玉, 金, 寒, 冷 등을 상징한다.

서 오행의 수水에 해당하는 곳에서 현관玄關[42]을 찾는 것만으로 교를 세우니, 생명은 자세하게 말하지만 본성은 대충대충 넘어간다. 이는 본성을 알고자 하지 않는 일이고 결국은 생명조차도 모르게 된다. 불가에서는 그저 신神을 본성이라 하고 본성을 닦는 것을 최고로 알아서 이괘離卦에 해당하는 곳[43]에 마음을 흩어짐 없이 모아 놓은 것만으로 교를 세우니, 본성은 자세하게 말하지만 생명은 대충대충 넘어간다. 이는 생명을 알고자 하지 않는 일이고 결국은 본성조차도 모르게 된다.

그러니 어찌 본성과 생명이 본래 서로 떨어진 것이 아님을, 도가와 불가에 원래부터 두 방향으로 갈라지는 목적지가 있는 것이 아님을 알 수 있겠는가? 신神과 기氣에 비록 각각의 쓰임이 있기는 하지만 본성과 생명은 마땅히 둘 다 함께 닦아야 한다. 오직 어진 이의 학문만이 마음을 보존해서 본성을 기르고 몸을 닦아서 생명을 온전히 하며 성인의 학문만이 본성을 다하여 생명을 지극히 한다.

본성이라는 것은 신神의 시발점이다. 신이 본성에 근본을 두고 있으나 본성은 아직 신이 시작되기 이전이며 신은 어떤 연유로인가 신령함을 지닌다. 생명이라는 것은 기氣의 시발점이다. 기가 생명에 근본을 두고 있으나 생명은 아직 기가 시작되기 이전이며 기는 어떤 연유로인가 생겨나고 생겨난다. 몸 가운데의 정精은 죽은 듯 고요하여 움직임이 없다. 강건하고 치우침 없이 바르며 순수한 정이라는 것인데, 이것이 보존되면 바로 본성이 깃들이는 곳이요 생명의 뿌리가 되는 것이다.

마음 가운데의 신은 사물에 느껴서 마침내 통하게 된다. 기쁨이니 노함이니 슬픔이니 두려움이니 애착이니 증오니 탐욕이니 하는 것들인데, 이것이 보존되면 바로 거기에 생명이 깃들이고 본성이 그곳을 핵심으로 해서 피어난다.

본성이 곧 마음인데 하나의 신이 가운데서 빛나고 있으며, 생명이 곧 몸인

---

42) 진리의 길로 들어가는 문을 가리킨다(『無上秘要』 참조). 이 외에도 大腸의 사이(『道法會元』 참조), 단전(『針灸大成』 참조), 下關元, 정해짐이 없고 현묘한 터널 곧 현빈의 문 또는 玄竅(『諸眞內丹集要』, 『仙佛合宗語錄』 참조), 外丹을 달일 때 수은과 납이 변화하는 과정(『碧玉朱砂寒林玉樹賈』 참조)에서 쓰인다.
43) 상단전을 가리킨다.

데 하나의 기가 두루 흐르고 있다. 그러므로 몸과 마음은 정과 신이 사는 집이고 정과 신은 본성과 생명의 뿌리다. 본성이 발현되고 변화되어 나감은 마음에 달려 있고 생명이 발현되고 변화되어 나감은 몸에 달려 있다. 견해나 지식은 마음에서 나오고 깊고 얕은 생각은 마음이 본성에게 일을 시켜 부리는 것이다. 거동하거나 주거니 받거니 하는 것은 몸에서 나오고 말과 보고 듣는 것은 몸이 생명에 누를 끼치는 것이다.

생명에 몸의 누를 끼치면 태어남과 죽음이 있게 되고 마음이 시키는 일을 본성이 받으면 가고 옴이 있게 된다. 태어나고 죽음이 있으면 생명을 지극히 할 수 없고 가고 옴이 있으면 본성을 다할 수 없다. 그러므로 하늘과 땅 사이에 가득 찬 것이 모두 태어나는 기운이고, 자리를 나란히 하기도 하고 옆에서 돕기도 하면서 만물을 변화시키고 기르는 것은 그 생명이 흘러가면서 그침이 없는 것이다. 무릇 태어남의 이치는 생명 속에 갖추어져 있다.

하늘과 땅에 가득 찬 것은 모두 신령한 깨달음을 지닌 밝은 빛 곧 본성이다. 이것이 위아래로 비추니, 해와 달은 본성이 밝게 빛나서 어둡지 않은 것이요, 무릇 깨달음을 일으키는 신령함은 본성에 근본을 두고 있게 된다.

본성이 시작되기 전에 이미 나의 본성으로 하여금 본성이게 하는 것은 본성의 비롯함이요, 생명이 시작되기 전에 이미 나의 생명으로 하여금 생명이게 하는 것은 생명의 시초다.

하늘에 있는 어떤 터널은 둥글어 본성을 갈무리하고 땅에 있는 어떤 터널은 모나서 생명을 갈무리한다. 텅 비고 신령함을 타고남으로써 본성을 이루고 하늘과 땅의 가운데 있음으로써 생명을 온전히 한다. 본성이 이루어지고 생명이 온전하게 되면 그 가운데 신이 있게 되니, 생명의 꼭지를 으뜸 되는 기(元氣)라 하고 본성의 뿌리를 으뜸 되는 신(元神)이라 한다. 마음에는 신을 담아 놓고 몸에는 기를 모아 놓으면, 그 가운데 진리의 길이 있게 된다.

본성은 하늘로부터 타고난 본디의 성(本然之性)인데, 태어난 뒤에 기를 재료로 하여 이루어진 성품(氣質之性)과 함께 넓은 의미의 성性에 포함된다. 생명은 태어나기 전에 미리 분수를 정하는 이른바 천명(分定之命)인데, 태어난 뒤로 기의 생김새를 이루어 낸 목숨(形氣之命)과 함께 넓은 의미의 명命에 속한다. 인격이 높은 사람은 '하늘로부터 타고난 본성'을 닦고 '태어난 뒤에 기를 재료로 하고 있는 성품'을 극복하며 '태어난 뒤로 기의 생김새를 이루어 내는 목숨'을 보수하여서 '태어나기 전에 미리 분수를 정하였던 천명'으로 돌아간다. 나누어 말하면 둘이지만 합하여 말하면 하나인데 그 가운데 쪽 통하는 이치가 있다.

이러하므로 신은 기에서 떨어져 나가지 않고 기는 신에서 떨어져 나가지 않아서 우리 몸의 형체와 신과 기가 합쳐진 뒤에는 우리 몸의 성과 명이 나타난다. 다시 성은 명에서 떨어지지 않고 명은 성에서 떨어지지 않아서 우리 몸의 성과 명이 합쳐진 뒤에는 이 몸의 성이 비롯되기 이전의 성과 이 몸의 명이 시작되기 이전의 명이 나타나게 된다. 성이 비롯되기 이전의 성과 명이 시작되기 이전의 명이 곧 우리의 참본성이요 참생명이다.

나의 참본성과 참생명은 곧 하늘과 땅의 참본성이요 참생명이며 또한 텅빈 우주 공간의 참본성이요 참생명이기도 하다.

그러므로 성인은 나쁜 짓을 방지하고 마음을 흐트러짐 없이 한곳에 머물게 하며 진리를 깨닫는 공부를 잡아 지켜서 그 마음을 비우는가 하면 정과 기와 신을 불려서 그 몸을 보존하기도 한다.

몸이 보존되면 생명의 터전이 영구히 확고해지고 마음이 비면 본성의 바탕이 언제나 변함없이 밝아진다. 본성이 언제나 변함없이 밝으면 오는 것도 없고 가는 것도 없게 되고, 생명이 영구히 확고해지면 무슨 죽음이니 태어남이니 하는 것이 없어진다. 더구나 죽어서 없어진다는 것이 겨우 뼈와 살로 된 몸뚱이를 가리키는 경우에는 말할 것도 없다.

나의 참본성이나 참생명은 밤과 낮에 가로막힘이 없고 하늘과 땅에 짝하며 옛날부터 이제까지 꿰뚫고 있는 것이니 어찌 조금이라도 자지러진 적이 일찍이 있었겠는가?

풀이나 나무에 비추어 보면 뿌리로 돌아가 생명이 다시 살아나는 모습인데, 본성은 그 가운데 들어 있는 것이라 할 수 있다. 본성은 신인데 꽃에 해당한다. 꽃은 곧 열매를 의미하는데, 생명 또한 그 가운데 들어 있다. 몸의 형체 속에 있는 신에서부터 사람의 신 가운데의 본성에 이르는 것까지 뿌리로 돌아가서 생명을 다시 한다(歸根復命)고 말하는 경우다.

또한 남자와 여자가 정을 어우르는 것에 비유하면 한 점 상서로운 것이 자궁에 떨어지니 기가 그것을 합하여 생명이 되는 것인데, 본성은 그 사이에 보존되는 것과 같다. 그것은 다름 아니라 하나의 음과 하나의 양이 서로 부딪쳐서 점 하나가 황중黃中44)의 속으로 떨어져 본성을 이룬다는 것이니, 바로 "묘하게 합하여 엉겨 있다"45)거나 "예측할 수 없는 신"46)이라는 말이다. 이를 일러 본성과 생명이 묘하게 합함이라고 말한다.

이렇게 묘하게 합쳐지는 진리의 길을 모르니 본성을 닦는 사람은 생명을 빠뜨려 놓게 되고 또한 본성을 거느리게 되는 터널의 묘함도 알 수 없게 되니 어찌 그것을 단련할 수 있기를 바라겠는가? 미치거나 방탕함에 흘러 들지 않으면 불 꺼진 공간에 빠지게 된다. 그 생명을 모르고서야 끝내 어디로 돌아간다는 말인가?

한편 생명을 닦는 사람은 본성을 빠뜨려 놓는가 하면 생명을 만들어 내는 일 또한 배우고도 익힐 줄 모르니 어찌 그것을 지킬 수 있기를 바라겠는가? 억지로 지어내는 일에 달라붙지 않으면 아무것도 할 수 없음에 빠지게 된다. 그 본성을 모르고서야 강도처럼 들이닥치는 악운을 어찌 피할 수 있겠는가?

두 분47)이 계시던 초창기에야 어찌 이와 같았겠는가? 석가는 서쪽에서 태어나 역시 금단의 진리를 얻어 본성과 생명을 함께 닦아 가장 위에 있는 가르침을 이루었기에 금선金仙48)이라 불린다고 들었다. 여조도 "단지 본성만을 알고 생명을 모르면 이것을 닦아 행함에 있어서 첫째가는 병病이라 한다. 그저 전해 내려오는 본성만 닦고 단을 닦지 않으면 만 겁이 지나도 음한 영혼이 성인의 경지로 들어가기 어렵다"라고 말하였다. 어찌 다만 오늘날 도인만을 하는 사람들이 몸 껍데기를 가지고 본성과 생명이라고 하는 것과 같을 것이며, 또한 어찌 다만 오늘날 신만을 불리거나 기만을 불리는 사람들이 신이나 기를 가지고 본성과 생명이라고 하는 것과 같을 것이며,

---

44) 중단전을 가리킨다.
45) 「太極圖說」에 "무극의 참됨과 음양오행의 알맹이가 묘하게 합쳐져 엉겨 있다"(無極之眞, 二五之精, 妙合而凝)라는 말이 있다.
46) "不測之神." 『周易』에서 神을 음인지 양인지 헤아리기 어려운 어떤 것이라고 풀이한 말이다.
47) 노자와 석가를 말한다.
48) 금강과 같이 허물어지지 않는 신선이라는 뜻이다.

또한 다만 오늘날 성품만을 닦거나 목숨만을 닦는 사람들이 성품과 목숨을 가지고 본성과 생명이라고 하는 것과 같겠는가? 이러한 것들은 모두 본성과 생명에 도움이 되지 않을 뿐 아니라 해롭기조차 하다. 본성과 생명의 참됨을 얻지 못하는 것이니 참으로 가슴 아픈 일이다.

그러므로 일찍이 말하기를 사람이 어머니의 뱃속에 있을 때는 호흡을 서로 품는다 하였다. 그래서 어머니의 성품과 목숨이 나의 성품과 목숨으로 이어질 뿐, 스스로 성품과 목숨을 이루지는 않는다. 아기집을 나와서 탯줄을 끊은 뒤에야 스스로 성품과 목숨을 이루지만 이 역시 본성과 생명은 아니다. 반드시 스스로 성품과 목숨을 이룬 속에서 순수한 양이고 건괘와 같이 으뜸 되는 어떤 모습을 가진 한 점 참다운 영혼을 길러서 드러내야 한다. 눈에 보이는 형체가 눈에 보이지 않는 신에 의지하니 형체가 무너지지 않으며, 신이 본성에 의지하니 신이 꺼지지 않으며, 본성을 알아서 그를 다하고 본성을 다하여 생명을 지극히 하는 것, 이것이 이른바 "텅 비어 아무것도 없는 본바탕은 다할 때가 없고 하늘과 땅은 허물어져도 이것은 허물어지지 않으니, 본성과 생명을 거듭 세울 수 있고 하늘과 땅이나 해와 달을 다시 만들 수 있다"는 것이다.

"정이라는 것은 신의 근본이고 기라는 것은 신의 원천이며 형체라는 것은 신이 살고 있는 집이다.…… 무릇 신명이라는 것은 삶과 변화의 근본이고 정·기라는 것은 만물의 바탕이니, 그 형체를 온전하게 하면 살고 그 정·기를 기르면 본성과 생명이 오래 보존된다."[49]

---

49) 『활인심』에서 이 절의 원문은 무척 간결하고 중간 중간 생략된 말이 많아서 처음에는 문맥이 잘 이어지지 않는다. 꽤 여러 번 거듭해서 읽어야 비로소 앞의 문단에 대한 전제가 뒤에까지 이어진다는 것을 볼 수 있고 문맥이 앞뒤로 연결된다는 것도 알게 된다. 이러한 결점을 보완하기 위하여 정기신론, 생사론, 성명론에 대한 해설을 살펴보았다. 이를 통하여 『활인심』 본문을 읽기에는 어느 정도 도움이 되겠으나 해설 자체가 또다시 해설을 필요로 할 정도로 내용이 쉽지만은 않다. 독자들에게 미안한 마음 금할 길이 없는데, 그저 동양의 종교와 철학의 난해 복잡함이 바로 여기서 그렇게 되었다고 궁색한 변명을 하면서 독자들의 양해를 구할 뿐이다.

7. 보충하고 기르는 음식들

【번역과 주석】

◎ 측백나무잎탕(柏湯)[1]

측백나무 잎은 맛이 쓰고(苦) 약간 따뜻하다(微溫). 피를 토하거나, 코피를 흘리거나, 설사에 피가 나오거나, 자궁 출혈이 있는 증상을 치료하는 약효가 있다. 오랫동안 먹으면 몸이 가벼워지고 기가 보충되며 춥고 더움을 견디고 습한 기운을 물리치며 배고픔이 그친다. 어린잎을 따 모아 실로 묶어서 큰 항아리 속에 매달아 놓고 그 항아리 입을 종이로 싸 바른다. 달포가 지나서 살펴보아 아직 마르지 않았으면 다시 마를 때까지 막아 놓는다.

마른 다음에 꺼내서 가루로 만든다. 옹기를 쓰는데, 없으면 밀폐된 방 안에 보관해도 좋다. 다만 옹기에 넣지 않은 것은 푸른 비취색이던 것이 바람에 쐬어 누른색으로 변할 수 있다. 이 탕은 차 대신 마실 수 있어서, 밤에 이야기하면서 마시면 잠을 쫓는 효과가 더욱 크다. 차는 많이 마시면 사람의 정기를 소모시키고 비·위를 해치지만 측백잎탕은 정기를 매우 보충하고 그윽한 멋을 한층 돕는다.

---

1) 『壽親養老新書』에도 실려 있다.

맛이 너무 쓸 경우에는 마(山芋)를 조금 넣으면 더욱 묘해진다.

◎ 마술(薯蕷酒)

마(薯蕷)는 곧 산약山藥을 가리키는데, 산우山芋라 부르기도 한다. 맛이 달고(甘) 따뜻하며 독이 없다. (정·기를 보충하여 정·기·혈이) 허虛하거나 기운이 피로하거나 몸이 마른 것을 회복시키고 오장의 답답한 열을 덮으며 음陰을 강화시킨다.

오래 먹으면 눈과 귀가 총명해지고 몸이 가벼워지며 배고픈 줄 모르고 수명이 연장된다.

산에 나는 마를 푹 찌고 껍질을 벗겨서 1근을 준비하고, 무게로 그 16분의 3(三兩)에 해당하는 연유(우유여도 좋다)와 함께 이기고 반죽하여 계란만한 크기로 뭉친다.

술이 발효하면서 끓는 과정을 거칠 때 그 속에 넣는데, 마 뭉친 것 하나에 술 반 되를 사용한다.

마는 산에서 나는 것이 좋다. 햇볕에 10여 일 동안 말려서 껍질이 쭈글쭈글해지면 쓸 수 있다.

어떤 책에서는 마가 서늘한 기운을 갖고 있어서 개고기보다 더욱 기운을 보하므로 보양을 위하여 크게 도움이 된다고 말한다.

◎ 지황술地黃酒

지황은 맛이 달고 쓰며 서늘하고(凉) 독이 없다. 오래 먹으면 몸이 가벼워지고 늙지 않는다. 한편 지수地髓라고도 부르는데, 오장이 내상內傷을 입어 부족해진 기혈을 보충하고 혈맥을 통하게 하며 기력을 돕고 눈과 귀의 기능을 원활하게 한다. 쌀 1말(斗)마다 생지황 3근을 사용하여 함께 찌고 흰누룩으로 버무려 발효시킨다. 술이 익기를 기다려 마음대로 사용하면 된다. 피를 온화하게 하여 얼굴에 나타나게 하는 능력이 크다.

◎ 무술주戊戌酒(개술)

찹쌀 3말을 익도록 찔 때마다, 개 1마리를 하루 밤낮 동안(一伏時) 삶아서 아예 문드러지기를 기다려 진흙처럼 찧는다. 이겨서 즙을 내고 술 만들 밥과 함께 뒤섞는데 고르게 하는 게 중요하다. 흰누룩을 넣고 술을 빚어 익기를 기다린다.

다만 빈속에는 1잔만 마시는 게 좋지만, 보통은 술 1병을 마신다. 원기를 매우 보충하고 길러주므로 노인이 마시면 더욱 좋다.

※ 그러나 술이란 본래 피를 온화하게 하는 기능이 있지만 많이 마셔도 3잔을 넘지 않는 것이 좋다. 많이 마시면 오장이 상하고 성품을 어지럽히며 광기를 피어나오게 하니, 무엇보다 삼가도록 해야 한다.

◎ 우유죽(乳粥)

우유는 맛이 달고 독이 없는데, 생우유는 약간 차다. 데워서 먹으면, 기혈이 허하고 야윈 사람의 기혈을 보충해 주고 답답하고 목마름을 그치게 하며 풍과 열을 제거하고 피부를 윤택하게 하며 심과 폐의 기운을 기르고 여러 가지 열과 풍과 독을 풀어 준다.

황우의 젖을 사용하고 물소는 사용하지 않는다. 죽을 쑤는데, 반쯤 익을 정도로 끓을 때 쌀 죽물을 따라 버리고 우유를 그 물 대신에 부어서 계속 끓인다. 죽이 익기를 기다려서 밥그릇에 퍼 담고 그릇마다 연유 반 냥씩을 죽 위에 떠 놓으면 기름처럼 녹아서 퍼지며 죽 위를 덮는다. 먹을 때는 휘저어서 먹는데, 달고 맛있음이 비할 데가 없고 원기를 크게 돕는다.

◎ 녹각죽鹿角粥

녹각은 맛이 달고 독이 없다. 마비 증세를 없애고 기력을 도우며 정精과 골수(髓)를 보충하고 음陰을 강화한다.

새 녹각 한 자루를 한 치씩 잘라서 흐르는 물에 3일 동안 담갔다가 잡티와 더러운 것을 문질러 씻어서 흐르는 물(깨끗한 물)과 함께 흙으로 만든 통 속에 넣고 뽕잎으로 공기가 새지 않도록 입을 틀어막는다. 숯불로 맹렬하게 끓이는데, 시간시간 살펴보아서 탕물이 졸았으면 뜨거운 물을 더 부어가면서 하루 동안 끓인다. 녹각이 문드러지기를 기다리는데, 찐 토란를 으깰 때처럼 부드럽게 되면 그만 끓이고 그렇게 부드럽지 못하면 더욱 끓인다. (끓는 중에) 공기가 새지 않도록 조심해야 하는데, 공기가 새면 잘 익지 않는다.

(잘 익었으면) 꺼내서 햇볕에 말리고 빻아서 가루로 만든다. 가루에 물을 부어 즙을 맑게 거르는데, 맑고 차갑게 되기를 기다려서 면綿으로 거르면 아교 같은 것을 얻는다. 한 그릇에 가득 담아서 바람에 쐬어 말리면 녹각교鹿角膠라는 것이 되는데, 약으로 쓸 수 있다.

매번 죽 한 그릇에 녹각교 가루 5돈(0.5냥), 소금 1숟갈을 넣고 함께 섞어서 따뜻하게 하여 먹는다. 뇌수腦髓를 크게 보충하고 정精·혈血을 더하는 기능이 큰데, 특히 원기를 튼튼히 하는 기능이 크다.

◎ 마죽(山薯粥)

마는 산에서 나는 것이 좋고 밭에서 기른 것은 맛이 없다. 마를 가져다가 껍질을 벗기고 진흙같이 되도록 찧어서 가루를 만든다.

매번 (죽을 끓일 때) 죽 한 그릇에 마 가루 2홉2), 꿀 2숟갈 비율로

---

2) 반드시 2홉이라기보다 상당량이라고 이해하는 것이 좋겠다.

함께 볶아서 엉기도록 하고는 숟갈로 비벼서 부수어 놓는다. 죽이 다 되기를 기다려 함께 넣고 고르게 섞어서 먹는다.

◎ 마국수(山薯麪)

산 마를 가져다가 껍질을 벗기고 얇게 썰어서 햇볕에 말린다. 곡식 까부르는 키에 담아 놓고 손으로 비벼 부수고 채로 쳐서 가루를 얻는 다. 보통 국수처럼 만들어 먹는데, 연유와 꿀을 넣어 진한 국수로 만들 면 더욱 정성스럽다.

補養飮食

柏湯

柏, 味苦·微溫. 主吐血·衄血·痢血·崩血. 久服, 輕身·益氣·耐寒暑·去濕· 止飢. 採取嫩葉, 線繫, 垂挂3)一大甕中, 紙糊其口, 經月視之, 如未乾, 更閉 之至乾.

取爲末. 如不用甕, 只密室中亦可, 但不及甕中者靑翠, 若見風則黃矣. 此 湯可以代茶, 夜話飮之, 尤醒睡. 飮茶多則傷人, 耗精氣·害脾胃, 柏湯甚有 益, 尤助幽尙.

如太苦, 則加少山芋, 尤妙.

薯蕷4)酒

薯蕷5)卽山藥, 一名山芋. 味甘溫·無毒, 補虛勞·羸瘦, 充五臟煩熱, 强陰.

---

3) 판본에는 掛로 쓰여 있다.
4) 판본에는 預로 쓰여 있다.
5) 판본에는 預로 쓰여 있다.

久服, 耳目聰明·輕身·不飢·延年.

山薯蒸熟, 去皮一斤, 酥三兩同硏, 丸如鷄子大, 投沸酒中, 一枚用酒半升.

薯, 山生者佳, 取曝十餘日, 皮皺, 可用之.

書云, 薯凉, 補於狗, 大有益於補養.

地黃酒

地黃, 味甘苦·凉·無毒. 久服, 輕身不老, 一名地髓, 補五臟內傷不足, 通血脈, 益氣力, 利耳目. 每米一斗, 用生地黃三斤同蒸, 用白麴[6]拌之, 候熟, 任意用之, 大能和血住[7]顏.

戊戌酒

每, 糯米三斗蒸熟, 用大[8]一隻, 煮一伏時, 候極爛, 搗爲泥, 連汁與飯同拌要勻, 方下白麴[9], 候熟.

但, 空心只飮一盃, 勝. 飮常酒一瓶.

極能補養元氣, 老人飮之, 尤佳.

(然, 酒本能和血, 痛飮不過三杯[10], 多則傷五臟, 亂性, 發狂, 尤宜忌之.)

乳粥

牛乳味甘·無毒. 生, 微寒, 熟, 補虛羸, 止煩渴, 除風熱, 潤皮膚, 養心肺, 解諸熱風毒.

用黃牛乳, 水牛不用. 凡煮粥, 半熟, 去米湯, 下牛乳代米湯, 煮之, 候熟, 挹置椀中, 每椀, 下眞酥半兩, 置粥上, 鎔如油, 遍覆粥上, 食時旋攪, 甘美無

---

6) 판본에는 曲으로 쓰여 있다.
7) 판본에는 駐로 쓰여 있다.
8) 판본에는 犬으로 쓰여 있다.
9) 판본에는 麴으로 쓰여 있다.
10) 판본에는 盃로 쓰여 있다.

比, 大助元氣.

鹿角粥

鹿角味甘無毒, 消痺, 益氣力, 補精髓, 强陰.

用新鹿角一具, 寸截, 流水內浸三日, 刷洗去醒穢. 以河水入砂罐內, 以桑葉塞口, 勿令漏氣, 猛[11]炭火猛煮, 時時看候, 如湯耗, 旋添熱湯, 煮一日, 候角爛似[12]熟芋, 搯得酥軟卽止, 未軟, 更煮, 愼勿漏氣, 漏氣[13]則難熟.

取出, 曝乾爲粉. 其汁澄濾, 候淸冷, 以綿濾作膠, 片[14]椀盛, 風中吹乾, 謂之鹿角膠[15], 可入藥.

每, 粥一椀入角粉五錢·鹽一匙, 同攪, 溫服, 大能補腦髓, 益精血, 尤固元氣.

山薯粥

山薯, 山生者佳, 圃種者無味, 取去皮, 搗研爲泥粉.

每椀粥, 用二合·蜜二匙同炒[16], 令凝, 以匙揉碎, 候粥熟, 投[17]攪令勻, 乃服.

山薯䴢

取山薯, 去皮, 薄切, 日中曝乾, 簁中挼爲粉, 篩, 如常䴢食之, 加酥蜜爲醇, 䴢尤精.

---

11) 판본에는 猛이 없다.
12) 판본에는 以로 쓰여 있다.
13) 판본에는 漏氣가 없다.
14) 판본에는 井으로 쓰여 있다.
15) 필사본에는 粥으로 쓰여 있고 옆에 작게 膠라고 쓰여 있는데, 粥자를 膠자로 고쳐 쓴다는 뜻으로 보인다.
16) 판본에는 妙로 쓰여 있다.
17) 판본에는 後로 쓰여 있다.

『활인심법』 판본에는 계속해서 사슴국(鹿羹), 소고기국(牛羹), 개고기 동아 요리(爛犬) 등이 실려 있으나 퇴계『활인심』에는 생략되어 있다. 아마도 현실적으로 가능한 것만을 가려낸 것이 아닌가 생각한다.

색 인

┌─── 편저자 소개 ───

퇴계退溪 이황李滉

　　조선 중기의 대표적인 성리학자로 자는 경호景浩, 호는 퇴계退溪,
시호는 문순文純이다. 경북 예안 사람으로 주희를 사숙하였으며, 이
를 더욱 발전시켜 독자적인 퇴계학의 학풍을 열었다. 도산서원을 중
심으로 많은 제자를 배출하였다.

　　퇴계가 주장한 독자적인 리기호발설理氣互發說은 한국성리학의
독창성을 보여주는 대표적인 예라고 할 수 있으며, 그의 사상은 이후
일본 근대 유학의 발달에도 커다란 영향을 끼쳤다.

　　대표적인 저서로는 『성학십도』, 『송계원명리학통록』, 『자성록』
등이 있다.

┌─── 역해자 소개 ───

이윤희李允熙

　　서울대학교 법과대학을 졸업하고 현재 사단법인 퇴계학연구
원에서 고전번역에 전념하고 있다. 1967~1978년까지는 은거하여
심성수련을 하였다. 역주서로는 『참동계천유』, 『혜명경』, 『태을금화
종지』, 『퇴계철학입문』, 『성명규지』 등이 있고, 편저로는 『성인의
길을 밟는다』, 『심각한 농담』, 『퇴계선생에게서 배우는 인생의 지
혜』가 있다. 논문으로는 「易의 原理와 最高善」, 「周易參同契와 中國道
敎의 연관과정 小考」, 「七眞年譜의 소개」, 「退溪까지의 易學史 槪觀」,
「退溪的理數易學」, 「道敎內丹家의 三敎一致觀 硏究의 필요성」, 「人 자
체를 통한 三敎間 交流」, 「지식사회와 유학 수양론」, 「易의 원리와
心性觀」, 「性命雙修 槪觀」 등이 있다.